古赏
之

书之始

李英，研究馆员，中国印刷博物馆社会服务部主任，中国印刷史研究会秘书长，北京印刷学院兼职教授、研究生导师，中国科普作家协会会员。

参与《中国大百科全书》第三版“印刷史”词条编写工作。

专著《中国彩印二千年》获得第三届中华优秀出版物奖提名奖，入选国家新闻出版广电总局2015年度国家科技进步奖参评项目，于2019年“中国图书对外推广计划”立项，版权输出，由设计媒体出版（英国）有限公司出版英文版。

著作《中华印刷典故》（合著）被评为“首届向全国推荐中华优秀传统文化普及图书”（2015）、“全国优秀科普作品”（2015）。

编写“天工开物——中国大发明”书系之《印刷术》。该书系入选“‘十三五’国家重点图书出版规划”，大象出版社出版。

古之制

中華書韻

李英 著

江西科学技术出版社
江西·南昌

图书在版编目（CIP）数据

中华书韵 / 李英著 . — 南昌：江西科学技术出版社，2020.12

ISBN 978-7-5390-7588-4

Ⅰ . ①中… Ⅱ . ①李… Ⅲ . ①古籍—图书史—中国—通俗读物 Ⅳ . ① G256.1-49

中国版本图书馆 CIP 数据核字（2020）第 213379 号

选题序号：KX2016001
图书代码：D20008-101

特约编辑：梅　兰
责任编辑：孙开颜　高　洁
美术编辑：龚建武
责任印制：夏至寰
整体设计：同异文化传媒

中华书韵 ZHONGHUA SHU YUN　　李　英　著

出版发行　江西科学技术出版社
社址　南昌市蓼洲街 2 号附 1 号
　　　邮编：330009　电话：（0791）86623491　86639342（传真）
印刷　雅昌文化（集团）有限公司
经销　各地新华书店
开本　850 mm × 1168 mm　1/16
字数　260 千字
印张　19
版次　2020 年 12 月第 1 版
印次　2020 年 12 月第 1 次印刷
书号　ISBN 978-7-5390-7588-4
定价　128.00 元

赣版权登字 -03-2020-423

前言

“……洋装书便于插架，便于保存……但看洋装书要年富力强，正襟危坐，有严肃的态度。假使你躺着看，那就好像两只手捧着一块大砖头，不多工夫，就两臂酸麻，只好叹一口气，将它放下。所以，我在叹气之后，就去寻线装书。

“一寻，寻到了久不见面的《世说新语》之类一大堆，躺着来看，轻飘飘的毫不费力了，魏晋人的豪放潇洒的风姿，也仿佛在眼前浮动。……”

猜猜看，这是谁说的？很多人都想不到，这段话竟然是来自中国新文化运动的先驱——鲁迅，来自他的《病后杂谈》。

毛泽东也同样是线装书的“粉丝”。

1956 年，应用新式标点的精装巨著《资治通鉴》出版。看过之后，毛泽东说，精装本“像是块砖头”“我要在床上看书，得练习举重”（大意）。所以会议记录上写入“书籍装帧，力求简便”。尔后，中华书局标点本《二十四史》，采用平装分册出版，即缘于此。之后，更是有了为毛泽东晚年阅读而专供的“大字本”线装书（蔡美彪《“二十四史”校点缘起存件》，《书品》1997 年第 4 期）。

朋友们，我们有多久没有手捧过轻柔的线装书了？我们和那一张张泛黄的纸页有多陌生？我们又因何而轻视这份传递了千年的瑰宝？

因为我们不了解中国书籍的历史。

中国书籍不只是油墨味十足的彩印封面和扉页。它有着壮丽的起源、丰富的内容、多样的形式、精美的装帧、复杂的工艺。而关于这一切，正是作为中国人，作为一直以白纸黑字为最高审美的民族最不该遗忘的。

这也是笔者写作这本小书的缘由。

通过阅读这本小书，你或许可以想起书籍赋予中华民族的自信。中华民族从 5000 年绵延不断的悠久历史中走来，创造了博大精深的文化。而中华文化之所以从未湮灭，流传至今，正是依托书籍这个载体。王朝兴衰，诗人咏叹，工艺技术，医学纲目，都藏在了古人留下的书卷中。一本本书籍，是传递到每一个中国人手中的“家谱”。重新郑重地拿起这部“家谱”，是找回“文化自我”的第一步——一切文化自卑必将在庄重威严的浩繁卷帙面前哑口无言。拂去书页上的灰尘，便会看到中华文化闪耀的光辉。

通过阅读这本小书，你或许可以体味到中国书卷中的人性之美。中国人崇尚和谐美好的禀性，可以通过书籍批量生产技术——印刷术的诞生窥见一斑。19 世纪，恩格斯在翻译改编《咏印刷术的发明》中这样赞叹：“印刷术问世流行，看，刹那间，欧罗巴吵吵嚷嚷……是他把傲慢的黑暗势力化为灰烬，是他载着智慧的凯歌穿越无垠的天陲；真理讴歌他胜利归来，赋予他无穷的才智！将无数赞歌献给为幸福而斗争的战士！”在西方人看来，印刷出的书页是战斗的武器，是燃烧的怒火。而反观中国人，早在 10 世纪，在应用印刷术印制经典之后，就以截然相反的思维咏赞着印刷术——“不烦染翰之劳，可遍普天之内，使人皆持诵”“播文德于有载，传世教以无穷”。

书籍，在中国人看来，是普及文化的使者，是散播文明的种子，是传给后世的谆谆教诲。余秋雨说，世界各国历史文献，古代的希腊人、波斯人、罗马人、阿拉伯人，近代的西班牙人、葡萄牙人、荷兰人、英国人、德国人、日本人都在一系列历史文献中留下了征服世界的计划；而在中国浩如烟海的各类典籍中，却怎么也找不到类似的计划。那是因为书籍承载着中国人对和谐的美好希望。写在中国人书里的，是《尚书》的“协和万邦”，是《墨子》的“兼爱非攻”，是《礼记》的“天下大同”。

通过阅读这本小书，你或许还可以找到中华文化独特的基因。在数千年的岁月里，中华民族“书于竹帛、镂于金石、琢于盘盂”，笔书、刀刻、版印，形成了一套由汉字、毛笔、中国纸、木版、线装等元素构成的“中国书文化”。古巴比伦人摘芦苇秆为笔，挖泥巴为纸，制泥版书；埃及的先民以莎草为纸，粘纸草为卷；中世纪欧洲人用牛皮纸、鹅毛笔抄写书本，形成了一套由字母、硬笔、羊皮纸、泥版、平装组成的“洋书文化”。中西不同的书籍发展轨迹，孕育出不同的书籍风格。中国的书籍文化是温柔的，墨韵悠长；西方的书籍文化是硬朗的，饱满厚实。

希望本书的读者，特别是青年读者，通过文字和图片进行对照，品味文化气质，涵养文化自信，促进文明互鉴，找到对比和思考的乐趣。

本书试图从汉字的特点出发，对中国书籍的历史脉络进行梳理，对比材质的变迁，介绍制作技术的演进，展示装帧形式的差异。本书的序章，更是中国古籍善本最耀眼的集合。

总之，笔者尽力将中国的乃至世界的代表性的书籍元素收录于书中。这样，抛开文字，对于读者来说，这本小书也可以作为中华书籍精品的鉴赏集。

让我们与国色天香的历代中国书籍对话，在历史与文化中徜徉，感知家国天下的情怀，体味中国书籍的清韵幽香，滋养心灵，滋润人生。

中式书架。摆放的线装书展示出独特的缥帙、缃缥、书函、书衺、书根、书签，一览无余，墨幽韵雅。选自出口画册《清末家具陈设画册》，19世纪初广州发呱画店出版

目录

序章

书之赏

数千年来绵延不断、生生不息的中华文化、中国精神在哪里?

数千年前，伴随着汉字的诞生，中华民族便有了文化基因，有了精神灵魂。从此，中华文化、中华精神便根植于甲骨上、金石上、丝帛上，封印在简牍中、纸张中。内容形态多样的书籍，成为文化津梁，阅读之，学习之，中华文化、中华精神便镌刻在了一代代中国人的骨肉上，融入了一代代中国人的血脉中。

书籍是知识的载体，是文化的结晶，也是可供赏鉴的艺术品;书籍是有形的、有价的，而其文化、精神影响力是无形的、无价的。中国书籍的背后有着无数美丽生动的故事。

在本书的开篇，让我们择其要，赏其珍，品其美，读其韵。

遗书惊世

1897 年，也就是清光绪二十三年，王圆箓来到甘肃敦煌做了道士，寄居于莫高窟中。他在现编号为第 16 窟的窟内供奉香火，接待香客，雇用杨某写经发售，而后在窟旁新建一座道观“下寺”。

1900 年 6 月 22 日，是震惊世界的一天，也是改变王圆箓命运的一天。当八国联军一步步向北京逼近的时候，河西走廊突然迎来了一个震惊世界的历史发现——敦煌宝库现身于世。

这一天，王圆箓于第 16 窟甬道北壁发现一道裂缝，壁后似有一密室。而此壁所绘的壁画，似为掩盖密室用泥块封堵的入口。

王圆箓和杨某在夜半无人时击破此壁，发现内有一门，高不足一人，藏经石室（现被编为第 17 窟）于眼前洞开。据谢稚柳的《敦煌石室记》载，洞内“有白布包等无数，充塞其中，装置极整齐，每一白布包裹经十卷，复有佛帧绣像等，则平铺于白布包之下”，绢纸经卷等文物层层堆放，几近洞顶。

从这一天开始，王圆箓走上了人生巅峰——历史上没有几个人能够像他这样幸运。然而，也是从这一天开始，一个民族的耻辱要由王圆箓来部分背负。

王圆箓发现的这个洞窟，后人一般称为“藏经洞”，它实际上是 16 号窟里面的洞中洞。这个小洞原为唐代河西僧洪辩和尚的禅窟，高只有 1.6 米，宽只有 2.7 米。如果按面积来计算的话，只有 7 平方米略多一点儿，可谓逼仄。然而，这里却装了整整 5 万卷经卷，且每一卷都是无价之宝，无法用金钱去衡量。

王圆箓的惊天大发现震惊了整个世界。不过，他本人并未深刻意识到这一发现的巨大价值。他开始挑拣若干首尾完整、品相精美的写经和绢画，作为礼物赠送给地方长官，然而并未引起官方重视。直至 1910 年，也就是清宣统二年，朝廷才下令将洞中残卷悉数运京。但在起运前、运输中和进京后，洞中残卷都遭遇了手法各异的窃取，当移交京师图书馆时，仅余 18 箱，后经整理编号计有 8697 号。

学者推测藏经洞于 11 世纪中叶堆放大量寺院文献后封窟，就此尘封八百余年。余秋雨在《道士塔》一文中这样评价王圆箓："历史已有记载，他是敦煌石窟的罪人。""不幸由他当了莫高窟的家，把持着中国古代最灿烂的文化。他从外国冒险家手里接过极少的钱财，让他们把难以计数的敦煌文物一箱箱运走。""这是一个巨大的民族悲剧。王道士只是这出悲剧中错步上前的小丑。"

甘肃敦煌莫高窟藏经洞总计出土 6 万多件历史文本、绢画、刺绣等各类文物。其中 5 万多件拓片、写本、印本被称为"敦煌遗书"。敦煌遗书包括 5—11 世纪间的古代文献，最早的为 406 年（西凉建初二年），最晚的为 1002 年（北宋咸平五年）。大部分汉文写本写于中唐至宋初，内容可分为宗教典籍和世俗典籍两大部分。

宗教典籍约占遗书总量的 80%，包括经律、论、疏释、赞文、陀罗尼、发愿文、启请文、忏悔文、祭文、僧传等。还有反映寺庙的生产和生活的文书。《金刚经》《妙法莲华经》之类的复本很多，其中有一部分是久佚之典，如隋唐时再三遭禁的三阶教的教义经文，具有补缺、辑佚之功。除佛典外，还发现了另几种宗教典籍。其中有道教卷子 500 件以上，包括北朝写本《老子道德经想尔注》《老子化胡经》等久佚道经，有摩尼教的《摩尼光佛教法仪略》等、景教的《大秦景教三威蒙度赞》等。

世俗典籍包括经、史、子、集、官私档案等。汉文典籍经、史、子、集中的一部分更是石破天惊，已被应用于校勘。大批户籍、计账、手实文书，反映了北魏至唐中叶实行数百年之久的均田制以及相关的户籍、赋役制度的实际情况。大量的官私档案文书，是研究中古历史、社会生活、风习民俗等的第一手资料。还有符、牒、状、帖、榜文、判词、过所、公验、度牒等，是古代官府的原始档案。各种各样的租佃、借贷契约、放良文等，让人们对中古时代的社会和阶级关系认识得更加深切。各种社约从不同侧面展示了中古社会的民间社团、教团组织及其活动。张、曹家族归义军政权时代的各种遗书，令今天的人们了解到敦煌地方史，敦煌石窟的凿建与发展、敦煌同邻近各地的关系、敦煌与河西诸郡在中西文化交流中的地位和作用。各种地志、官私谱书也是稀世之珍。

文学作品中，既有中原文人传世佳作的抄本和佚作，更有不曾传世的地方俗文学作品，如诗词、赋、变文、讲经文、押座文、俚曲、因缘、儿郎伟等。科技史方面的天文历算、医药术数图书价值极高。医药文献中则有久佚的医书和医方。敦煌遗书中还有用多种古代少数民族文字，如吐蕃文、于阗文、龟兹文、突厥文、回鹘文、梵文、粟特文等写印的典籍和文件，对于研究古代西域民族史、各种语言文字史和中西交流史有着重要作用。

本书遴选的唐代、五代、宋初书籍，大多来自敦煌，虽因篇幅所限，展示不多，但仍然能管窥敦煌遗书的风采和神韵。

藏经洞重现之时，也是整个国家处于危难中苦苦挣扎之时，腐朽的清政府摇摇欲坠之时。这一时期，西方“探险家”纷至沓来，多项重大历史发现面世，因而也是出土文物遭受劫难之时，更是中华文化遭受厄运之时。正如陈寅恪所言：“敦煌，吾国学术之伤心史也。”

敦煌遗书被盗始于俄国人。1905 年年初，俄国人奥勃鲁切夫在黑城（今内蒙古自治区额济纳旗东）盗掘之后，从塔尔巴哈台商人处获悉敦煌发现藏经洞的消息，当年 10 月就急忙赶到敦煌。他轻易拿到了两大包藏经洞写本，而付出的代价仅仅是送给王圆箓 50 根蜡烛。

奥勃鲁切夫之后，英籍匈牙利人斯坦因来到了敦煌。斯坦因曾多次到中国西部“探险”，在 1906 年至 1908 年的第二次中国探险活动中，除重访和田尼雅外，还发掘了古楼兰遗址，并深入河西走廊。他不仅在敦煌附近长城沿线掘得大量汉简，最大的“收获”便是骗盗走了大批敦煌遗书。1907 年 5 月，斯坦因与王圆箓立约，承诺“用施给庙宇作为修缮之需的形式，捐一笔款给道士作为酬

莫高窟第 468 窟壁画《学堂》局部，中唐。图中，学郎们盘腿端坐，纸书卷在腿间展开。一个犯了错误的学郎站在学堂的院中，摆着与“玛丽莲·梦露”同款的姿势，当着同窗的面被老师用鞭子打屁股。敦煌遗书中还有学郎们写的练习诗，甚至打油诗，统称为“学郎诗”。学郎诗很接地气，妙趣横生，这里择录三首：“白玉非为宝，黄金我未须。意在千张纸，心存万卷书。”“高门出贵子，好木出良材。丈夫不学问，官从何处来？”“可怜学生郎，每日书一张。看书佯度日，泪落数千行。”

莫高窟第 17 窟外景，此窟以“藏经洞”闻名于世

敦煌莫高窟第 17 窟内景

劳”，从而将王圆箓彻底搞定。这次，斯坦因从王圆箓的手里骗走了24箱挑选出来的经卷写本、5箱绣品，以及许多其他珍贵的文物。斯坦因带着由5辆大车和一批骆驼、马匹组成的驮运队伍，满载而归。24箱敦煌遗书价值连城，那么斯坦因“捐”给王圆箓多少“善款”呢？仅4块马蹄银。这点儿“善款”连斯坦因本人都觉得便宜得太离谱，1906年10月，他在给好友艾伦的信中说："这批文物只花了130英镑，买一个梵文贝叶写本和一些古旧物品就要这些钱了。"

走了英国人，法国人又来了。与斯坦因一样，名叫保罗·伯希和的法国人是一位语言天才，会10多种东方语言，长期在东方“混世界”。1908年，由年仅29岁的伯希和任队长的法国“中亚探险队”来到敦煌。当他看到那些卷帙浩繁的遗珍时，也像斯坦因一样，“简直惊得呆若木鸡”。虽然斯坦因捷足先登，但他不懂汉文，只能“以貌取宝”。伯希和却有深厚的汉学功底，又得以亲自进入藏经洞挑选，因此敦煌遗书中的大量精品，例如有纪年的经卷，多被伯希和“买”走了。挑选好后，伯希和多次与王圆箓密谈，使尽手段进行利诱。在承诺保守秘密的前提下，伯希和以50两银子一捆的价钱，“买”走了精选出的6000余卷遗书。

多么痛的历史！

1909年，即盗走敦煌遗书的第二年，伯希和来中国为法国远东学院购书，并带来一些敦煌经卷修裱。由于他先后在南京、北京会见官员端方和学者罗振玉时，说出了“购买遗书”的事情，因此暴露了自己的丑行。直到这时，中国学术界才知道敦煌发现了藏经洞，而珍贵的敦煌遗书已被骗走得差不多了。在全国疾呼“国宝遭劫”的声浪中，罗振玉等人上书学部，清政府这才进行追查。1910年，清政府正式拨库银6000两，命令甘肃学政将藏经洞残卷悉数运京。在起运前，王圆箓私自藏匿了许多文书，运京途中又遭沿途官吏明取暗窃，遗失多多。

走了法国人，日本人又来了。这次探险从1910年8月开始，为首的是橘瑞超和吉川小一郎。先于橘瑞超到达敦煌的吉川小一

1908年，法国人伯希和在敦煌藏经洞。可以看到，历经几次劫难之后，藏经洞的文书依然堆积如山

中华韵

郎，和斯坦因一样骗得了王圆箓的信任，从千佛洞的大量佛像中，盗买了两尊做工精巧、损伤也小的佛像。随后橘瑞超也赶到敦煌，两人又合谋从王圆箓手中骗得近500份经卷。

最后，美国人登场了。美国人盗得更疯狂，他们不甘落后，干脆直接盗揭洞窟墙上的壁画。由于美国人使用了化学胶水，许多精美的敦煌壁画因此被永久性毁灭了。据原敦煌文物研究所所长常书鸿调查，被美国人从千佛洞用胶布粘去和毁损的初盛唐石窟壁画有26方，破坏留下的残迹现在仍很清晰。领头的美国人叫兰登·华尔纳，时任哈佛大学福格艺术博物馆东方部主任。

1923 年，华尔纳和宾夕法尼亚博物馆的霍勒斯·杰恩组织了第一支到中国西北的美国远征队——“哈佛大学考古调查团”。该“调查团”于 1924 年 1 月到达敦煌莫高窟。据说贿赂了 700 两银子，王圆箓便同意他剥走一些壁画，但华尔纳贪得无厌，疯狂破坏，根本停不下来。1925 年，意犹未尽的华尔纳又组织了一支 7 人的考察队，进行第二次远征。这次遇到中国爱国人士的拦阻，华尔纳的阴谋未能得逞，“到此一游”三天后，便灰溜溜地离开了敦煌。

敦煌遗书历经的种种劫难，足以令每一位中国人唏嘘感叹。

许多人认为，敦煌学在国外。因为敦煌宝藏的散佚，是一场发生在中国积贫积弱时期的民族劫难，这场劫难造成的伤痛便是大部分的敦煌遗书散布在国外。

中国国家图书馆收藏敦煌遗书始于 1910 年。清廷学部在罗振玉等学者的呼吁下，下令将敦煌藏经洞劫余经卷解京。此后，通过政府调拨、社会各界捐赠与本馆采购等途径，馆藏不断丰富充实，目前藏量 16000 余号。

中国国家图书馆收藏的敦煌遗书中，馆藏编号为 BD14668 的《律藏初分》写本，因其抄写年代较早，备受学者和世人瞩目。所谓律藏，即佛教戒律类著作的总称。戒律是佛教信徒的行为规范和僧团日常生活行事的纲纪。古人认为，抄写戒律与抄写佛经一样，可以消灾祈福。敦煌遗书中留存有多件《四分律》及其注疏的抄本，可见《四分律》在敦煌流传甚广。其功能形态多样：既有大藏经零本（如 S.1415《律藏第四分卷第六》、BD14519《律藏第四分卷第八》)，也有为消灾祈福而抄写的供养经；既有学僧听课笔记，也有为戒律流通而抄写的诵读本。

该卷律藏保存完整，为卷轴装，全卷长达 10.5 米，卷尾还存有原轴。卷尾写有题记：“建初十二年十二月二十七日沙门进业于酒泉西城陌北祠写竟，故记之。”由此可知，该卷抄写于 417 年，即《四分律》译成后的第五年，为该经现存最早的抄本。属于敦煌遗书中有明确纪年的早期写卷，具有很高的文物、文献价值。

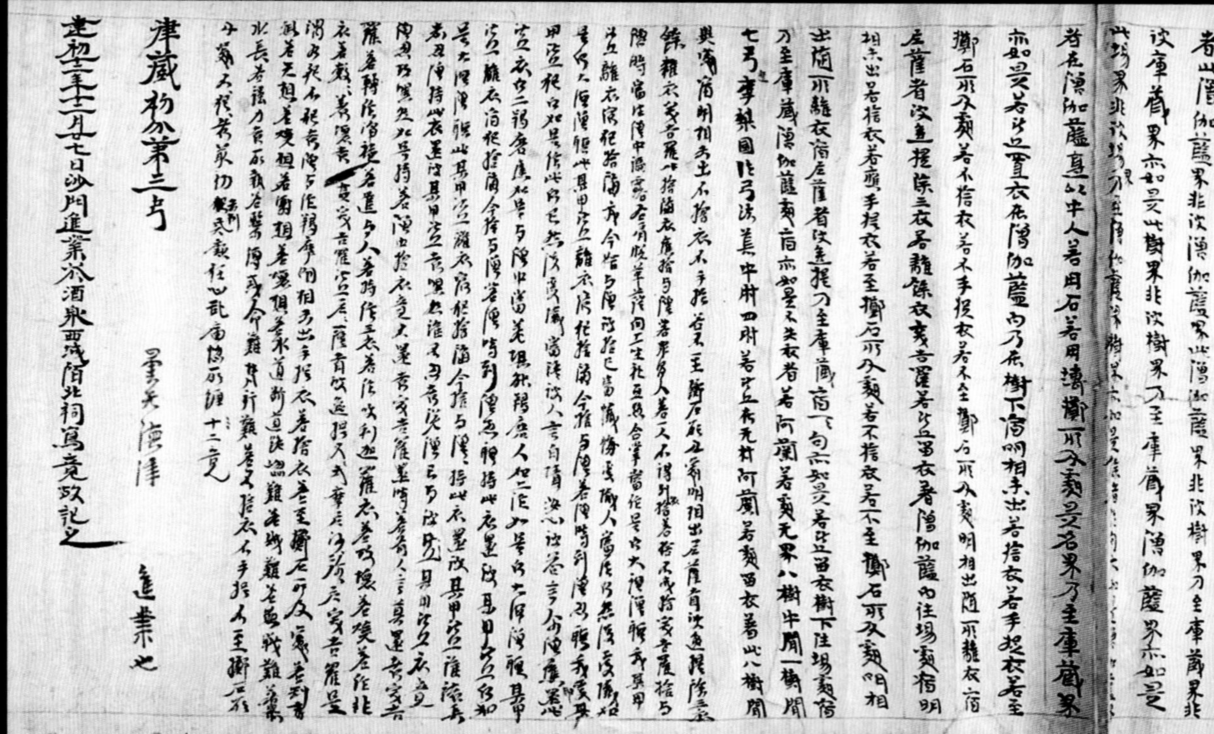

《律藏初分》写本。图为卷尾题记

《律藏初分》写本，中国国家图书馆藏编号 BD14668，保存完整

该卷律藏卷尾题记也实证了汉唐之间，丝绸之路上的文化交流。僧人进业抄写于酒泉，最终却在丝路向西八百里的敦煌封藏。学者们认为，敦煌藏经洞所存佛教典籍有两个来源：一是敦煌本地书写，二是外地传入。外地传入的途径通常有三个：外地僧人或西行求法，或至敦煌弘扬佛法带来的；敦煌僧人到中原“乞经”时带回；朝廷颁赐。这件写卷应该就是酒泉的僧人西行求法，或到敦煌弘扬佛法带到敦煌，最终封藏于藏经洞的。

中国国家图书馆收藏的敦煌遗书中，有一卷西晋文学家陆机的《辩亡论》（上篇），黄纸墨书，工楷写就。字体舒朗俊秀，是敦煌唐人写本中的翘楚。该卷曾在国家图书馆展出，但很少有观众注意到：它的版面中有与众不同的地方，或者说书中隐藏着有趣的现象。细心的人如果仔细观察，就能有幸“看到”1000 多年前的文人隐藏在卷中的“雌黄”，了解成语“信口雌黄”的前世今生。

雌黄是一种矿物质，又叫“鸡冠石”，化学成分为三硫化二砷，橙黄色微透明，多为细粒状、片状或柱块状，也有像肾的形状的。早期的古纸为了防止虫蛀，多用黄檗染成，所以这种纸就略带黄色，所谓“青灯黄卷，面壁苦读”指的就是这种纸。这种染黄纸的黄色与雌黄的黄色几近一致。黄色的雌黄有着褪色的作用，古人写错了字，就用颜色与黄纸接近的雌黄将其涂掉，然后重新书写。宋人范正敏的《遁斋闲览》上就说：“有字误，以雌黄灭之，为其与纸色相类，故可否人文章，谓之‘雌黄’。”——可以说，“雌黄”就是我们如今所说的“修正液”。敦煌遗书《辩亡论》中共有 6 处使用了“修正液”修改。

当然，用雌黄涂错别字，不仅仅是因为它的颜色与黄色书纸相近，关键还是在于它的作用——“一漫即灭，仍久而不脱”。北魏农学家贾思勰所撰《齐民要术》中就有“雌黄治书法”：“以水研而治书，永不剥落。”就是说雌黄加水研磨后，涂改书写或印刷错误，有永不剥落的效果。北齐著名的《颜氏家训》中有“观天下书未遍，不得妄下雌黄”，还有“以雌黄改‘宵’为‘筲’”的记载。宋代著名藏书家王钦臣在《王氏谈录》中认为，“雌黄为墨，

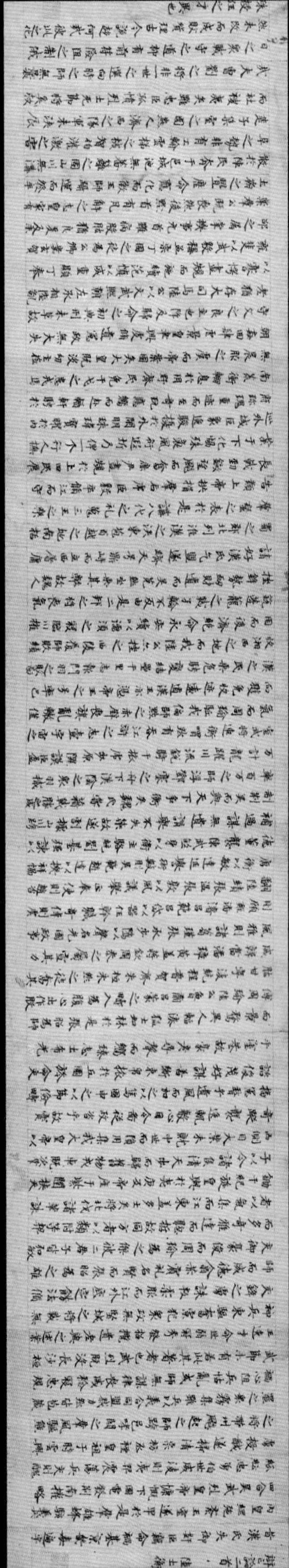

《辩亡论》，敦煌出土唐人写经精品，现存中国国家图书馆

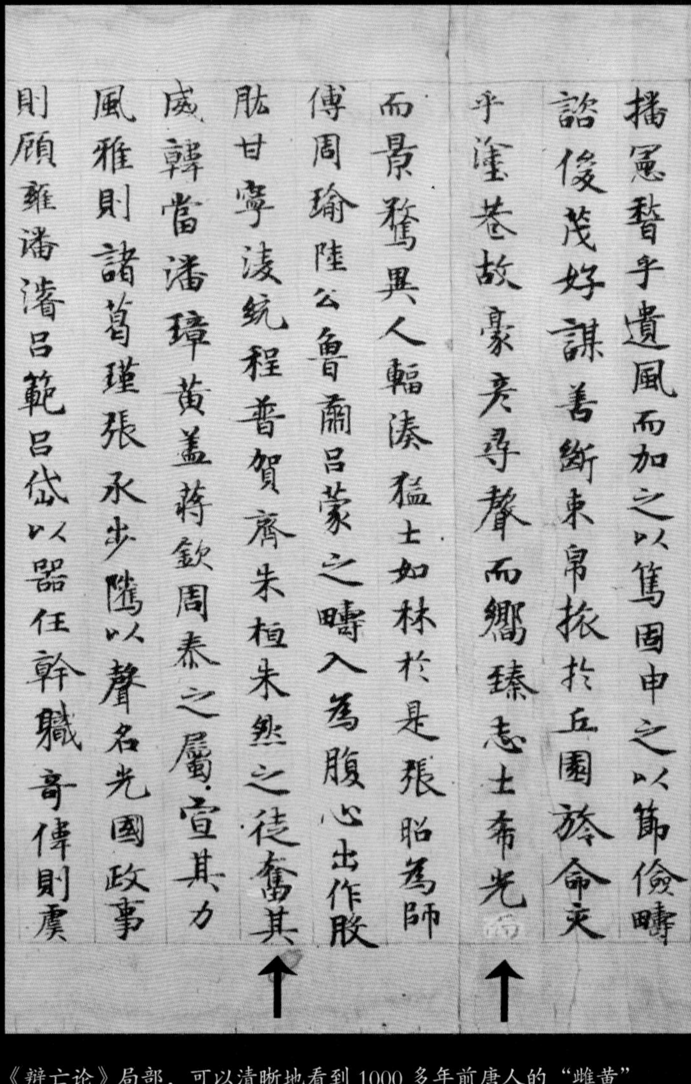

《辩亡论》局部，可以清晰地看到 1000 多年前唐人的“雌黄”

校书甚良”。沈括的《梦溪笔谈》里对雌黄的纠错功能亦有记录。

随着造纸技术的进步，人们越来越偏好白色的纸张。除了佛经仍用黄纸刻印，皇家馆阁藏书偶用黄纸书写之外，书籍多用白纸。至宋代，黄纸逐渐退出历史舞台。此时，倘若再用雌黄勘误就会显得不伦不类，要沦为笑柄了。《宋景文公笔记》便指出，“今人用白纸，而好事者多用雌黄灭误，殊不相类”。曾经风靡数百年的雌黄，从校勘的工具逐渐演变成辨正讹谬之义。至清代，“雌黄”已是乱发议论、乱作批评的代名词了。因而“信口雌黄”这个成语，现在的意思就是随口乱说或妄作评论。

发现于敦煌藏经洞中的初唐《全天星图》，也称《敦煌星图甲本》，现保存于英国国家图书馆，藏品编号为 S.3326，英国国家图书馆将其命名为《占卜书》。其为绢本彩色手绘，高 24.4 厘米，长达 3.3 米，是迄今为止发现的世界上较古老的手绘星象图，也

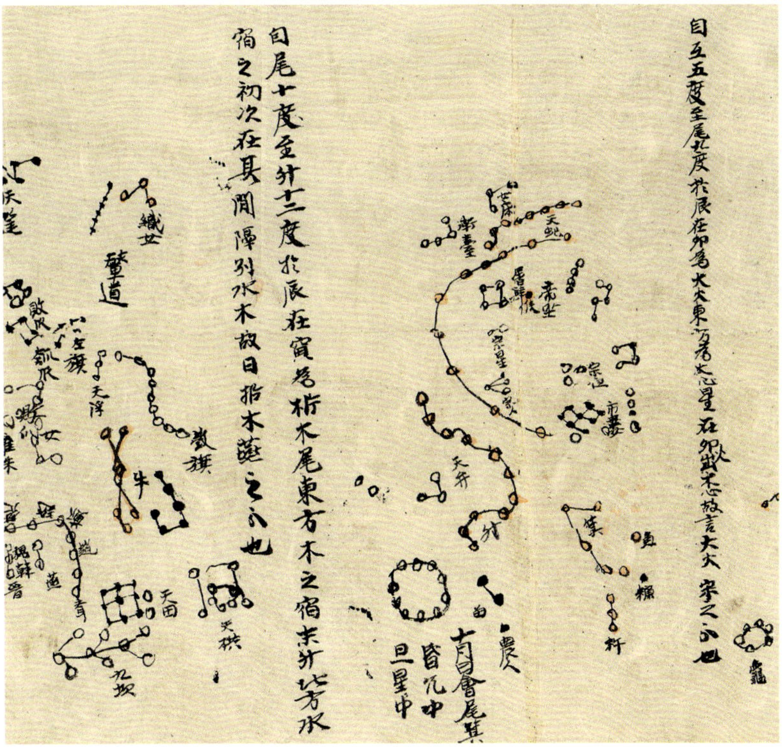

敦煌《全天星图》局部，明确标示出了织女星和牵牛星

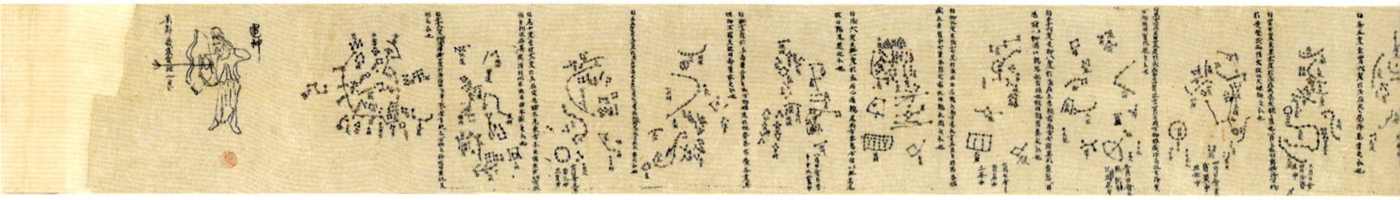

敦煌《全天星图》全图，绢本彩色手绘，为世界现存古星图中星数较多而又较古老的一幅

是中国古代科技高度发达的佐证，异常珍贵。注意，这是绢本——虽然在初唐时，造纸术发明已久，但为彰显高贵和稀有，并不需要大量复制和广泛传播的典籍还是会选择使用绢帛。

整幅星象图从 12 月开始，按照每月太阳所在的位置，将赤道带附近的天区分成 12 份，每一份投影到一张长方形的平面图上。

《全天星图》上标明了 1339 颗星星的位置，包括人类肉眼很难观察到的光亮微弱的星星。在每月星图之间，还用文字说明太阳 12 次起点和终点的度数。经现代天文学家测定，星图中 200 多颗最明亮星星的位置异常准确。英国学者李约瑟在他所著的《中国古代科技成就》一书中说：“我们几乎可以肯定，这是一切文明古国中流传下来的星图中最古老的一种。”在比较该图与欧洲各国星图后，他又指出：“欧洲在文艺复兴以前可以和中国天图制图传统相提并论的东西，可以说很少，甚至简直就没有。”

《全天星图》还将 1339 颗星划为 257 个星群，其中两个与大北斗座及猎户座一致，还包括难以用肉眼观察的微弱星星及几颗南半球的星星。根据专家的推测，这幅星图观测地点的地理位置在北纬 35° 附近，即今天的西安、洛阳一带。此外，在《全天星图》中明确标示出牵牛星、织女星。结合敦煌遗书《杂抄》（S.5755）提到的“七月七日何谓？看牵牛织女，女人穿针乞巧”，可见，1000 多年前，古代敦煌地区的民众会在这一天观星乞巧。“星汉灿烂，若出其里”，尤令今人兴叹：古今星月同，千里共婵娟。

关于这卷星图绘制的年代一直争论不休。1983 年，北京大学考古系教授马世长通过对星图卷末电神的服饰风格、避讳文字，

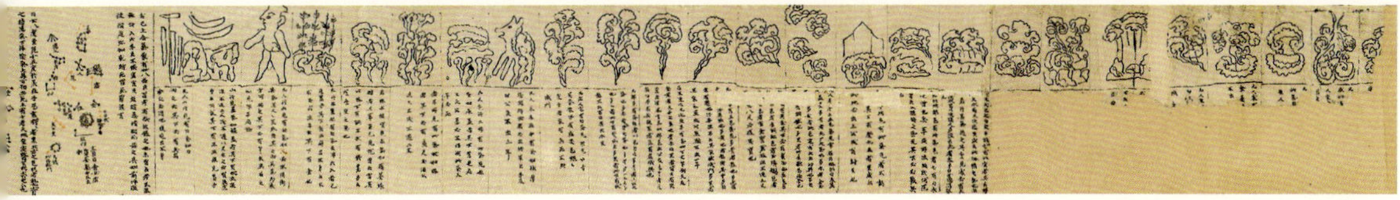

结合卷中关于唐初天文学家李淳风的内容以及书写风格的研究，得出了星图可能抄绘于701—710年的结论。2009年，《全天星图》首次在英国国家图书馆珍藏馆展出，国际敦煌项目部主任苏珊·惠特菲尔德从这张天文图所使用的避讳文字，将其制作年代确定为649—684年。她还认为：图中文字出现“臣淳风言”的字样，显示原图应是由648—664年担任御用星相师的李淳风制作，卷末画出的手持弓箭的电神的服饰，尤其是帽子的戴法也像是唐代早期的风格。因此，这卷星图可能是御用星相师李淳风绘制的一份星图的复制品。

至于这卷星图何以到了敦煌石窟里，至今仍是个谜。

《唐乾符四年丁酉岁具注历日》是敦煌遗书中内容最为丰富的一件历书，面貌最为完整。所谓“具注历”，就是“内容有吉凶注记的历书”。由于历书具有预告节气，引导农耕和生活的作用，一般来说会提前发行，所以，丁酉岁（877）的历书应当印刷于876年。该历书高29厘米，幅面总长115.5厘米。

该历书版面基本上分为三栏：最上一栏高度约10厘米，为历书的主要项目，即从正月初一至十二月末，逐月逐日一一列出，在每日除列出干支，如正月初十为癸丑日外，此下有二十四节令，在日期之上又有一小栏，主要标明几月，左右又标有天德月令等内容。第二栏为中栏，高度约7厘米，其主要内容是标明60年干支甲子循环，实际标出了自兴元元年（784）至乾符四年（877）历年的干支，即877年前的93年，名曰“六十甲子宫宿法”。接着是“十二属相灾厄法”，即十二属相在丁酉年的吉凶灾祥。最下

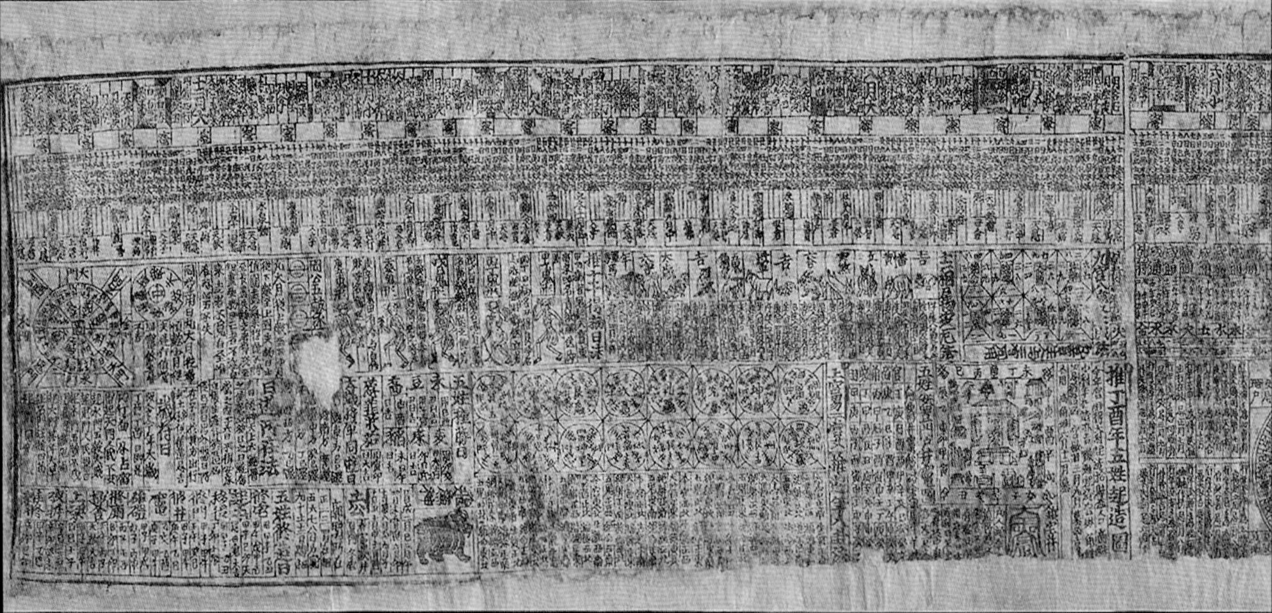

敦煌《唐乾符四年丁酉岁具注历日》，英国国家博物馆藏 S.P.6/G.8099

敦煌《唐乾符四年丁酉岁具注历日》。该历日有图有文，图文并茂。它不仅在天文历法史研究上具有重要价值，而且在雕版印刷史上也占据重要地位

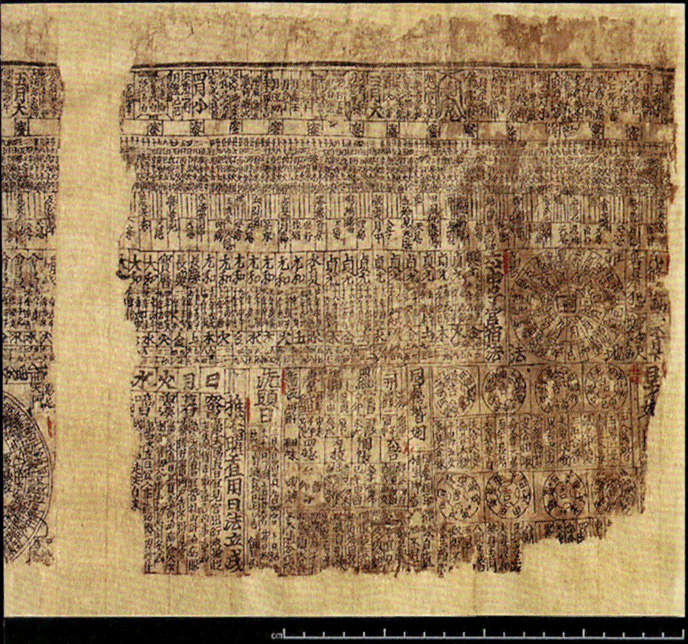

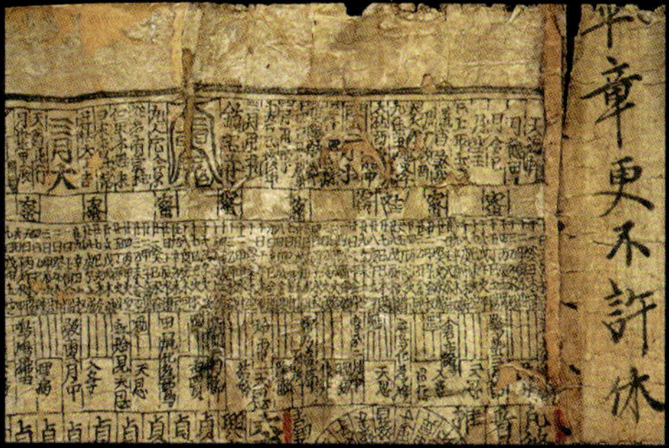

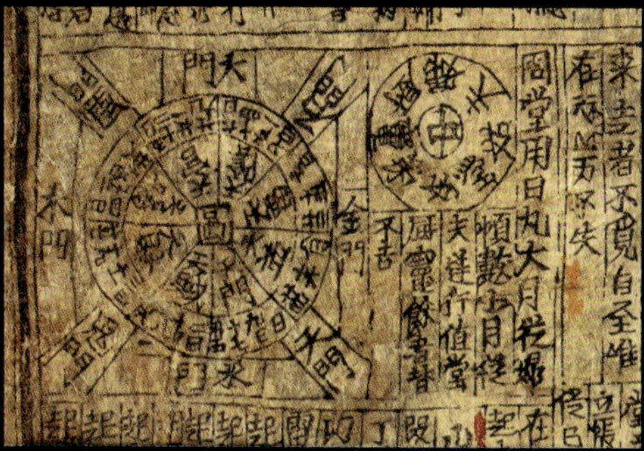

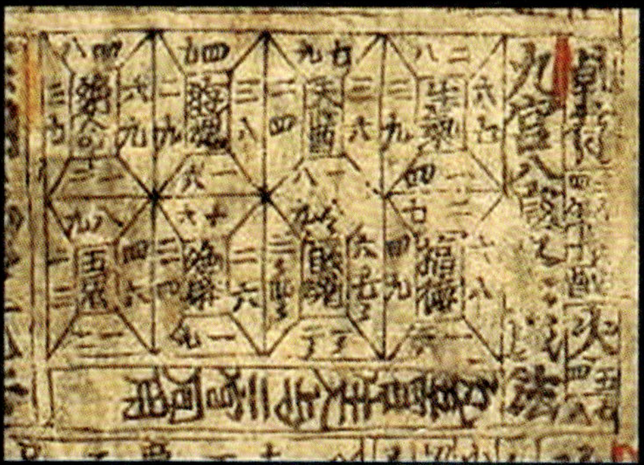

一栏高13厘米，内容为生活占卜，事无巨细，有结婚的占卜，如“支合相取、命会天星、百年并老、夫贵妻贞”。匪夷所思的是，唐代的人们连洗头都要挑选吉日，“三日、八日富贵，九日加官，馀日凶”。今天的人们与之相比，洗头是否显得随意了？

与现代期刊和报纸类似的版式设计——多栏结构，出现在这卷1000多年前的中国历日上，令人叹为观止。经估算，该件历书约7000字，雕字清晰，书体为柳体，栏线细致，印刷清晰，说明当时印刷工具已经很完美，当时的印刷技术已经很成熟，可将很细微的小字笔画印出。

该历日中的“五姓起造图”更是有意思，相当于一张中国四合院式建筑的平面设计图。在盖房时，门应向哪个方向、什么位置开，水井、牲畜应安排在哪个位置，都有规则。表面看似迷信，实际上仔细研究却非常合理，便于建造和生活。而且，这规则并非刻板教条，还是个性化的，其方案不是一个，而是一组。建造者可根据不同姓氏，按宫商角徵羽五音选择。

雷峰塔下的印经及其他

西湖雷峰塔下镇着白娘子，这是中国家喻户晓的民间传说。这一民间传说和鲁迅的《论雷峰塔的倒掉》，令雷峰塔妇孺皆知。实际上，雷峰塔的倒掉与一种古书密切相关。

民间传说，吴越王钱俶建雷峰塔之时，用了不少“藏金砖”，砖里藏有金子。于是，“淘金者”络绎不绝，长期盗挖塔砖。久而久之，1924年9月25日下午1时40分左右，这座杭州西湖边的名塔不堪重负，轰然倒塌。雷峰塔倒塌后，藏金塔砖的秘密便暴露了。原来，真有一部分塔砖为空心砖，里面的确有宝藏，但并非真金，而是真经。

五代时期，地处南方的吴越国的第一位统治者钱镠，被梁

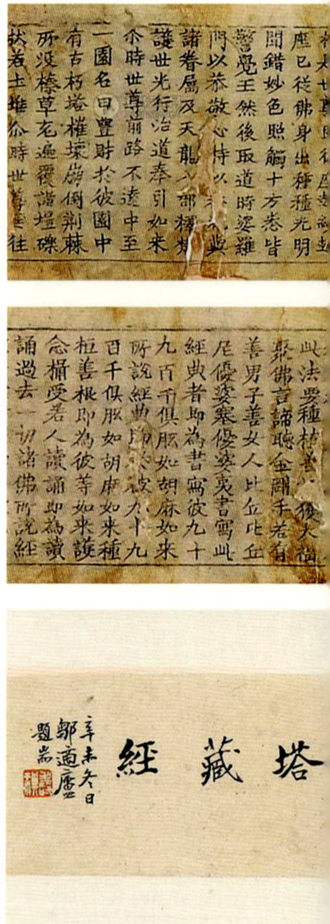

杭州雷峰塔出土的《一切如来心秘密全身舍利宝箧印陀罗尼经》

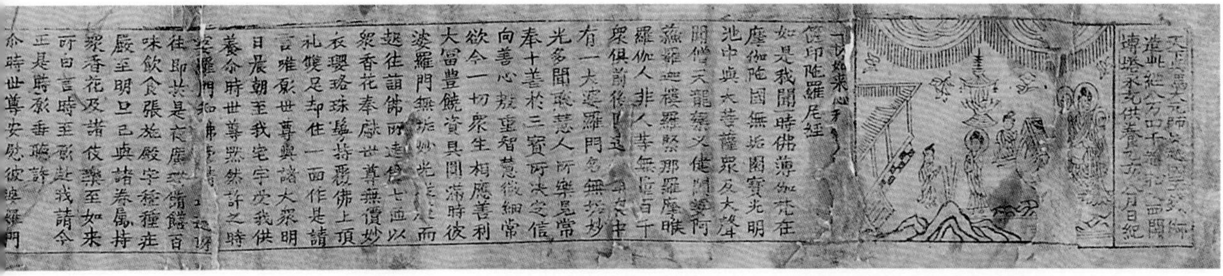

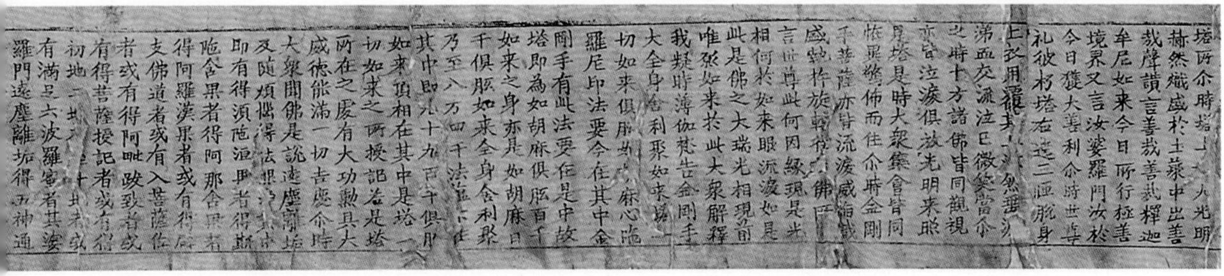

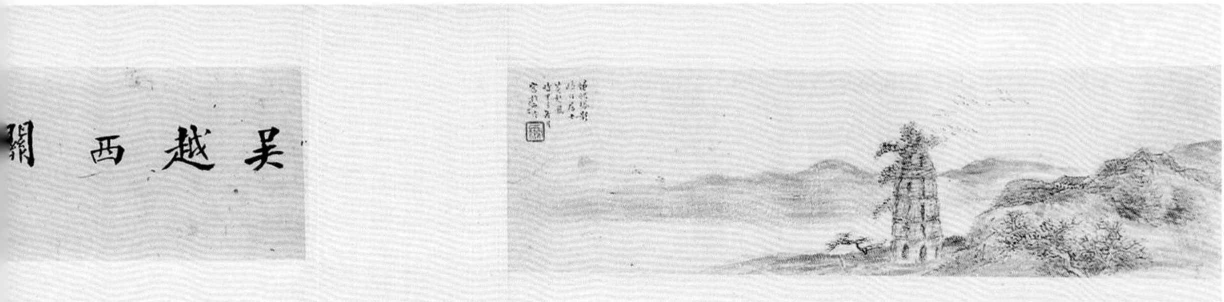

雷峰塔空心砖

太祖朱温封为吴越国王，后又加封天下兵马大元帅。吴越传三世五主，共80多年。钱氏诸王信奉佛教，忠懿王钱俶（又名钱弘俶）崇信甚笃，曾大量修建寺庙，兴造佛塔，雕印佛经。雷峰塔的空心砖内就藏有黄绫包裹的佛经《一切如来心秘密全身舍利宝箧印陀罗尼经》。经卷有题记“天下兵马大元帅吴越国王钱俶造此经八万四千卷，舍入西关砖塔，永充供养。乙亥八月日纪”。乙亥是宋太宗开宝八年（975），论时代已入北宋，但其时吴越国尚未归宋，仍可列为五代时期的印刷品。

20世纪以来，吴越国雕印的佛经实物多有发现。

1917年，浙江湖州天宁寺改建过程中于石幢象鼻内发现了藏存的数卷《宝箧印经》。卷首扉画前有“天下都元帅吴越国王钱弘俶印《宝箧印经》八万四千卷，在塔内供养。显德三年丙辰岁纪”字样，显德三年为956年。吴越国的印经活动可谓大规模，仅比953年完成雕印的儒家“九经”略晚3年。

1971年，浙江绍兴城关镇物资公司工地出土了金涂塔一座，高25.6厘米，座宽10厘米，现藏于浙江省博物馆。金涂塔通体浇铸，由须弥座与刹组成。座内有一红色小木筒，长约10厘米，短而粗，一端有一木套，内藏《宝箧印经》一卷，题有“吴越国王敬造《宝箧印经》八万四千卷，永充供养。时乙丑岁纪”。乙丑为宋太祖乾德三年（965）。这份经卷文字清晰，纸质洁白，非常珍贵。

首部印刷佛经总集

佛教经典总集称为《大藏经》，古代也称《一切经》。相传，佛陀涅槃后不久，他的弟子们为了永久保存佛陀所说的教法，开始结集，即通过会议的方式，将佛陀说的话加以统一固定下来——佛教的经藏是经过几次结集（编纂）会议才形成的。

在佛教传世2000多年间，其经典的流传大体上经过了背诵、书写、印刷三个时期。印度民族是惯于记忆的，他们最初结集三

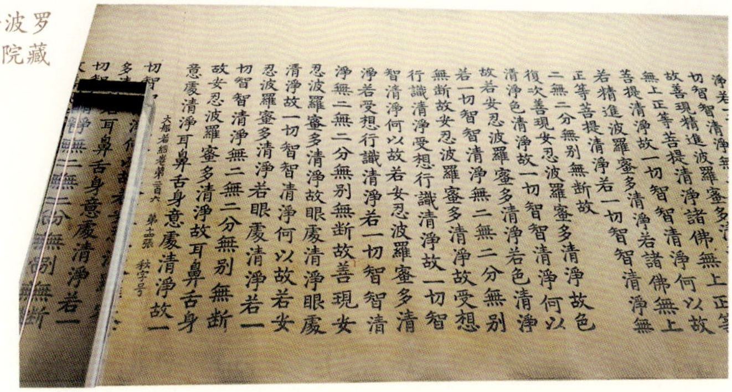

《开宝藏》之《大般若波罗蜜多经卷》，山西博物院藏

藏时，只是通过问答的形式，将佛所说的教法编成简短的语句，以便佛弟子们能够共同背诵而已。其后才有书写流传的做法。汉文“大藏经”这一名称，在南北朝末期或隋朝初期方始出现。在印刷术发明之前，要造大藏经全靠手抄。

北宋开宝四年（971），宋太祖赵匡胤敕令高品宦官张从信前往益州（今四川）印刷《大藏经》（后称《开宝藏》）。这是一项浩大的工程，早期印经5000余卷，版片多达13万块，是当时中国也是世界最大的印刷丛书。全藏行款疏朗，气魄宏大，充分体现了北宋初期文治的兴盛、佛教的发达，以及汉文化的博大胸怀与气概。宋太宗太平兴国八年（983），这批版片运到东京（今河南开封），存于宋王朝专门为之设立的印经院，归朝廷管理，供各地僧众请印供养。熙宁四年（1071）废止印经院，全部经版移交东京显圣寺圣寿禅院，从此《开宝藏》的印刷改由佛教界管理。

遗憾的是，时移世易，沧海桑田。靖康耻变，圣寿禅院被毁，《开宝藏》版片从此渺无踪迹。至今能够搜寻到的开宝遗珍只有12件散卷，它们分别珍藏在中国、日本、美国3国的8个收藏单位。

《开宝藏》在汉文化圈的影响是极大的。

宋太宗时，中国的雕版印刷本《大藏经》等由日本僧人奝然于雍熙元年（986）乘坐浙江台州商船带归，藏于日本京都法成寺；淳化二年（991），高丽遣使韩彦恭来贡，请求佛经，北宋朝廷也赠《大藏经》一部，后又多次赠送高丽大批书籍。宋朝还曾将这部藏经赠予越南及周边诸国，也曾分赠辽、西夏、敦煌、吐鲁番等国家与藩属，使得这部藏经在东亚、中亚、东南亚产生了巨大的影响。《初刻高丽藏》依据《开宝藏》复刻，其后高丽又在《初刻高丽藏》

韩国有印寺藏八万汉文《大藏经》印版

收藏《大藏经》印版的大殿

的基础上，校刻完成《再刻高丽藏》。近代日本《大正藏》也是以《再刻高丽藏》为底本。

韩国庆尚南道海印寺内至今保藏着汉文《大藏经》印版，它们被列为韩国国宝第 32 号。收藏印版的大殿也被认定为韩国国宝，编为第 52 号。这批木刻佛经印版为 1237 年到 1249 年刻成，共有约 8 万版，所以被称为《八万大藏经》。藏经版殿 1995 年被列入世界文化遗产名录。2007 年 6 月，《八万大藏经》印版被收为联合国教科文组织世界遗产。

传奇的《赵城金藏》

《赵城金藏》正是依据《开宝藏》复刻的。该经一共 682 帙，1379 部，6943 卷，6000 多万字。元世祖忽必烈中统年间（1260—1264）在燕京（北京）印刷了 43 部。鉴于经书不全，中统二年（1261）山西赵城（今洪洞县）广胜寺主持祖美亲往燕京弘法寺补印。该版经书在每卷的卷首加印了《释迦说法图》一幅，开端还印有“赵城县广胜寺”6 字。而这部《赵城金藏》留存 4500 余卷，较为完整，又是传世孤本，因而被视为稀世瑰宝。《赵城金藏》背后的故事很

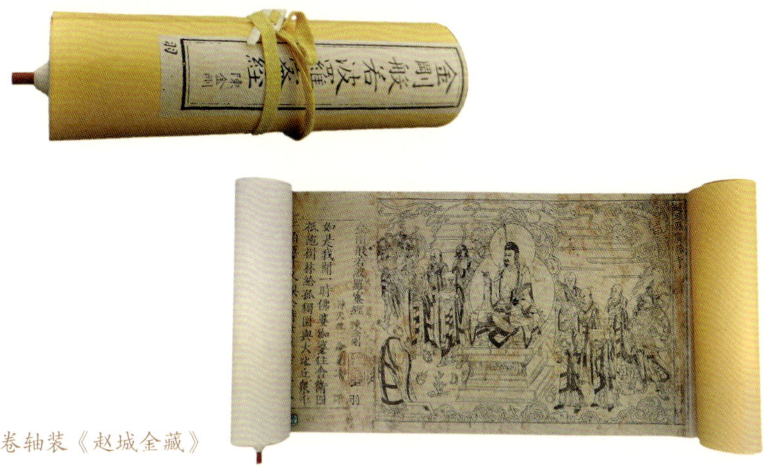

卷轴装《赵城金藏》

多，有凄美的断臂苦行，有悲壮的军民抗日护宝，有细致的修复……

故事一：断臂印经。在山西绛县太阴寺院落里，有一通元大德元年（1297）所立《雕藏经主重修太阴寺碑》，几乎完好无损地矗立在碑亭里。石碑用2169字，详细记载了《赵城金藏》雕印的缘起、发起人、雕印地和雕印过程。碑文记载，这部《大藏经》雕印的发起人是河南人尹矧乃。他因谙熟佛法，曾经得到宋徽宗赏赐。长子（今属山西长治）人崔法珍和太平（今襄汾县汾城镇）人王慈云等均为尹矧乃所收弟子。此外还有刘居士最先跟随左右。这师徒四人均自断左臂（手）奉佛，表明自己的虔诚，其中刘居士最后竟自焚于蒲州（今永济市）普救寺塔下。尹矧乃在金大定十六年（1176）故去，其弟子崔法珍于大定十八年（1178）将《大藏经》进献朝廷，3年后雕印版运送到京都，得到金世宗褒奖。尹矧乃师徒对佛法的信仰和行动，令后人唏嘘传颂。

故事二：军民抗日护宝。抗日战争时期，为保护这件国宝，八路军与寺院僧人、群众演绎了一段通力合作的佳话。1938年2月，日军占领赵城，广胜寺距日军据点仅1000米。为安全计，经书被秘密转移到广胜寺飞虹塔内封存。1942年，日本的“东方文化考察团”到赵城活动，并提出要在5月2日登飞虹塔游览，《赵城金藏》的安全受到严重威胁。时任太岳区第二地委书记兼军分区政委的史健得知消息后，意识到这是一场事关文脉传承、文化遗产安全的保卫战。经过精心策划，军民于4月27日深夜紧急将《赵城金藏》运抵中共地委机关驻地。在接下来的5月反“扫荡”中，地委机关的同志背着经卷，在崇山峻岭中与敌人周旋。由于形势所迫，这些经卷有的被藏于山洞，有的被藏

赵城县广胜寺弥陀殿内四周存放传世孤本《赵城金藏》的红色藏经柜

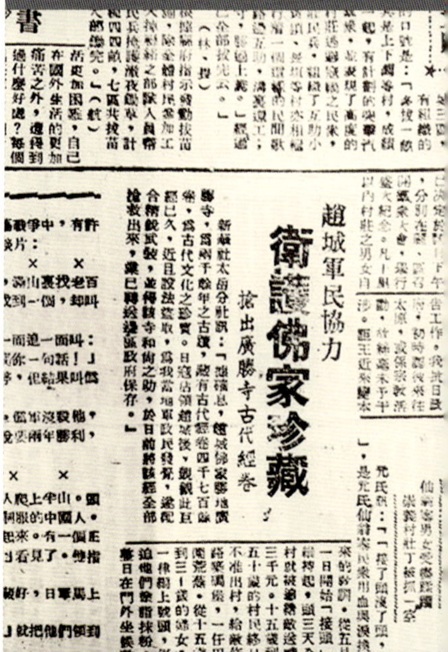

趙城軍民協力
衛護佛家珍藏
搶出廣勝寺古代經卷

新華社太岳分社訊：「據悉，趙城佛家勝地廣勝寺，爲兩千餘年之古蹟，藏有古代經卷四千七百餘卷，爲古代文化之珍寶。日寇佔領趙城後，覬覦此巨經已久，近且設法盜取，爲我當地軍政民發覺，遂配合精銳武裝，並得該寺和尚之助，於日前將該經全部搶救出來，業已轉送邊區政府保存。」

1942年7月6日，《新华日报》（太岳版）报道了八路军获知日寇妄图盗取《赵城金藏》的消息后成功抢救经卷的过程

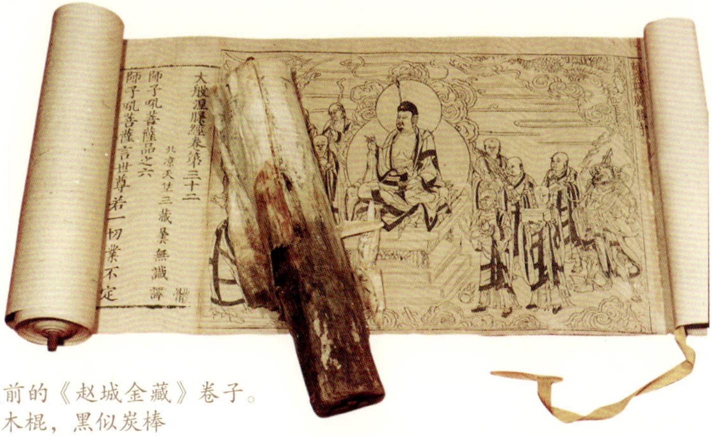

修复前的《赵城金藏》卷子。硬似木棍，黑似炭棒

于煤窑，受到了不同程度的损坏。在以后的几年里，《赵城金藏》又几经辗转，直到当地解放，尚存的 4330 卷又 9 大包的《赵城金藏》被分装成 42 箱，从河北涉县经邯郸安全运到北平。

故事三 :《赵城金藏》也是中华人民共和国成立后第一个大型古籍修缮项目。1949 年 4 月 30 日，当 4330 卷又 9 大包《赵城金藏》运抵北平时，人们难过地发现，由于多年保存条件恶劣，多数经卷已经潮烂断缺，或者丢失签题，十之五六已经不能打开。有三分之二的卷子都硬似木棍，黑似炭棒。在 1949 年 5 月召开的《赵城金藏》展览座谈会上，版本学家赵万里提出“不再改装，保持原样”的修复原则，也就是现在通行的“修旧如旧”原则。国家专门调来 4 位富有经验的装裱老师傅帮助修复，历时 10 余年，终于在 1965 年全部修复完毕。

《赵城金藏》现在已成为国家图书馆的四大镇馆之宝之一。

《白氏文集》与最早的出版许可证

古代日本的历史是由汉文典籍记录的。古代日本一直受到中国的影响，以中国的制度和文化为榜样。唐代诗人白居易（772—846）在古代日本特别受追捧。可以说，对日本汉文学乃至日本古代文学影响最大的中国诗人，就是白居易，并不是李白和杜甫。

今天，我们仍不知道白居易文集第一次刊印的确切时间，目前有明确记录的是印于 1037 年的宋版。日本国立公文书馆内阁也就是日本国家档案馆，藏有 2 函 10 册《管见抄》，该书抄于日本永仁三年（1295）。其第 10 册的最后，完整地抄录了当时杭州详定所颁发的《准印牒文》——就是官方出版许可。这个出版记录清楚记载了《白氏文集》于北宋景祐四年（1037）就已被正式印刷出版发行。这个记录太珍贵了，它不仅是白居易文集在北宋时期最早的印本记录，而且特别反映了北宋时期的出版制度，包括“扫黄打非”、申报、审查、准印流程。

这份“许可证”牒文如下：

详定所

准景祐四年正月十六日

转运司牒准

礼部贡院牒准

敕命指挥毁弃淫侈浮浅俚曲秽辞并

近年及第进士一时程试文字不可行用

者除已追取印板当官毁弃外有白氏文集一部七十二卷可以印行今于元印板

（后录略）

详定条制照会施行者

详定官将仕郎守杭州司法参军李臧

详定官朝奉郎试秘书省校书郎权杭州观察推官毕京

重详定官朝奉郎太常博士通判杭州军州事

兼劝农同盟市舶司事林冀

《详定条制》为北宋文集印刷出版审查制度，始于真宗大中祥符二年（1009）。这年正月，《诫约属辞浮艳令欲雕印文集转运使选文士看详诏》颁布：“仍闻别集众制，镂板已多，倘许攻乎异端，则亦误于后学。式资诲诱，宜有甄明。今后属文之士，有辞涉浮华，玷于名教者，必加朝典，庶复素风。其古今文集可以垂范，欲雕印者，委本路转运使选部内文士看详，可者即印本以闻。”该诏令原是针

日本国立公文书馆内阁藏，1295 年《管见抄》写本

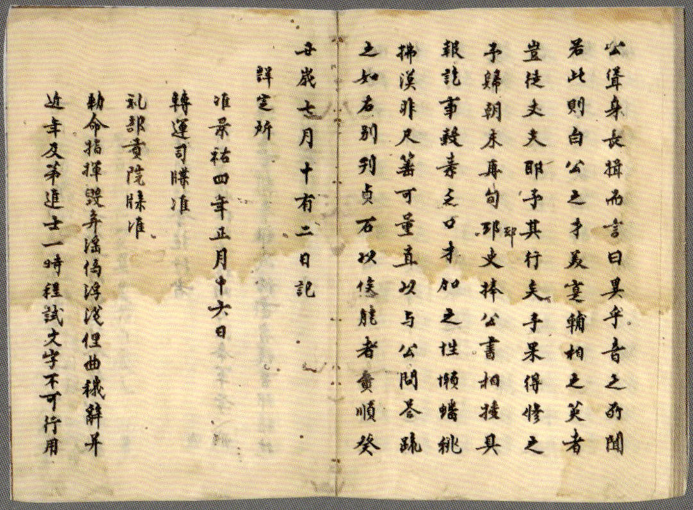

《管见抄》中的《〈白氏文集〉准印牒文》

对杨亿等酬唱《宣曲》诗而发。《续资治通鉴长编》卷七十一记载，御史中丞王嗣宗状告杨亿、钱惟演、刘筠这三位“大咖”唱和的《宣曲》诗“词涉浮靡”。真宗于是下诏告诫学者，谴责文辞浮靡者，同时下令今后“雕印文集”须由转运使委派官员“看详”，审查通过后方可印行。这是有文献记载可查的北宋最早的一份文集雕印审查诏令。

仁宗时期，曾多次重申文集出版的详定制度。牒，相当于现在的官方批复。有宋一代，官方“扫黄打非”政令下达得相当频繁。《宋会要辑稿》中辑录的宋代各个时期政府对禁书的命令，总的来说是针对以下三方面：

一是对凡涉及边防、军事、国家机密、时政的图书、文字，严加禁印、流传。这类禁令从北宋到南宋从未终止过。北宋仁宗天圣五年（1027）、仁宗康定元年（1040）、神宗熙宁二年（1069）、徽宗大观二年（1108）都曾颁布。南宋光宗、宁宗等朝仍不断颁布。两宋自建国至灭亡，始终与北方少数民族处于紧张、对立、时战时和的状态，时刻防范着辽、西夏、金、蒙古等少数民族政权的侵扰，故所谓有碍国家边机、军事，议论朝政的文字、书籍禁印、禁卖，施加惩处等手段。

二是对违背儒学经义，宣传“异端”的书籍，严加禁印、流传。宋代统治者崇尚儒学，皇帝亲作《崇儒术论》刊石国学。儒家经典著作一直是士子读书做官的利禄之桥，也是政府治理内政所遵循的道德思想准则。从太祖时即诏诸州府置司寇参军，以进士、明经者担任，并诏诗、书、易三经学究，以三经、三传资叙入官。凡违背经义宣传“异端”之文字、图籍，严禁刻印、流传。

三是对凡不符合正统释、道教义，利用“邪说”制造舆论，鼓动人民推翻宋王朝的书籍，严加禁止刻印、流传。这类禁令的颁布，主要集中在北宋后期。当时阶级矛盾日益尖锐，不断出现的农民起义，从根本上动摇着宋王朝的统治。所以，对于那些利用宗教、制造舆论、鼓动民心，并没有被列入佛藏的宗教书籍，自然要严加禁印、流通。

日本《管见抄》所抄写的《白氏文集》，可能是客死杭州的日本天台宗僧寂照的弟子带回日本的印本。有幸保存下来的这篇《准印牒文》，为人们了解北宋文集出版的运作流程提供了完整的历史信息：州设图书详定所，详定所委派州内官员二人为详定官、一人为重详定官。详定官初审后再请重详定官详定，然后牒请转运司呈礼部贡院，最终由礼部贡院审定后下达“敕命指挥”，经转运司传至详定所，详定所再行文给印书业者“照会施行”。准印牒文须附在书后。这一系列规定，与今天的出版制度异曲同工。

《东都事略》与最早的版权声明

“眉山程舍人宅刊行，已申上司不许覆板。”这一方只有 16 个字的牌记便是中国书籍出版史上最早的版权宣示，弥足珍贵。这方牌记来自宋版书籍——《东都事略》。该书是一部纪传体史书，南宋光宗绍熙间（1190—1194）在四川眉山印刷发行。该印本精美绝伦，是宋代雕版印刷的上上品。

保护复制、保护出版商利益的版权概念由来已久。在古代中国，印刷术是用来进行书籍生产、知识传播的唯一复制技术手段。对于书籍生产而言，最重要的权利莫过于将其印刷出版。而在这一工艺过程中，雕刻印版最为费时费工。好的刻工还必须有文化、会书法，因而印版特别珍贵，所以“著作权”最开始被称为“版权”十分合理。

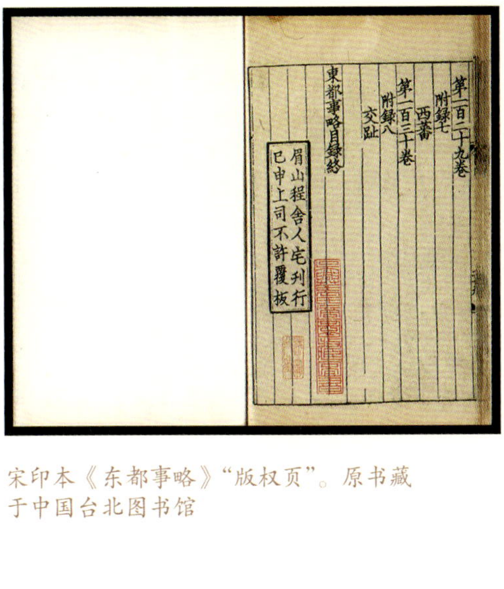

宋印本《东都事略》“版权页”。原书藏于中国台北图书馆

然而，历史出现了必然的遗憾——盗版与雕版相伴而生。

宋代出版业有多发达，盗版就有多猖狂。超级“男神”苏轼也为盗版的事情头痛不已。苏轼曾给朋友陈传道写信说：“某方病市人逐利，好刊某拙文，欲毁其板，况欲更令人刊邪……今所示者，不唯有脱误，其间亦有他人文也。”——著作被盗版，粗制滥造，脱字漏字，还把其他人的文字掺杂进来，气得苏轼要亲自去毁版。

更有甚者，连公务员的用书都敢盗版。北宋庆历年间（1041—1048）杭州曾经出过这样一个案子：有一个官员居然将刑法全书《刑统律疏》改了个名叫《金科正义》，然后偷偷刻版印刷售卖。

“圣人”朱熹同样对盗版书商切齿痛恨。朱熹曾经写过一本《论孟解》，结果被建阳（今福建南平市建阳区）书商给盗了版。朱熹特别郁闷，给朋友写信说：“《论孟解》乃为建阳众人不相关白而辄刊行，方此追毁，然闻鬻书者已持其本四出矣。”语气中充满了深深的无奈。好在宋代官府在版权保护方面颇有作为，很快捉住了建阳的盗版商，毁掉了盗版，之后官方规定只许朱家自己刻版翻印。

既然盗版“源远流长”，那么在中国印刷出版历史长河中，版权保护的努力也同样源远流长。宋代对盗版的打击相当给力，已经有了官府备案，禁止翻刻的事例。罗璧《识遗》一书说：“宋兴，治平以前，犹禁擅镌，必须申请国子监……”没有经过申请而“擅镌”，就是私自刻版，也可能是盗版，要被依法处理的。而且，除了国子监刻印的一般经书之外，新刊行的文字必须先将副本呈送官府看样，一方面是进行内容审查，另一方面也可以防止有人以刻新书为名，行盗版之实。

除了官府干涉外，书商也有保护自己出版物的措施。他们将自己的出版物在政府备案，以示合法，他人无权翻刻。人们现在能看到的最早的版权声明便是四川眉山程舍人宅印本《东都事略》书中的这个牌记：“眉山程舍人宅刊行，已申上司不许覆板。”这16个字证明：中国是世界上最早实行版权保护的国家。

南宋还有其他比较成熟的著作权和版权保护文件流传下来。一是两浙转运司于嘉熙二年（1238），为祝穆雕印《方舆胜览》等书发布的榜文：“照得雕书……右令出榜衢、婺州雕书籍去处，张挂晓示，各令知悉。如有似此之人，仰经所属陈告追究，毁板施行。

故榜。”另一篇则是淳祐八年（1248），行在国子监发给段昌武雕印《丛桂毛诗集解》的执照：“今状披陈……如有不遵约束违戾之人，仰执此经所属陈乞，追板劈毁，断罪施行。须至给据者。”以上两种印本后面都分别刊印了这两个文件，因而得以流传至今。

在中国古代，请求禁止翻版者皆印卖书籍的书贾，大略相当于今天的出版商，几乎与作者无关。在1000多年漫长的雕版印刷史上，版权保护的对象大都是书贾，禁止他人翻刻自己刻版印刷的书籍，主要目的是垄断市场。

随着时代演进及科技的进步，著作的种类逐渐增加。世界上第一部版权法英国《安娜法令》开始保护作者的权利，而不仅仅是出版者的权利。“版权”一词已渐渐不能涵盖所有著作物相关之权利内容。清宣统二年（1910），清廷颁布了《大清著作权律》，它是中国历史上第一部版权法，明确了关于著作权的定义和著作物的范围。不过《大清著作权律》颁布不到一年，便发生了辛亥革命，这个法令实际上并没有起什么作用。后来，北洋政府于1914年12月颁布了《出版法》（次年1月废止），1915年11月又颁布了《著作权法》。

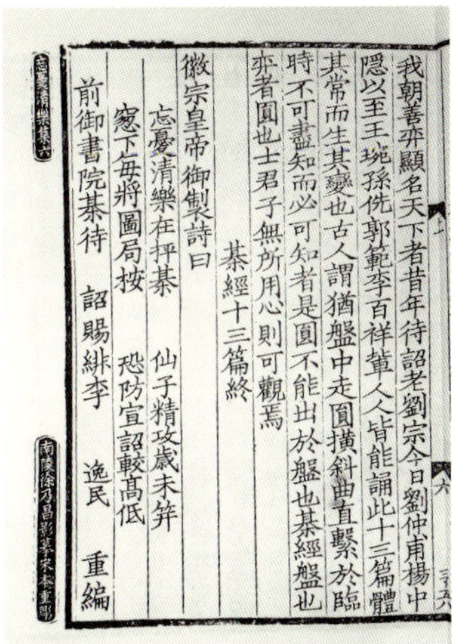
我朝善弈顯名天下者昔年待詔老劉宗今日劉仲甫楊中
隱以至王珫孫侁郭範李百祥輩人人皆能誦此十三篇體
其常而生其變也古人謂猶盤中走圓横斜曲直繫於臨
時不可盡知而必可知者是圓不能出於盤也棊經盤也
弈者圓也士君子無所用心則可觀焉
棊經十三篇終
徽宗皇帝御製詩曰
忘憂清樂在枰棊 仙子精攻歲未笄
窻下每將圖局按 恐防宣詔較高低
前御書院棊待 詔賜緋李 逸民 重編

《忘忧清乐集》徽宗御制诗

最早的棋谱——《忘忧清乐集》

《忘忧清乐集》是中国现存最早的棋谱，成书于北宋末年，刊印于南宋初期。《忘忧清乐集》棋理、棋谱、局部棋势兼收并蓄，保存了大量北宋及之前的围棋史料。《忘忧清乐集》所刊载的棋谱的对弈者，大多是当时的国手——棋待诏，对弈之地则包括宫苑、寺院、道观。书中的棋局均以对弈之地命名。对弈地点的选择，往往反映了弈者的身份和文化趣味，同时也为人们了解北宋都城东京（今河南开封）的城市文化提供了重要的资料。《忘忧清乐集》的书名则来自酷爱围棋的徽

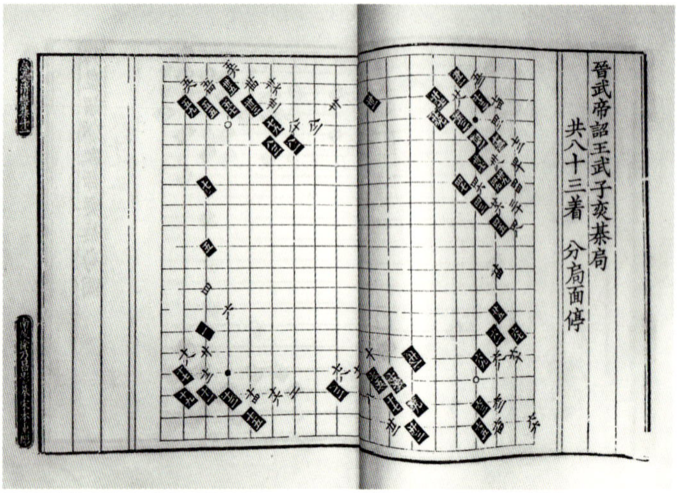

《忘忧清乐集》之晋武帝诏王武子弈棋局

宗皇帝御制诗："忘忧清乐在枰棋，仙子精攻岁未笄。窗下每将图局按，恐防宣诏较高低。"

古人常用"弈"指围棋。中国古代四大技艺"琴棋书画"中的"棋"，指的就是围棋。围棋相传已有4000多年的历史。早在春秋战国时期围棋已盛行，然唐代以前的围棋著作多已失传。李逸民是宋代棋坛宗师，曾被钦点为翰林院棋待诏。李逸民编写的《忘忧清乐集》正是集围棋千年发展之大成的第一部传世经典，影响深远，成书后历代刻印不断。

宋版《忘忧清乐集》是每一位围棋爱好者心头的"白月光"。书分上、中、下卷，书长30.6厘米，宽20.8厘米，每页20行，每行18至25字不等，皮纸印造，字体优美，天工巧夺。全书分为三个部分：第一部分为《棋经十三篇》等重要著作及北宋徽宗赵佶御制诗一首；第二部分为棋谱，其中有北宋刘仲甫《棋诀》四篇、张靖《论棋诀要杂说》一篇；第三部分为三国孙吴至宋代弈棋局面图数十幅，包括全局棋谱、边角着法及局部棋势，如《孙策诏吕范弈棋局面》《空花角图》《长生八俊势》等。该书为存世孤本，刊刻刀法娴熟，墨色青纯，行格疏朗，古朴大方，具有南宋浙江杭州地区印本风貌。据避讳“慎”字可知刻于南宋孝宗时期（1163—1189）。该书先后被清代藏书名家钱曾、黄丕烈、汪士钟、瞿绍基等收藏，清末又辗转归属江苏常熟人瞿士良。中华人民共和国成立后，其后人将该书献给国家，现珍藏于中国国家图书馆。

古代婚礼操办指南——《新编婚礼备用月老新书》

“众礼之中，婚礼为首。”（《后汉书》卷六二）在中国传统社会，婚礼被视为“人道之始”“人伦之大者”，其目的在于“合二姓之好”，是关系到伦常、社会和宗族延续的头等大事。因此，在古代，婚礼有着隆重而细密的仪式。配合着礼仪的遵行而出现了婚礼文书。当然，这些婚礼文书都是指导民间操办婚礼的指南，而不为皇家所用。历史悠久、种类繁多、功用各异、形制特别、礼俗丰富的婚礼文书，反映了中国古代婚礼的独特面貌。

中国台北图书馆藏有一套南宋末年建阳刊本《新编婚礼备用月老新书》。全书共24卷，分为前后两集，每集12卷。前集中，卷一为婚姻礼法门，卷二至卷六为姓氏源流门，卷七至卷九为故事备要门，卷十为事实撮要门，卷十一、卷十二为事实摘奇门；后集中，卷一为启状诸式门，卷二为婚书警联门，卷三为媒妁求亲门，卷四为纳币聘定门，卷五为官儒聘定门，卷六为士庶聘定门，卷七、卷八为亲眷聘定门，卷九为农工聘定门，卷十为纳币聘定门（再娶、再嫁、纳宠），卷十一为聘定请期门，卷十二为亲迎合欢门。该书未收录在《四库全书》中，既无复本流传，也未经后世翻刻，现存于世的仅此一部，因而十分珍贵。

月老，民间又称“月下老人”“月下老儿”，指天庭的一位上仙，是中国民间传说中主管婚姻的红喜神，也就是媒神。在世俗社会中，“月老”一词又指在中间促成婚姻双方姻缘的所有人和事，在传统中国婚礼中是非常重要的角色。近千年前，《新编婚礼备用月老新书》的刻印发行是为了满足实际的需求。而今天，婚礼习俗

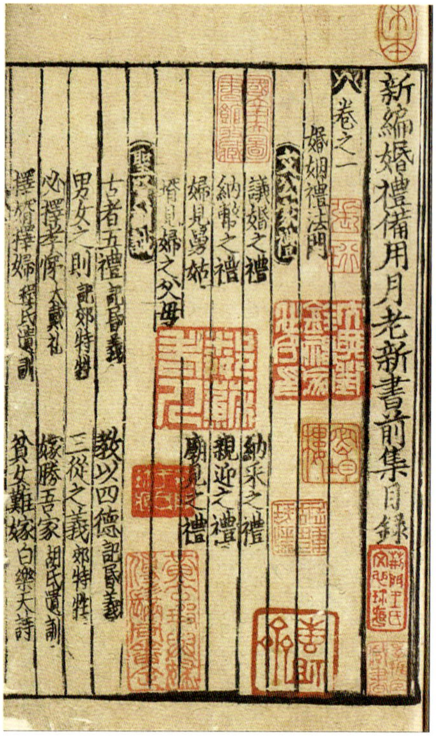
新編婚禮備用月老新書前集 目録
卷之一
婚姻禮法門
議婚之禮　納采之禮
納幣之禮　親迎之禮
婦見舅姑　廟見之禮
壻見婦之父母
古者五禮 記昏義　教以四德 記昏義
男女之則 記郊特牲　三從之義 郊特牲
必擇孝廉 大戴礼　嫁媵吾家 胡氏遺訓
擇壻擇婦 程氏遺訓　貧女難嫁 白樂天詩

《新编婚礼备用月老新书》目录页

已与当年截然不同，但通过这套书，我们能重温古代繁复的礼仪，感受文化的传承与变迁。书中附有多位著名藏书家的章印，如明末清初藏书家季振宜、实业家与藏书家蒋汝藻的藏书楼密均楼，以及古书画鉴定专家张珩。卷前还有清末民初学者们的题词，包括历史地理学家、书法艺术家和藏书家杨守敬，以及学者叶昌炽、叶德辉。

中国国家图书馆藏有一套《婚礼新编》，与《新编婚礼备用月老新书》一样，同为南宋福建建阳地区刊印。《婚礼新编》每半页12行，行21字，小字双行同。该书主要辑录了宋代的一些婚礼书仪和古代婚礼典故文献，保存了大量与婚礼民俗相关的宝贵资料，对我们了解和研究宋代的民俗情况颇有裨益，也为今人了解古代婚礼的具体细节提供了方便。

这两种图书都是当时筹办婚礼的工具书，相当于当下的婚仪手册，在当时社会中也可算是畅销书。

“世界记忆遗产”之《黄帝内经》（古林书堂印本）

“世界记忆遗产”是联合国教科文组织于 1992 年启动的文献保护项目，也是世界文化遗产项目的延伸，旨在保护世界范围内正在逐渐老化、损毁和消失的文献记录。

2011 年，《黄帝内经》（古林书堂印本）入选《世界记忆遗产名录》。

《黄帝内经》分为《素问》和《灵枢》两部分。《素问》9 卷 81 篇，内容广博而深奥，具有比较完整的理论体系，为中医理论之渊薮。汉以后，《素问》单行，独立成书。然而，《素问》流传至今多为注本，最早作注者为南北朝人全元起。可惜的是，在全元起的时代，《素问》已经散佚一卷，故《新唐书·艺文志》著录“《素问》全元起注八卷”。全氏注本在南宋时便已失传。唐代宗宝应元年（762），王冰在全氏注本的基础上，重新整理、注释、补缀、编次，历时 12 年

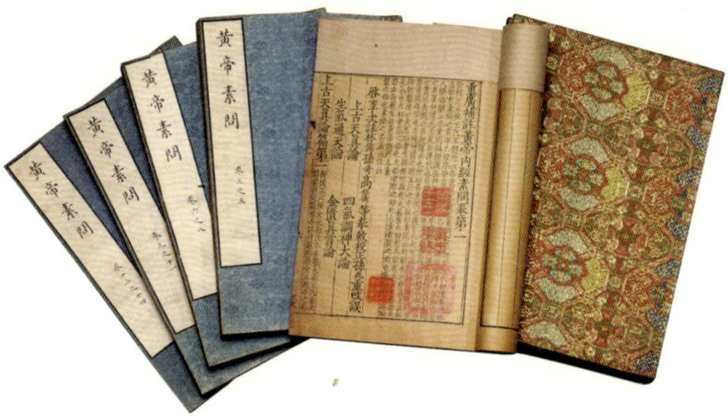

《黄帝内经》是中医学理论体系的奠基性著作

而成书。王冰注本《黄帝内经》24卷，计81篇，得以流传后世。宋仁宗嘉祐年间（1056—1063），校正医书局林亿、高保衡等人奉敕对王冰注本《素问》加以校勘，并由政府刊印颁行，其规模之大、质量之优，前所未有，故为历代医家所宝，也成为后世《素问》各种版本之祖本。

《灵枢》又称《灵枢经》，早期为9卷81篇，又称为《九卷》。晋皇甫谧又称之为《针经》，再后又有《九虚》《九灵》《黄帝针经》等名。《针经》在北宋初年已亡佚。到了宋哲宗元祐八年（1093），高丽献医书，里面有一部9卷的《黄帝针经》，哲宗下诏颁布天下，然后中国才又有了一部完整的《针经》。《宋史》载："元祐八年正月庚子，诏颁高丽所献《黄帝针经》于天下。"现今的《灵枢》即为高丽所献《黄帝针经》的版本。

《黄帝内经》现存最早的印本是金代刻印的残本，存11卷。然而，入选世界记忆遗产的《黄帝内经》并不是现存最早的金印本，而是元（后）至元五年（1339）胡氏古林书堂印本，是中国国家图书馆所藏众多版本《黄帝内经》中的精品，也是目前存世版本中保存最完整的早期版本。

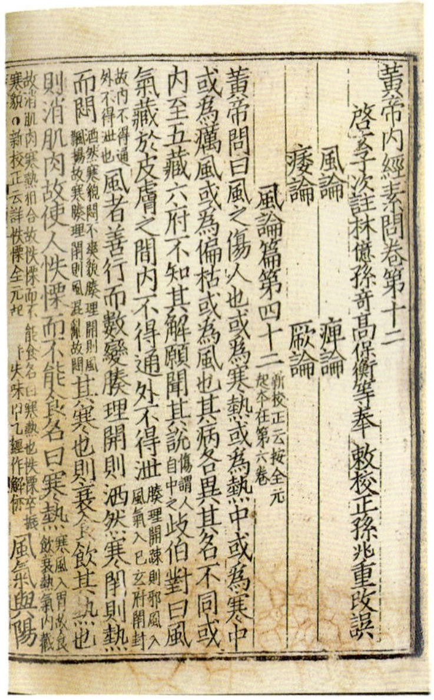
黃帝內經素問卷第十二
啓玄子次註林億孫奇高保衡等奉勑校正孫兆重改誤
風論 痺論
痿論 厥論
風論篇第四十二 新校正云按全元起本在第六卷
黃帝問曰風之傷人也或為寒熱或為熱中或為寒中或為癘風或為偏枯或為風也其病各異其名不同或內至五藏六府不知其解願聞其說 岐伯對曰風氣藏於皮膚之間內不得通外不得泄 風者善行而數變腠理開則洒然寒閉則熱而悶 其寒也則衰食飲其熱也則消肌肉故使人怢慄而不能食名曰寒熱

《黄帝内经》是现存最早的中医学奠基之作，并产生了深远的国际影响，古代日本、朝鲜、越南等国均将其视为重要的医学经典著作。图为金印本书影

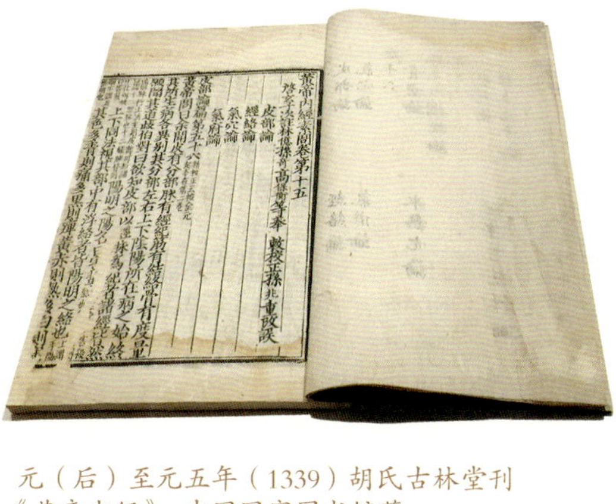

元（后）至元五年（1339）胡氏古林堂刊《黄帝内经》，中国国家图书馆藏

“世界记忆遗产”之《本草纲目》（金陵本）

在中国古代丰富的医药学遗产中有许多名著，《本草纲目》就是其中之一。

明代人李时珍以宋代唐慎微的《证类本草》为资料主体，增删考订，用了大约 27 年的时间才最终完成这部药学巨著。

在编写《本草纲目》的过程中，他脚穿草鞋，身背药篓，带着学生和儿子翻山越岭，访医采药，足迹遍及河南、河北、江苏、安徽、江西、湖北等广大地区。他倾听多人意见，参阅各种书籍。吸收了历代本草著作的精华，尽可能地纠正了以前的错误，补充了不足，并有很多重要发现和突破。《本草纲目》是到 16 世纪为止中国最系统、最完整、最科学的一部医药学著作。

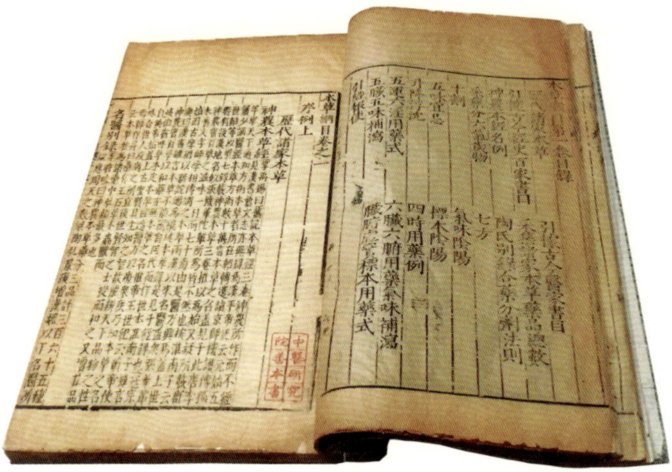

明万历二十一年（1593）金陵胡承龙刻明重修本《本草纲目》，史称“金陵本”。海内外共存全帙 8 部，其中 5 部分别流落于日本、美国与德国。国内存有 3 部，一部为私人藏书，另两部分别藏于上海图书馆和中国中医科学院图书馆

60岁那年（1578），李时珍完成了这部伟大的著作。为了能尽快刻印此书，李时珍不顾年老体弱，于1580年及1590年分别前往太仓和南京，请文学家、曾任刑部尚书的王世贞作序，商请金陵书商胡承龙刻印。从1590年起至1593年止，胡承龙前后历时4年才将全书刻完。在即将出版之时，李时珍告别人世，没能目睹《本草纲目》印本的问世。3年后的1596年，《本草纲目》在南京出版，史称“金陵版”。之后，先后有江西版、湖北版、杭州版、本立堂版等30多种印本。《本草纲目》开始得到广泛的传播。

《本草纲目》全书约190万字，52卷，载药1892种，新增药物374种，记载了11096个医方，附图1000多幅，对每一种药物都说明了产地、形状、颜色、气味、功用。《本草纲目》系统地总结了中国明代中期以前药物学的巨大成就，对药物学的发展起到了很大的推动作用。达尔文称赞它是“中国古代的百科全书”。

1606年，《本草纲目》首先传入日本。1647年，到访中国的波兰人弥格将《本草纲目》译成拉丁文传至欧洲，后来该书又先后被译成日、朝、法、德、英、俄等文字。

软体字本《全唐诗》

曹寅（1658—1712）是《红楼梦》作者曹雪芹的祖父。康熙时，曹寅历任通政使、两淮盐政、江宁织造。

康熙四十四年（1705）三月，康熙皇帝第五次南巡期间，发布谕旨，命曹寅在扬州主持编刻《全唐诗》。这是一部规模宏大的巨著，编辑、整理、校勘、誊写，需要众多方家硕学参与，雕版、纸张、印刷、装订等耗费不菲。曹寅便在扬州天宁寺内创办了一个大规模的编校出版机构，名扬州诗局。从5月扬州诗局正式开局，至翌年10月1日校刻工作基本结束，《全唐诗》“装潢成帙，进呈御览”，历时仅一年有余。曹寅的调度、管理工作是称职的。康熙阅后，朱批：“刻的书甚好！”对其大加赞赏。次年四月十六日，皇帝《御

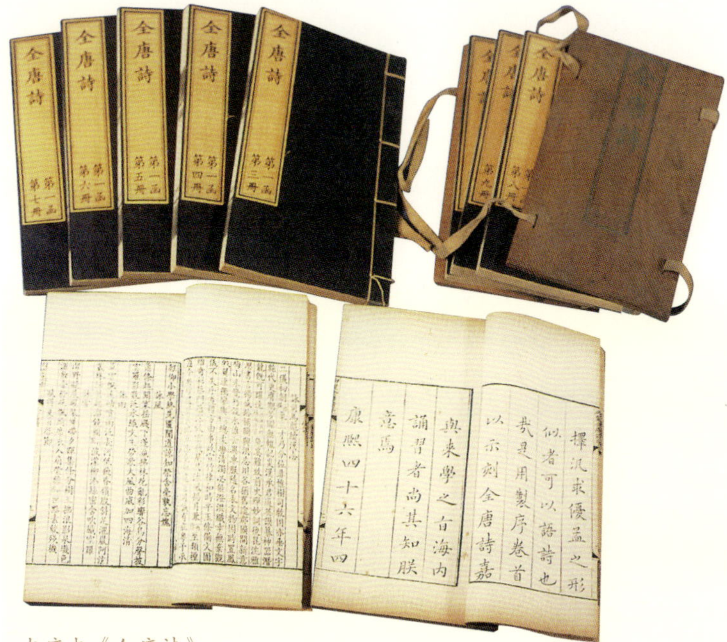

内府本《全唐诗》

制全唐诗序》写成颁布，补刻冠前。《全唐诗》校刻工作全部完成。这一版本世称“扬州诗局印本”，因系奉旨刻印，故也称“内府本”，书版风格与内府武英殿本相似。

曹寅校刊的《全唐诗》是中国古代规模最大的一部诗歌总集。全书共分 900 卷，汇集有唐一代诗人 2200 余位，收录诗作将近 9 万首，半页 11 行，行 21 字，雠校精良。古籍印本的字体，基本分为两大系统，一种是手写体，即所谓软体；一种是匠体，即所谓硬体。《全唐诗》字体采用康熙皇帝钟爱与提倡的软体字，书法端楷，字体秀雅。整部书籍镂刻之精，不逊宋版，被后世誉为“康版”，成为中国雕版印刷史上的一抹亮色，也成为那个时代独特的文化标志。

《日本图志》与“出版”

以1840年鸦片战争为标志，中国社会逐步沉沦，中国人陷入文化自卑自此开始，长达一个半世纪。

清光绪三年（1877）秋，29岁的广东嘉应州（今梅县）人黄遵宪以参赞身份随首任出使日本国大臣何如璋前往东京。到后不久，他即深深感到日本自明治维新后，已发生根本性变化，绝非中国传统所蔑视的“岛夷”“蕞尔小国”，而国人对此却一无所知。因此，从1878年开始，公务之余，他几乎全都在搜集资料，广泛接触日本社会各界，研究日本政治、社会、历史，特别是明治维新以来的变化。

1882年，黄遵宪完成了《日本国志》初稿。随后他被调往美国，任驻美国旧金山总领事。在美期间，他仍继续修订《日本国志》。不久，他告假回乡，潜心写作，终于在1887年夏季完成书稿。《日本国志》共40卷约50万字，从各个角度深入系统地研究了日本的历史和现状，对明治维新后所实行的各项制度做了特别介绍。

书稿完成后，黄遵宪便想将该书印刷出版。他最先想到的是将此书呈送总理衙门出版。因为由官方出版影响最大，最有可能影响国家政策。1888年秋，黄遵宪将书稿呈送主管外事的晚清重臣李鸿章，请他推荐出版：“移送总署，以备查考。”李鸿章确将书稿连同黄遵宪禀文转至总理衙门，并做了推荐，但总理衙门并未理会。半年之后，心有不甘的黄遵宪将书稿呈送两广总督张之洞。张之洞将书稿转总理衙门时也高度评价说：“详阅所呈《日本国志》，条例精详，纲目备举，寓意深远，致力甚勤，且于外洋各国风俗、政事，俱能会通参考，具见究深时务。”然而，该书稿仍被束之高阁。有李鸿章、张之洞两位高官的推荐也得不到总理衙门的首肯印行，

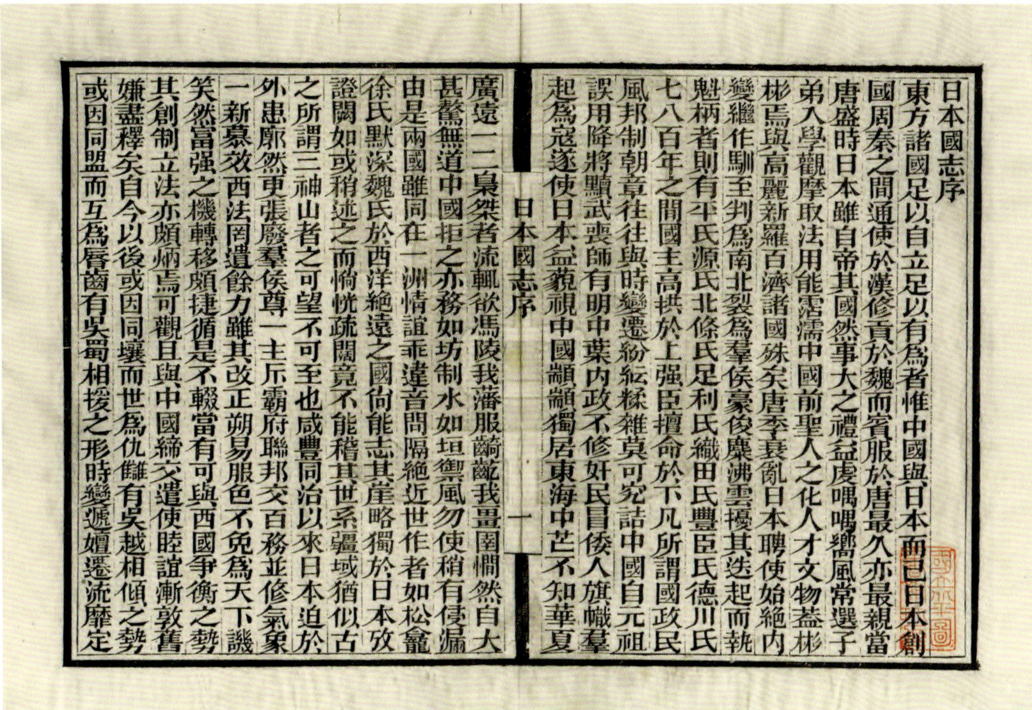
日本國志序

東方諸國足以自立足以有爲者惟中國與日本而已日本創國周秦之間通使於漢修貢於魏而賓服於唐最久亦最親當唐盛時日本雖自帝其國然事大之禮益虔喁喁嚮風常選子弟入學觀摩取法用能霑濡中國前聖人之化人才文物葢彬彬焉與高麗新羅百濟諸國殊矣唐季衰亂日本聘使始絕內變繼作馴至判爲南北裂爲羣侯豪俊麋沸雲擾其迭起而執魁柄者則有平氏源氏北條氏足利氏織田氏豐臣氏德川氏七八百年之間國主高拱於上强臣擅命於下凡所謂國政民風邦制朝章往往與時變遷紛紜糅雜莫可究詰中國自元祖誤用降將黷武喪師有明中葉內政不修奸民冒倭人旗幟羣起爲寇遂使日本益藐視中國顓顓獨居東海中芒不知華夏

日本國志序　一

廣遠一二梟桀者流輒欲馮陵我藩服齮齕我疆圉憪然自大甚驁無道中國拒之亦務如坊制水如垣禦風勿使稍有侵漏由是兩國雖同在一洲情誼乖違音問隔絕近世作者如松龕徐氏默深魏氏於西洋絕遠之國尙能志其崖略獨於日本攷證闕如或稍述之而惝怳疏闊竟不能稽其世系疆域猶似古之所謂三神山者之可望不可至也咸豐同治以來日本迫於外患廓然更張廢羣侯尊一主斥霸府聯邦交百務並修氣象一新慕效西法罔遺餘力雖其改正朔易服色不免爲天下譏笑然富强之機轉移頗捷循是不輟當有可與西國爭衡之勢其創制立法亦頗炳焉可觀且與中國締交遣使睦誼漸敦舊嫌盡釋矣自今以後或因同壤而世爲仇讎有吳越相傾之勢或因同盟而互爲脣齒有吳蜀相援之形時變遞嬗遷流靡定

《日本国志》书影

黄遵宪终于对官方刊印不抱希望，于是转而寻求民间出版。此时，他被任命为驻英使馆二等参赞。1890 年年初，在赴英前，黄遵宪自己出资，将书稿交广州羊城富文斋书局出版。

富文斋却也不甚重视该书，加上黄本人不在国内，因此也迟迟未将书稿付印。直到 1895 年秋冬，中国在甲午战争中刚刚惨败于日本，丧权辱国、割地赔款的《马关条约》墨迹未干，《日本国志》终于艰难问世。该书甫一出版，便洛阳纸贵，风行天下。人们惊讶地发现，中国近代第一部深入系统地研究日本的著作，居然在 8 年前的 1887 年就已定稿，却一直未能出版。世人对该书评价甚高，有人甚至以为此书早出版几年就可避免甲午之祸，大发“此书可抵银二万万两”之叹。

1896年9月，准备变法的光绪皇帝召见了黄遵宪，向其询问：“泰西之政何以胜中国？”黄遵宪回答说：“泰西之强，悉由变法。臣在伦敦，闻父老言，百年以前，尚不如中华。”光绪皇帝既惊讶又兴奋。戊戌变法前夕的光绪皇帝阅读《日本国志》的心情更切，曾两次亲催亲信大臣立刻进呈。

最早使用“出版”一词的中国书籍正是《日本国志》。尽管中国的出版活动有着数千年的历史，但“出版”作为词语在汉语里出现只有120余年的历史。追根溯源，日本人率先借用汉语“出版”二字来翻译英语单词“publish”，并在本国广泛运用。之后，“出版”一词被以黄遵宪为代表的中国知识分子传回到中国，进而逐渐推广使用。《日本国志》卷三十二《学术志》中介绍：明治五年，日本“仿西法设出版条例，著书者给以版权，许之专卖，于是士大夫多以著书谋利益者”。这正是汉语词语“出版”在中国的出版物中的首次亮相。

《环游地球新录》——睁眼看世界之造纸印刷

世界博览会简称“世博会”，创办于1851年，是展现人类在社会、经济、文化和科技领域取得的成就的国际性大型展示会。中国于2010年在上海首次成功主办了第41届世界博览会。实际上，早在1876年，清政府就破天荒地第一次组织参加了美国费城世界博览会。

李圭这位本来名不见经传的海关职员，因为偶然的机遇，成为代表中国参加世博会的第一位华人。他回国后详细记录了这届世博会，写了长篇参展总结，出版了《环游地球新录》一书。该书于清光绪四年（1878）由善成堂雕版印刷发行，共分为4卷：卷一《美会纪略》、卷二《游览随笔》、卷三《游览随笔》、卷四《东行日记》。当时由政府拨款印刷3000册，其中500册分送官绅、

100 册归作者，其余在各通商口岸发售，海关职员人手一册。《环游地球新录》记载了费城世博会的空前盛况和丰富多彩的展出物品。他还记载了世博会上中国馆的情况：木质大牌楼，上书"大清国"三字。门楼上的横额、对联均由李圭拟定，横额为"物华天宝"，对联曰"集十八省大观，天工可夺；庆一百年盛会，友谊斯敦"。中国馆"陈物之地，小于日本，颇不敷用"，但却备受世界各国观众瞩目。

李鸿章读后大为赞赏，并为此书作了 8 页的序文，称赞"是录于物产之盛衰，道里之险易，政教之得失，以及机器制造之精巧、人心风俗之异同，一一具载，其非耳目所及者则略焉弗详。李圭之此行为不虚矣"。在李鸿章看来，这不是一部睁眼看世界的猎奇之作，从李圭对西方的描述中，国人能清晰地看到中西方之间存在的差距和联系。

该书出版后，引起很大反响，一些思想活跃的知识界人士争相购买，很快销售一空，以至于后来坊间相继翻刻。李圭自己也在光绪十年（1884）经重新校订后再次印刷出版。一时间，该书产生了"五洲重译，有若户庭，车轩往来，不绝于道"的广泛影响。该书因为流传国外，连挪威奥斯陆皇家大学图书馆都有收藏。

颇有意义的是，这部睁眼看世界的书中，第一次记载了中国人睁眼看到的国外先进的造纸技术和印刷技术。在该书第一卷谈到日本国的展品时，李圭对日本的活字和印刷机产生了兴趣，表达了羡慕。他写道："（日本）其有实用者，则惟印书活字板，甚精，皆日人仿西法自制。又小样机器数具，亦极灵巧。盖已推广其法，大有出蓝之日。"他认为，日本对西式机械印刷术的模仿十分成功，大有后来居上之势。此外，他在书中还详谈了美国的西文打字机。另外，他还注意到了英国的轮转印刷机在印刷速度上的优越性。涉猎广泛的他，通过细心观察，还详述了美国工业化机械造纸，并与传统中国造纸进行了对比。

尺値一千圓已爲西人購定木質黑漆描金嵌牙博古架高廣各三尺許玲瓏異常値五千圓小盒長八九寸寛二寸云係二百年前之物毫無傷損藏玻璃櫃中充古玩價二百五十圓又有大磁瓶一對高約六尺式如膽外繪雖尚美觀而其質似不若華産堅緻價亦二千圓牙器雕工不甚佳所嵌金彩頗細巧仿造景泰器質薄而輕遜於華製他如書畫綳布籐竹木器咸備見山水一幅點染極有氣魄題句云亂峯影落夕陽斜小板橋欹小石涯鴨脚纔黃烏桕赤秋光偏屬一山家款爲東京柳圃甯寫其有實用者則惟印書活字板甚精皆日人仿西法自製又小樣機器數具亦極靈巧蓋已推廣其法大有出藍之日南窗下皆五金礦塊煤石類不下數十種數百塊備考察焉磁器製自肥前地方者最佳銅漆牙器多半東京所製聞此番赴會共用帑金二十七萬圓未知確否觀其國邇來於泰西制度器藝造作悉能用心窺其深奥如開掘五金煤礦以裕國更改水陸軍政以強兵建立機器局造錢局電報局郵政局火輪舟車局以利國利民四民中有留心洋務或能作外洋語言文字者皆羅致錄用不遺一人以獲其效而勗其後今亦選派多人來會專司紀載

清光绪印本《环游地球新录》

第一章

书之始

所有与中华书籍历史有关的话题一定要追溯到汉字。

汉字是世界上流传最久的，最富有生命力的文字系统，而中华文明又是有着五千年悠久历史的古老文明。汉字与中华文明一脉相承、相生相伴。梁启超说过：“四千余年之历史未尝一中断者，谁乎？我中华也。”

现代考古成果表明，地球上最先出现的文字是两河流域早期的定居民族苏美尔人创造的楔形文字，还有埃及第一王朝创造的圣书字。除了中华文明，其他的古老文明由于外来势力的入侵消失在了遥远的过去，如古埃及文明、古印度文明、古巴比伦文明、古印加文明等。只有中华文明的汉字，即方块字得以完全地保留下来，一路走来，踏着时代的节拍不断变换着身姿。在汉字的书写及传播中，产生了一系列包括造纸术、印刷术等重要发明，帮助并促进了包括中华民族在内的世界各民族的文明发展，直接影响了整个人类社会的文明进程。

值得细品的是，汉字不但中国使用，在很长时间里还是东亚地区唯一的国际交流文字——20 世纪前是日本、朝鲜半岛、越南等国家官方的书面规范文字。可以说，识读汉字的中国人可以翻看周边国家的历史文献。那些保存至今的周边各国文献典籍充分证明，中国曾是古代东亚最先进、最强大的国家，曾经是文化的输出国。曾经有过一个汉字文化圈，汉字文化圈内的国家具有一些共性：汉字、儒学、汉传佛教、中国式律令制度，以及中国式生产技术、生活习俗等。

汉字恒久远。作为中华民族的主要文字，汉字又通过书籍得以保存、演变、规范、传承。汉字和汉字典籍一起成为中华民族集体记忆丰厚的宝藏，使得中华民族拥有世界上独一无二的数千年连绵不绝的历史。因而，中国人在研究历史文化的时候，能够透过历史长河中浩如烟海的文化遗产，无障碍地与祖先对话，向祖先请教，得到问题的答案。

中国人从小就说汉语，自幼就学汉字、写汉字、用汉字，但其实还有很多问题值得去思考：“字”与“书”有着怎样的关系？为什么汉字不称“中字”或者“汉文”？

第一节　汉字之源

今天看来，汉字应该不是远古某一人某一天的突发奇想，而是经过了长时间的积累，也一定包括了所有的发明必须具备的基本要件，即物质条件，以及记录或者记事的需求刺激。从语言、实物到文字，在这一漫长的过程中，为了帮助记忆、记录和传播知识信息，人们进行了多种尝试。结绳、契刻、图画和刻画符号是文字产生的前奏。

结绳记事

远古时期，狩猎、捕鱼、采集是人类先祖获取食物的重要方式。为了便于记录事件和统计收获，人们开始在树干或是石洞的墙壁上进行非常简单的记录。随着时间的推移，发生的事情越来复杂，猎物越来越多。有的大事记不清，有时猎物多到双手十指都不够用，怎么记录更好呢？那时候为了捕捞大鱼，人们会使用大一些的网，并使用重一些的网坠；捕捞小鱼的网和网坠则相应小一些、轻一些。在编织渔网的反复结绳动作中，人们逐渐摸索出了一套结绳记事、记数的方法。

以上是后人对于结绳记事起源的推测和想象。

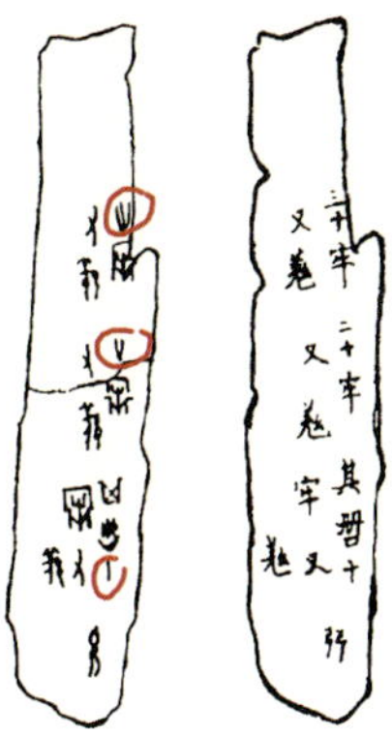

甲骨文十、廿（二十）、卅（三十），选自王宇信等主编《甲骨文精萃选读》344—345 页，语文出版社 1989 年版

根据当代考古发现，甲骨文中就保留着这种结绳记事方法的痕迹。甲骨文的数目字“十”，像一个绳结的样子；数目字“二十”，即廿，像两个绳结的样子；数目字“三十”，即卅，像三个绳结的样子。

正因为如此，人们很早就将汉字起源与结绳联系起来。《周易·系辞下》记载："上古结绳而治，后世圣人易之以书契。"东汉许慎在讲汉字产生前的情形时，也提到了结绳："及神农氏结绳为治而统其事，庶业其繁，饰伪萌生。"近代学者朱宗莱在《文字学形义篇》中说："文字之作，肇始结绳。"

《庄子·胠箧》说："昔者容成氏、大庭氏……伏牺氏、神农氏，当是时也，民结绳而用之。"根据这个说法，上古曾有很长一段时间都用结绳记事。至于结绳这种记事方法如何施行，《周易正义》引《虞郑九家易》说："古者无文字，其为约誓之事，事大大其绳，事小小其绳，结之多少，随物众寡，各执以相考，亦足以相治也。"就是说，人们尝试着通过材料和颜色不同的绳索，以及不同形式的绳结来代表事件和事物，利用绳结的大小和数量的交互配合来表示数目。简言之：大事打大结，小事打小结。

世界上许多民族都曾使用过这种方法。直至今天，中国边远地区的一些少数民族中仍在使用这种方法，如云南的哈尼族、辽宁及新疆的锡伯族、西藏的门巴族、台湾的高山族等。哈尼族人买卖田地时，就用单股麻绳打结来标示田价，买卖双方各执一根，以为凭证。

锡伯族人在屋子对角拉一条绳子，在绳索上面挂上不同的物件来记录家族中发生的大事件，这种习俗叫作"喜利妈妈信俗"（"喜利妈妈"是锡伯族保佑家庭人口兴旺平安的女神）。这种家谱是用一条两丈多长的丝绳，名曰"索绳"，上系小弓箭、小靴鞋、箭袋、摇篮、铜钱、布条、嘎拉哈（猪羊的背式骨，即髌骨）、木锹、木叉等物。其中嘎拉哈（借"背"音）表示辈数，即添一辈人，加一个嘎拉哈；小弓箭表示男儿，添一男孩，两个嘎拉哈之间就添一张小弓箭；布条表示女孩，这一辈有几个女孩，就有几块布条；摇篮、小靴鞋等表示子孙满堂；箭袋表示男儿长大之后，成为骑射能手；铜钱表示生活富裕；木锹、木叉等表示农业丰收。这样一条绳索便是一本"无文字的家谱"，是家庭繁衍的标记，凝结着这个古老民族延续千年的民俗和文化记忆。

锡伯族的结绳记事“喜利妈妈信俗”，入选 2011 年国家级非物质文化遗产名录

在国外，波斯人、墨西哥人、秘鲁人也都使用过结绳记事的方法。印加人的神秘绳结被称为“奇谱”（Quipu），已入选联合国教科文组织人类非物质文化遗产名录。奇谱是用棉线、骆驼或羊驼毛线制成的。它由主绳和副绳组成。主绳通常直径为 0.5—0.7 厘米，上面系着很多细一些的副绳，一般都超过 100 条，有时甚至多达 2000 条。每根副绳上都结有令人眼花缭乱的绳结，还可能挂有第二层或更多层的绳结。通过用计算机对这些绳索的各种元素进行长期的分析和研究，哈佛大学的考古学家格里・乌尔顿和数学家兼编织专家凯利・布热利成功破译了奇谱代表的数字记录方式，借此找到了印加的宫殿所在地——普鲁楚柯城。这一发现发表在 2005 年的《科学》杂志上。该研究认为，印加帝国的绳结系统可能是人类目前发现的唯一一种三维文字书写系统，记载着整个庞大的印加帝国的信息。它可实现数据收集和记录保存，包括纳税监控、人口普查统计、历法记录和军事机构信息等。目前保存的结绳多数是印加帝国时期的，历史可追溯至 1400—1532 年。

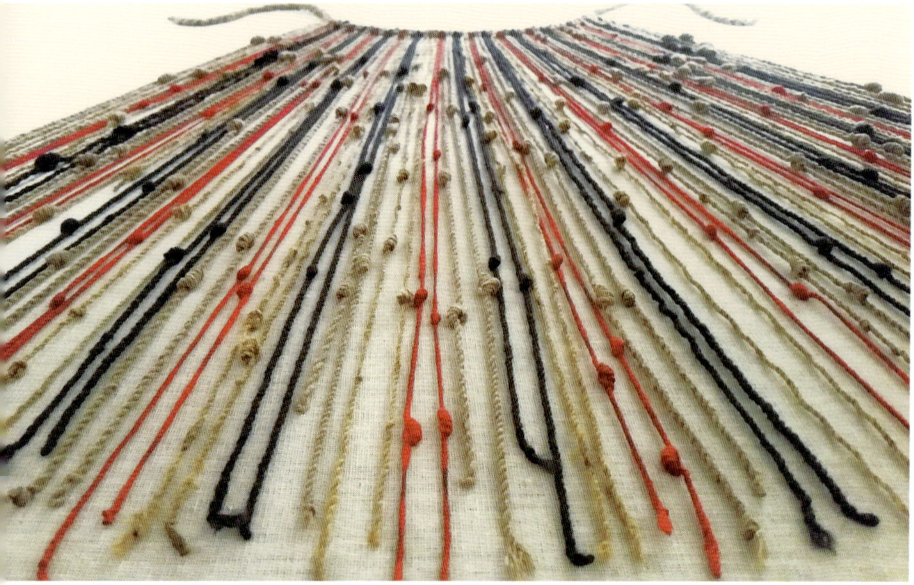

印加人用结绳表达的书面语言“奇谱”。秘鲁马丘比丘博物馆藏

迄今大约有 700 件奇谱散落在世界各地的博物馆中。

还有一个励志故事与结绳记事有关。

唐汝询是明末著名诗人，除了写诗，他还编写出版过《唐诗解》一书。他其实是一个盲人。唐汝询天生聪慧，据说 3 岁的时候他的兄长就教他认识了好几百个字。5 岁那年，他不幸因一场大病，导致双目失明。起初唐汝询非常痛苦。当他无奈接受了残酷的现实后，决定用耳朵听书，用心读书。于是，每逢兄长读书的时候，他就坐在旁边用心地听，将听到的文章和诗歌一字一句地记在心里。

盲人唐汝询还想到了加强记忆的好方法。他依照古人结绳记事的办法，在绳子上打上各种各样的结来代表诗句，还用刀子在木板或者竹片上刻出各种各样的痕迹来代表文字。兄长不在家的时候，他就摸着这些绳结和刀痕，大声地朗读。唐汝询用这些办法读了不少书，记住了不少诗歌。后来，他就学着作诗。作诗的时候，如果有人在身边，他就念出来，请人家帮他写在纸上；要是没有人帮他写，他就用结绳和刻刀痕的办法将诗记下来，然后再请人写到纸上。唐汝询就用这样的办法创作了大量诗歌，成了

篆书“绳”

一位名满天下的诗人。

其实，中国结也是由结绳记事演变而来的。

中国结

最早的“结”，既是“契”，也是“约”，既有表意功能，也有记载历史事件的作用，成为原始而神圣的“典籍”，因而也备受人们的尊崇。1500年前，南北朝文学家庾信用“交丝结龙凤，镂彩织云霞。一寸同心缕，千年长命花”来描写新婚夫妻各取一缕长发做成同心结的动人场景；1000年前，宋代词人张先则感慨“心似双丝网，中有千千结”。

数千年的绳结，渐成了情结。“结”，已成为一个表示团结、力量、和谐，充满情感的字，给人团圆、亲密、温馨的美感。中国结成为吉祥装饰品代表，造型独特、绚丽多彩、寓意深刻、内涵丰富。中国人以结表情，以结寓意，意必吉祥。不同形状的结有不同的名称，表达着不同的美好祝福：平安结——一生如意，岁岁平安；祥云结——吉祥如意，祈保平安；吉祥结——吉人天相，祥瑞美好；如意结——万事称心，事事如意……

刻木记事

简单的刻记是原始人最初采用的一种计量、记录的方法。《墨子》《魏书》《隋书》等古代史书中都记录了当时中国一些少数民族刻木记事的情况。《墨子·公孟》记载“是数人之齿，而以为富”，《魏书·帝纪·序》云“不为文字、刻木记契而已”，《隋书·突厥传》说“无文字，刻木为契”。时至今日，中国海南、云南、贵州等地的一些少数民族仍然保留着这种看似原始却又智慧满满的记事方法。

傈僳族一直都没有自己的文字，他们散居在怒江峡谷两岸。如果氏族、家庭或村民之间发生了纠纷不能自行解决，氏族长辈或村寨的头人就将当事人双方都集中到公共场所，氏族长辈或头人则以当地司法行政长官的身份来处理这一纠纷。通常情况是大家聚集在一起，氏族长辈或头人坐于中间，当事人则分列两边，空地中央放一大碗水，在当事人的面前各摆一只竹筒。大家边喝酒边听当事人双方陈述纠纷原因和经过。当事人每陈述一条理由，便由长辈或头人往其竹筒中放一颗玉米粒。陈述完毕后，谁的竹筒里玉米粒最多，谁就算打赢了这场官司。最后由氏族长辈或头人当着双方和村民的面宣布裁定结果，再取出两块事先预备好的栗木片，拔出腰刀，在木片的两侧分别刻上当事人陈述的理由条数，谁的理由多，谁的刻痕就多，并将麻绳拴在最后一道木刻上，表示纠纷到此结束。倘若今后谁又挑起事端，再做裁定时双方都得出示木片，复述理由，继而进行裁定。

除了民间纠纷、民族内部冲突之外，还包括土司派税纳款，官府传递公文、派款，买卖土地、奴隶等，傈僳族都以刻木为凭。根据事情的大小轻重，选择不同材质的木片。如果事关人命或是非常重大的事件，木片就必须用栗木制成；若只是一般的民事纠纷，则可以用松木或是其他杂木制成。不过无论哪种事件，都必须在众人的监督下陈述、刻制。

苗族同样没有文字。苗族有“刻道”，实际便是“刻木”。“刻道”是苗族最早的记事方式和该支系最古老的文字工具。贵州施秉苗族有一种著名的酒歌——《苗族开亲歌》。开亲歌长达10000余行，两天两夜也唱不完。神奇的是，如此长篇的歌词竟只依靠刻道的

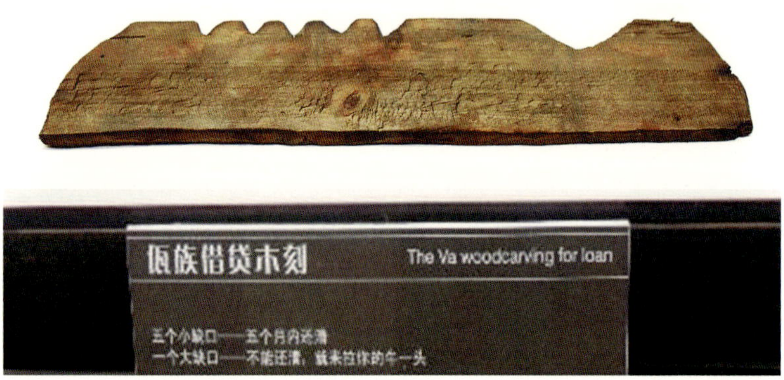

云南民族博物馆“刻木记事”佤族借贷木刻：五个小缺口表示五个月内还清，一个大缺口表示如不能还清，就来拉走你的牛一头

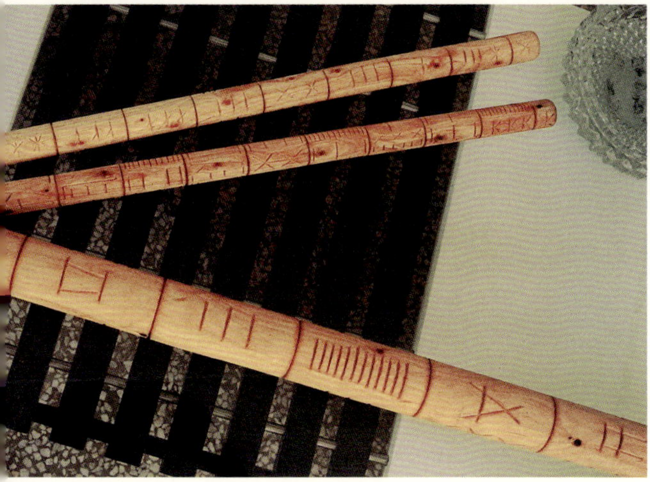

施秉县国家非物质文化遗产——苗族“刻道”

方式便能代代传承。苗族先人用奇特的符号将开亲歌的目录刻在一尺（33.3 厘米）长的小木棍上，方便随身携带，称为“歌棒”。歌棒以圆形和方形为主，多采用枫木、犁木或竹制作，分三面刻符号，每面均刻符号九格，共 27 格符号，每格符号以横、竖、叉等组成。流传下来以后，刻棒即成为苗家历代传唱这段故事和苗族婚俗由来的“书籍”或“歌本”。一根歌棒，歌师可以按图形符号从上往下唱，也可以从下往上唱。而外人却难明其详，所以施秉民间有“官家识字九千九，没有哪个能把刻道认得透”一说。

结绳记事也好，刻木记事也罢，与文字并无直接的传承关系。结绳和刻木是两种记事方式，它们的出现和传承都是因为区域性文字发明的滞后。不过，传承至今的结绳和刻木均可以看作原始状态的书籍。

刻画符号

仓颉造字是传说，但汉字自黄帝始、仓颉造确实有迹可循。从中国历史文化发展的脉络来看，新石器时代的刻画符号和刻画文字与汉字的产生、发展是有着密切的渊源的，它们是汉字的始祖，是中国文字的雏形。

中国的石器时代开始于距今 10000 多年前，至距今 4000 多年前夏朝建立结束。在这个漫长的进程中，符号不断演化，类型各异，其功用也多种多样。目前出土的属于石器时代的形态各异的符号被分为三类：

第一类是单个出现的几何符号。单个几何符号出现的时间较早，分布广泛，西达甘肃，东到上海，南至广东，都有所发现。它们往往重复出现在不同遗址的多个器物上，刻画位置较固定。可能是用于区分器物的使用者、制造者，或作计数符号。如河南舞阳贾湖新石器时代墓葬出土文物中，曾在龟甲、骨器等器物上发现简单的刻画痕迹，像龟腹甲上刻画的“目”字，距今 8000 多年。距今约 7000 年的安徽双墩遗址出土了 600 多件古陶器，多数刻画有符号、图画，或者含有符号的组合图画。而仰韶文化半坡类型的各类遗址中，出土有不少此类刻画符号，它们大多位于陶钵外侧口缘的黑色宽带纹上，有简单的竖线、斜线、叉形，也有较为复杂的样式。刻上符号，就知道这件器物是谁制作的，像商标一样，标出自己的器物，别人就不会拿错。所以说，古人们可能将这种符号当作记号使用。

第二类是单个出现的象形符号，以山东大汶口文化的陶尊符号为代表。山东大汶口文化遗址在 20 世纪六七十年代出土了多个墓葬陶器刻画图纹，其中最有名的符号是一个组合体，分为日、云、山三个部件，上下重叠。日在最上，云居中间，山为底座。20 世纪下半叶，学者们纷纷进行研究，试图直译出符号对应的具体汉字，如古文字学家于省吾将这个符号释为“旦”字，古文字学家唐兰释为“炅”字。也有学者认为像特殊的徽记，有可能是一个族属、部落的象征性标志。安徽蒙城尉迟寺聚落遗址也出土了类似大汶口陶尊的陶尊，其上也同样刻着这个象形字。这说明两点，一是它属于程式化、规范化的符号，二是它应该不是部落标志和族徽。长江下游的河姆渡与良渚文化、长江中游的大溪文化、河南西部的仰韶文化庙底沟类型中也

8000 年前河南贾湖甲骨文书法

贾湖刻符龟甲

安徽双墩陶文，距今六七千年

山东大汶口出土的刻纹陶尊

发现了类似的图像。尽管仁者见仁，智者见智，但遥想五六千年前的中华大地，各个部族之间也许就是用这些象形符号来彰显文化、传递信息吧。

第三类是由两个或两个以上符号排列成行，以良渚文化为代表。良渚文化是中国长江下游太湖流域一支重要的古文明，是铜石并用时代的文化，因发现于浙江余杭良渚镇而得名。良渚文化最著名的连符成句的案例，便是那件美国哈佛大学艺术博物馆收藏的深灰色贯耳罐。这个只有12.5厘米高、直径11.2厘米的小罐圈足内壁上刻有9个笔画清晰的铭文，学界泰斗饶宗颐将其解读为“孓孑人土宅乒□肱育”，认为是5000多年前关于“奇肱民”的记载。哈佛大学艺术博物馆官方标注的解释为“愿儿子和孙子永远珍惜这一点”，不过特别标明该释义有争议。还有一个著名案例便是现存苏州吴中博物馆的贯耳黑陶罐，1974年出土于江苏吴县（今苏州市吴中区）澄湖遗址。其腹部并列刻有5个符号，被古文字学家李学勤释为“巫一钺五俞”。

大汶口陶尊上的图形文字是能识读的最早的象形文字，距今4500—6000年

2003年夏，浙江省文物考古研究所与平湖市博物馆联合对浙江平湖庄桥坟遗址进行了两期发掘。出土文物中有240余件器物发现了刻画符号，其中2件残石钺的两面均发现了良渚文化的原始文字。这些原始文字可以成组连字成句，在古文字、史前考古等众多领域激起不小的涟漪。庄桥坟发现的这些组合排列的刻画符号，有可能是当时良渚居民使用的原始文字。但对这些原始文字的释读，还原这些符号传递的意思，目前学界还在研究中。

哈佛大学所藏良渚灰陶小罐及由饶宗颐摹记的罐底部所刻9个符号

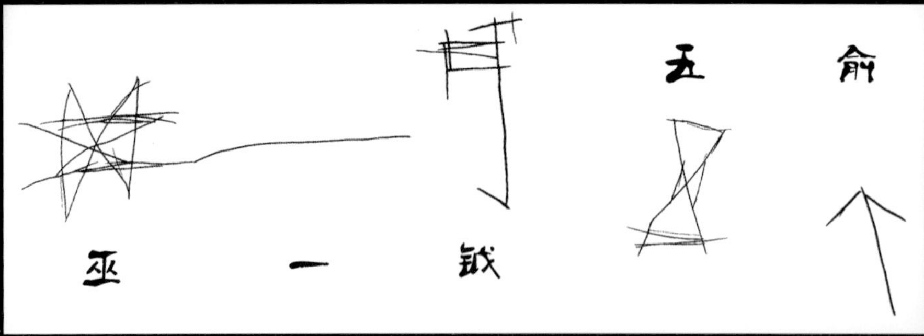

贯耳黑陶罐符号

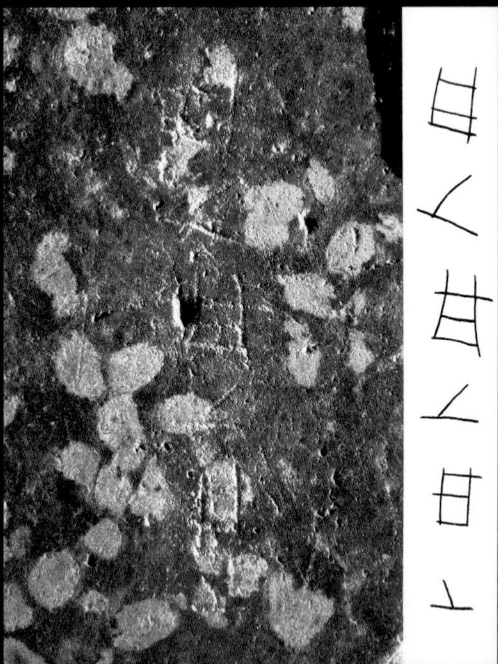

符号分布于石钺两面，6 个符号成排
位于 A 面的穿孔右下方

江苏吴县澄湖出土的贯耳黑陶罐，5 个符号位于腹部，排列成行，均为烧前刻

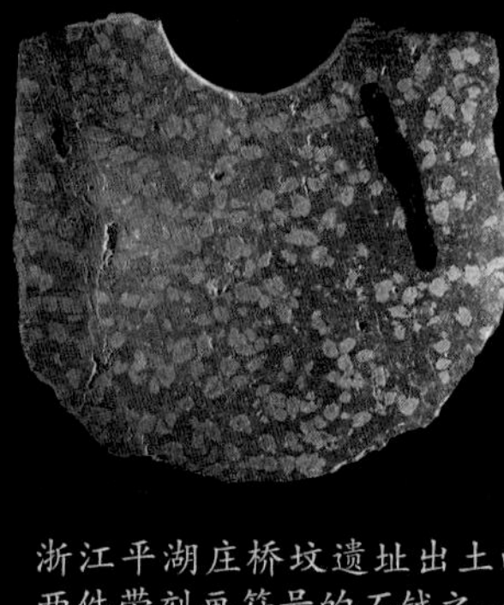

浙江平湖庄桥坟遗址出土的两件带刻画符号的石钺之一，编号 T101，A 面。浙江省文物考古研究所藏

仓颉和沮诵

相传，5000多年前，在谷雨时节，轩辕黄帝的史官仓颉创造出了中国最原始的象形文字。

黄帝分派仓颉专门管理圈里牲口、囤里食物。仓颉聪明，做事又尽力尽心，很快熟悉了所从事的工作，心里都有了谱，难得出差错。可牲口、食物的数量在不断变化，光凭脑袋记不住了。怎么办呢？仓颉整日整夜地想办法，先是想到了结绳记事的办法，并应用开来。

黄帝见仓颉如此能干，交给他管理的事情愈来愈多。仓颉又犯愁了——凭着结绳记事的办法记录和计算玩不转了。

某天，他参加集体狩猎，走到一个三岔路口时，见几个老人正在为走哪条路争辩。一个老人坚持要往东，说有羚羊；一个老人要往北，说前面不远可以追到鹿群；一个老人偏要往西，说有两只老虎，不及时打死，就会错过机会。仓颉一问，原来他们都是看着地上野兽的脚印才认定的。他心中猛然一喜：既然一种脚印代表一种野兽，为什么不能用一种符号来表示一种我所管理的东西呢？他高兴地拔腿奔回家，开始创造各种符号来表示事物。仓颉运用这些符号，果然将各种事情管理得头头是道。黄帝知道后，大加赞赏，命令仓颉到各个部落去传授这种方法。渐渐地，这些符号的用法全面推广开了。就这样，形成了文字。

还传说，仓颉造字之后发生了怪事，那一天白天竟然下粟如雨，晚上听到鬼哭。为什么下粟如雨呢？因为仓颉创制了文字，可用来记载事情、传达心意，自然值得庆贺。那鬼为什么会哭呢？一种说法是因为有了文字，民智日开，民德日离，欺伪狡诈、争夺杀戮由此而生，天下从此永无太平日子，连鬼也不得安宁，所以鬼都哭了。

还传说仓颉"双瞳四目"。这大概率是由于仓颉造字呕心沥血、熬夜操劳而产生的黑眼圈或者大眼袋吧。

为纪念仓颉，自2010年起，联合国将每年中国农历的"谷雨"

节气设定为“中文日”。世界最大的图书馆美国国会图书馆的约翰·亚当斯大楼出口处有三扇铜门，其上由著名雕刻家李·劳瑞雕刻了两组 12 位对世界文字的历史影响深远的名人浮雕，其中就有仓颉，他被称为“中国文字的庇护神”。

美国国会图书馆约翰·亚当斯大楼出口处铜门上的仓颉浮雕

人们只记住了仓颉，但其实还有一位“字圣”，名沮诵，也作沮颂。有人说仓颉是黄帝的左史，而沮诵是右史；也有人说沮诵是仓颉的助手。但不知什么缘故，沮诵几乎被世人遗忘了。中华书籍的传承，令今天的炎黄子孙依然能寻到沮诵的踪影。今天广东、广西等地还有纪念仓颉、沮诵造字之功的庙宇，如广东肇庆阅江楼有仓沮殿，广东顺德有仓沮圣庙。先秦时期成书的《世本·作篇》中说：“沮诵、仓颉作书。”北宋张君房《云笈七签》中《轩辕本纪》云：“黄帝时……有臣沮诵、仓颉观鸟迹以作文字，此文字之始也。”在这两处，沮诵的名字都排在仓颉之前。

清代光绪十五年（1889）儒林惜字会印本《敬文社》中有一篇《沮圣祝文》，查无著录，今全文摘录，也算为文脉永续尽一份绵薄之力："沮圣堂哉皇哉，身通百艺，学究三才，穗书妙法，竹简新裁，龙纹虫籀，毫管胶煤，实图精构，文运弥开，职高右史，制继河台，秋逢穀旦，岳降灵胎，功垂万古，庆洽群材，德化遥深，涓埃莫报，神光赫奕，遐迩胥贼，凤辇龙舆，降临玉宇，葵达芜悃，敬献金罍。钦哉。尚享。"

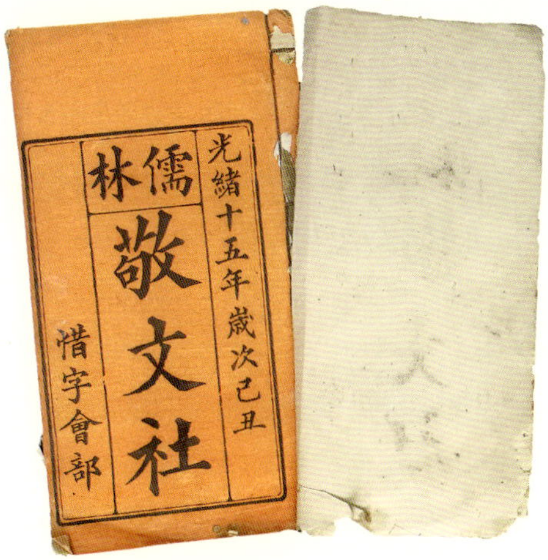

由广东开平儒林惜字会刻印的《敬文社》中，既有《仓圣诞祝文》，也有《沮圣祝文》

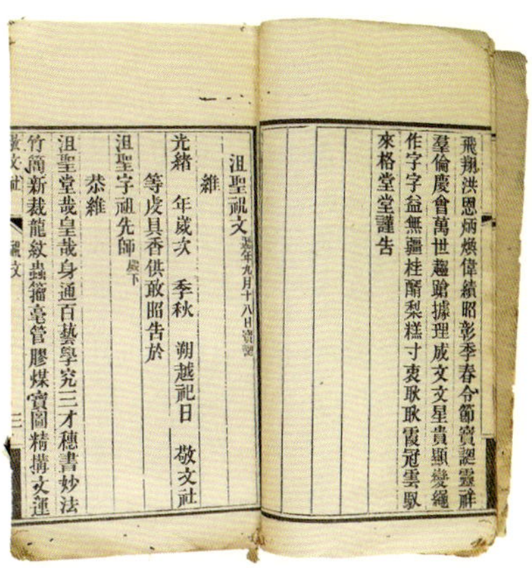

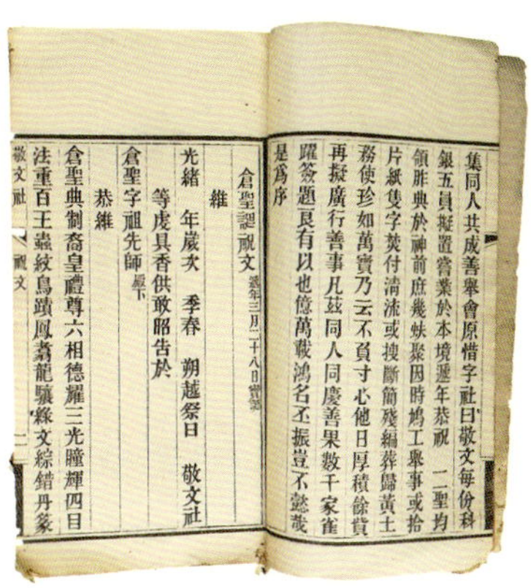

第二节 “图书”之源

“书”字在甲骨文中就有，但并不是指“图书”。甲骨文的“书”字=（又，抓）+（竹管，毛笔）+（口，墨池或砚台），其造字本义：将毛笔放在墨池中蘸墨以便涂写。金文用（者，即“煮”，表示浸泡）代替（口，墨池），强调写字前浸泡毛笔。篆文基本承续金文字形。隶书将篆文的“者”简化为“日”。

经过这样一番“说文解书”，“文”字与“书”字的区分就一目了然了：“文”是用刀具刻画出来的图画性表义符号，具备较强的形象感；“书”是用软笔写出来的表意符号，通常规则而抽象。“文”乃今天之字，“书”乃今日之写，所以文字，所以书写。因此，才有“甲骨文”“金文”之名，而无“甲骨书”“金书”之称；有“隶书”“楷书”之说，而无“隶文”“楷文”之谓。

河图洛书

同文字一样，比那些现存于博物馆和图书馆中的珍贵图书更早的，还是传说和典故。

“河图”“洛书”被溯为“图书”一词的源头，也是中国图书的源头。它们是上古时期流传下来的两幅神秘图案。

传说很久以前，从黄河里爬出了个大怪物。这个怪物异常庞大，一张嘴就吞下个活人，一打滚地里的庄稼全都遭殃。怪物所到之处的田地渐渐荒芜，百姓也吃尽苦头，无以为生。

大怪物闹得大家没有活路，只好去报告伏羲。羲皇听了大家的诉说后，忙带上宝剑，来到黄河边。那怪物原来是黄河中的龙马，看到羲皇手执宝剑站在面前，知道逃脱不掉，忙伏地告饶，乞求羲皇给它一条生路，并承诺："若放了我，定从黄河里拿件宝贝给您！"羲皇回说："我不要什么宝贝，只要你答应不再祸害百姓，我就放了你。"

龙马允诺后潜入水中。几天后，它果然背负着一块玉版献给羲皇。伏羲一时也琢磨不出玉版上黑色小点和那些图案究竟代表什么，只知它是黄河中的宝贝，便管这块玉版叫"河图"。

此后，羲皇同龙马结下深厚友谊，他经常去看望龙马。一天，伏羲细看龙马身上的花纹，再琢磨河图上的图案，一下悟出了八卦图。据说，伏羲还写了本书叫《易经》，后经周文王的完善，广为流传，成就了今日的《周易》。

至于"洛书"，则要从大禹治水的传说讲起。

有一年夏天，大禹凿开了龙门，龙门南边积聚的湖水便得到疏通，流入了洛河。湖水渐渐变浅时，从湖底浮出一只足有磨盘大的乌龟。大禹的手下人见了，忙挥剑去砍，被大禹拦住了。因这只巨龟对百姓从没做过什么坏事，大禹便将它放入了洛河。过了不久，有天，整座洛阳城都被大雾笼罩，大禹率领手下到洛河岸边察看水情。忽然，在大雾茫茫的洛河中升起了一束五彩宝光，随后，空中的大雾渐渐消散。大禹仔细一看，在宝光升起的地方，浮出一只巨龟，那宝光正是从巨龟背上的一块玉版中释放出来的。原来，巨龟为报答大禹不杀之恩，特将此玉版献上，这块玉版便是"洛书"。

"洛书"上的字大禹一个也不认识。后来经过反复揣摩，大禹整理出九个方面的内容，包括谷物种植，历法、法令制定等。再后来，古人根据"洛书"的九章大法，整理出一部法典——《洪范》，里面记载了九种治国理政大法。

河图洛书的传说，已于2014年入选第四批国家级非物质文化遗产代表性项目名录，成为中华民族不朽的珍贵文化遗产。

以上只是传说故事。有趣的是，1987年安徽省含山县凌家滩的墓葬中出土了玉片和玉龟，根据碳14检测，凌家滩遗址的年代应该在5300—6000年前。玉片上边有9个圆孔，下边左右侧各有2孔，合为4孔。在玉片上，刻绘有大小2个同心圆，两圆之间刻绘8个方格，方格内有圭形矢纹。据专家考证，玉片图形表现的有可能就是远古的“洛书”。玉片、玉龟的年代，比大禹治水的传说还早1000年左右，可能反映了中国夏朝或夏朝之前的律历制度。

凌家滩遗址出土的玉片和玉龟，被认为是无文字时代的“洛书”和八卦图

传说和神话虽然不是历史，但却是历史的产物，其中往往隐含着历史的真实线索。先民留给后人的这些智慧图案由白圈和黑点组成，在数字的排列中包罗了世间万象——有人认为是星相天文图，解密了宇宙奥秘；也有人认为里面隐含了朝代更替、生命轮回的密码；甚至有人认为是不可解读的天书。河图洛书在哲学、政治学、军事学、科学、美学、文学等领域都产生了深远影响。“龙马负图，神龟贡书”已

凌家滩遗址出土的玉片

成为中原文化的源头，太极、八卦、周易、六甲、九星、风水等皆可溯源至此。

坟典索丘

三坟五典、八索九丘，相传是中国最古老的四部文化典籍，它们都是被洪水毁灭的史前记录。三坟对应三皇，即伏羲氏、神农氏、黄帝，他们三位所作的经典是三坟。五典对应五帝，即少昊氏、颛顼氏、帝喾、尧、舜，五帝所作的档案是五典。八索，一般认为是八卦，也有人认为是八经。九丘，一般认为是一部中国古老地理志。《左传·昭公十二年》记有楚灵王称赞左史倚相："是良史也，子善视之。是能读三坟五典八索九丘。"这段话是说，在公元前530年，楚国的左史倚相就以能够读懂上古典籍而闻名于世。遗憾的是《左传》没有说明这些上古典籍的内容和形式。

三坟五典和八索九丘现在都已演变为现代成语，均指中华典籍的始祖。

有一个相关的有趣小故事。前两年有一首灵性小诗《苔》很火："白日不到处，青春恰自来。苔花如米小，亦学牡丹开。"这首特别接地气的小诗，其作者便是清代灵性派三大家之一的大才子袁枚。他30多岁便辞官归隐，在南京置随园。随性的他还在园门外挂了一副对联："此地有崇山峻岭茂林修竹，斯人读三坟五典八索九丘。"当时的另一位大才子赵翼很不服气，特意到袁枚家借书。袁枚问他借什么书，赵翼说想借三坟五典八索九丘看看。于是，袁枚便把门口的对联摘掉了。

"坟"的繁体字由"土"和"贲"构成，简体字由"土"和"文"构成。因而，以语言学教授王红旗为代表的学者解读说，"三坟"中的"坟"字，其实是指当时的图书载体和文字载体是用土制成的，可能是一种泥版，也可能是陶版、陶器。三坟有可能是三部古书，以泥土为载体。这种解读特别有创意，因为泥版应该是最容易获得和整治的材料。要知道，在古代西亚地区，泥版是使用时间最长的文字载体。西亚、非洲地区出土了大量的泥版书，而在中国的书写历史中的几乎不见泥版书的相关记录。

“典”字的含义有常规、法典、典章，主其事，质物，姓。典籍，原意特指五帝之书。典字下边的部首，一横下面加两个支撑状的点，是用于陈列重要物品的器具，通常都用于重大仪式或宗教仪式。因此，“典”的原义是指一种陈列或安置在桌几上的具有重要意义的文书，它的作用相当于公告牌、公约板、神谕碑、法规文书和行为规范告示，其材质不限。“典”的进一步演化就是“册”，史载殷先人“有典有册”,“册”就是后来的竹简或木简。所以，五典极有可能是指上古的五部典籍，以简牍为载体。

“索”字的含义有大绳、绞、法、独、尽、搜求、牵引、愿欲等。作为一种文书或信息载体，“索”可能是指结绳记事符号体系，或许还包括以丝帛或其他编织物为载体的文书。所谓“八索”就是丝帛文书，它源于结绳记事和结绳占卜。这可能就是《尚书》序中称“古者伏羲氏之王天下也，始画八卦，造书契，以代结绳之政，由是文籍生焉”的由来。所以，“八索”极有可能是指八卦，以丝帛为载体。

“丘”字的含义有阜、山、土之高者、墟、大冢、墓、空、大、聚、区域等。用山川、区域的含义来推理，“丘”字在“九丘”中的使用，可以表示中央的统治辐射天下所有区域。因此，“九丘”可能是一幅地图，或者是立体的地理图书，类似于今天的模型沙盘，或石雕，或泥塑，记载了九州的山川地貌、边界情况，甚或相关的物产和人文景观。

这样解读下来，三坟、五典、八索、九丘是不是就好懂了？好多相关的典故也就豁然开朗。当然，

出土于美索不达米亚古城比斯马亚的泥版书，制作时间约为公元前2400年。这是两块写字练习版，一块是老师给出身体上鼻子、胆囊、脐带三个部位的名称给学生练习，另外一块是老师给出三位神祇的名字。老师写在平的那一面，学生在凸起的这面练习

一切都还只是可能。但有一点是确定无疑的：不管古今哪种解读，坟、典、索、丘都与汉字、记录、图书有关系。

总之，对于中华图书的源头，笔者有三个观点：第一，坟、典、索、丘都是中华典籍的滥觞，可能是四种不同材质、不同形态的图书。第二，之所以"图"和"书"都来自水中，都出自"河"和"洛"，是与史前那场大洪水有关，说明了那场毁灭性的大洪水之后，只幸存了两部最重要的史前典籍，被后人称为"图"和"书"。第三，大洪水之后，繁衍生息的华夏民族创造出上古时代"三坟五典""八索九丘"，并被后世奉为典籍圭臬。

图书的起源

自古以来，对于"河图"与"洛书"，人们的关注点都在其神秘的图案，而对这两幅图案的记录载体却不大在意。所以在各种版本的传说中，龙马也好，巨龟也罢，它们所献之图、所呈之书的材料都不尽相同，有的甚至让人感觉如投影般虚幻。若是由"河图洛书"而论，"图"和"书"的内容简单概括就是天文和地理。而"图"和"书"的形态，则是有明确载体材料的图和书。安徽含山凌家滩遗址出土的洛书，便是一块夹在五色龟甲中的玉版。无论河图与洛书的内容是怎样的谜团，图书滥觞于此应该是不争的事实。只不过，在"河图洛书"的语境下，"图"和"书"确实是两个词。

成书于战国末期的《韩非子》就将"图""书"二字合在一起使用了："豪杰不著名于图书，不录功于盘盂。"最初，古人所指的"图书"与现代意义的"图书"概念区别很大，有时候甚至南辕北辙。那时的图书主要指档案意义上的图和书。图包括地图、绘画等，书则包括户籍、法律、条令、记事、文章乃至书法、印玺。所以汉代及以前，不会有人将"图书"简称为"书"。

随着知识分子的崛起，著书立说者渐多，特别是造纸术发明以后，典籍意义上的书变得形式多样、内容丰富、数量庞大。"图书"一词中图画之意渐弱，文章之意渐强，"图书"一词开始慢慢向单纯典籍的意义转化。与书籍相关的表述中越来越频繁出现“图书”二字。《晋书·天文志》:“东壁二星，主文章，天下图书之秘府也。”在星宿学中，每一宿都有象征和喻义，东壁二星就是掌管天下图书的，因而古诗词中“东壁”一词常常和“图书”一词同时出现。唐宋时期，这个双音词使用得更多。张说在《恩赐丽正殿书院赐宴应制得林字》中有云：“东壁图书府，西园翰墨林。”郑谷《赠文士王雄》:“图书长在手，文学老于身。”梅尧臣《送刁景纯学士赴越州》:“前舟载图书，后舟载女乐。”

到了现代，图书尽管形式多样、内容丰富，但其形制已经固化。《现代汉语词典》中，“图书”的定义为“图片和书刊，一般指书籍”。可见，在现代汉语语境中，绘画、户籍、文书、印章等已经不属于图书的范畴。

“图书”一词，在2000多年的演进中，经历了图是图、书是书的阶段，泛指图和书的阶段，以书为主的阶段，完全可以简称为“书”的阶段。

第三节 “书籍”的演化

“图书”与“书籍”是不是同义词？这大概是只有中国人才会产生的疑问。英文中“图书”与“书籍”都是“book”，就像印刷与打印都是“print”一样。中华文化源远流长，汉字内涵博大精深，可以说，自起源之时起的很长历史时期内，“图书”与“书籍”都不是同义词，两者只是近义词。那么“书籍”到底是什么意思？它与“图书”有哪些区别呢？

书籍之始

“籍”字起源较晚，甲骨文里没有，金文里也没有，晚到在《说文解字》中才能看到。“籍”的字义与生俱来地与簿册联系在一起，早期表示重要凭据的簿册。

“书”“籍”两个字连用最早见于汉司马迁《史记》。《史记·李将军列传》有载：“莫府省约文书籍事。”但这里的“书籍”显然是分别指文书和图籍，并不是一个词。到西晋时，在史学家陈寿所著的《三国志》中，“书籍”作为词语已反复出现。如《王楼贺韦华传》中：“囚昔见世间有古历注，其所记载既多虚无，在书籍者亦复错谬。”《张严程阚薛传》中：“黄龙三年，建昌侯虑为镇军大将军，屯半州，以综为长史，外掌众事，内授书籍。”唐代以降，古诗词中，“书籍”更是频频出现。如严武《寄题杜拾遗锦江野亭》中：“腹中书籍幽时晒，肘后医方静处看。”杜甫《赠虞十五司马》中：“书籍终相与，青山隔故园。”王维的《故人张諲工诗善易卜兼能丹青草隶顷以诗见赠聊获酬之》中感叹：“自想蔡邕今已老，更将书籍与何人。”

显而易见，“书籍”一词比“图书”一词出现得晚。在简牍时代及之前，“籍”是以竹木等为载体的文书、典籍。在造纸术发明之后，随着纸张广泛应用于书写，“籍”的主要载体发生变化。加上以纸为载体的文书比例的不断扩大，“书籍”一词应运而生，逐渐发展至现代语境中的纸质的、成册的文字著作。1964 年，联合国教科文组织《关于印刷品统计》文件中，将“图书”定义为：凡由出版社（商）出版的不包括封面和封底在内 49 页以上的印刷品，具有特定的书名和著者名，编有国际标准书号，有定价并取得版权保护的出版物。这个定义是为了区别于商业广告、图册等商业印刷品。强调“49 页以上”，实际上是保障书籍必须具有相当篇幅的内容和外在形态规模。

古代的书籍形态材质千奇百怪，所以图书与书籍区别较大。主要区别有三个：一是图书的内容包括图，而书籍的内容主要是文字；二是图书形态多样，材质丰富，而书籍形态相对规范统一。到了现代，书籍的形态已经几乎固化为纸册，而内容反而愈加开放包容。因此，现代意义上，文字与图画融合，“书”与“籍”渐渐同义，“图书”和“书籍”便成了同义词。

贞史作册

书籍是有形的，书籍的灵魂却是无形的。书籍的灵魂便是人的思想，而赋予书籍思想的人被称为作者或著者。这些通俗的名词都是春秋战国之后出现的。最耀眼和最著名的早期作者，当然是书籍形态基本固定之后中国人耳熟能详的诸子百家：孔子、老子、墨子……而在诸子百家之前，书籍的作者群体都被称为“史”。

现代人乍一看，感觉“史”字与书籍关系不大。其实不然，仓颉和沮诵都是史官。史，甲骨文=（中，即“仲”的本字，仲裁决断）+（又，手，表示持笔记述），表示仲裁并记述。造字本义：在星象观测、凶吉卜筮等重大活动中做出论断并记录在册。金文、篆文承续甲骨文字形。“史”字象征右手持物，至于所持为何物，历代有许多不同的解释。有学者说是简册，也说是盛册之器，有的说是笔，还有的说是为钻灼卜骨的弓钻。这些解释尽管有异，但有一个共同点——都与文字和图书有关。

古代将掌管文字记录的专职人员通称为“史”。

负责刻写、掌管甲骨文的人也是史官。只不过，甲骨文时期的商代，史官被称为“贞人”。这也是为什么甲骨文中出现频率最高的字便是“贞”，而且几乎每片都会有，通常还不止一个。因为甲骨文时期，贞，既指占卜问卦之事，也指占卜记事之人。而且贞人是与上天对话之人，其地位相当之高。

商末周初，简牍取代甲骨文成为记事载体，史官记事称为“作册”。后世出土的商末青铜器上多次出现“作册”二字的铭文。作册人负责起草册命和记录宫廷中的重要事件、天子诸侯的言行和政府各机构的种种活动。很多金文和古籍中常有一个公式化的句子：“王若曰……”表示这些文件不是王自己写的，而是史官受命记录制作。

史官又有太史、大史、小史、内史、外史、御史之别。史官既要记录帝王言行和军国大事，又要负责管理政府的各种档案图籍，还要从事宗教事务，负责贞卜、祭祀等活动。因此，他们积累和掌管着大量档案文书资料，是当时最为博学的人，算是高级知识分子，修史重任自然也就落在了他们身上。春秋战国时期，周王室衰微，诸侯崛起，各诸侯国自立史官，按照自己的纪年来记载历史，以示独尊。于是出现了鲁国的《春秋》、晋国的《乘》、郑国的《志》、楚国的《梼杌》等上百种史书。

由于对学识和延续性的要求高，专业性很强，史官的职位通常是世袭的。司马迁在《史记·太史公自序》中就说到他的祖先曾世袭掌管周室典籍。那些世守其职的家族，往往有一个与典籍或记录保管相关的氏名。可以说，简、籍、史、董等姓，祖先都可以追溯至地位不低的朝廷掌史官员。《左传·昭公十五年》记载，晋大夫籍谈出使周室，周景王问籍谈，晋何以无贡物，籍答道，晋从未受过王室的赏赐，何来贡物。周景王就列举王室赐晋器物的旧典来，并指出籍谈的高祖孙伯黡掌管晋国典籍，参与国家大政，所以称为“籍氏”。周景王进而责问籍谈，身为晋国司典的后代，怎么忘记了这些旧事呢？这就是成语“数典忘祖”的故事。

作册般甗，商代青铜器，中国国家博物馆藏

书籍沿革

中国古代成册的书籍最早出现于何时，现在很难做出较准确的判断。人们至今尚未发现夏朝的文字和文献实物，不过根据其他文献分析判断，很可能就是在夏这一历史时期，即公元前21世纪至公元前16世纪，完成了从文字到文献典籍这一历史性的转变。经专家们搜集，已经有至少7条论据支撑这一观点：

《史记》和《竹书纪年》都载有夏代帝王的世系表，尽管两者不尽相同，但大同小异。这说明两者有可能是以同一份原始文献记录为依据的。而且，在殷墟甲骨文发现后，清末学者王国维结合卜辞，考证出殷商的先公先王世系，因而证明《史记》中的《三代世表》是“信史”，而夏朝诸王与商先王也可以算是同时代的人，都在距今4000年左右。

现存最早的史书《尚书》中有这样一段话：“唯殷先人，有册有典，殷革夏命。”这是武王灭商后，周公对殷商贵族的训话，大意是：你们殷的先人，在推翻夏朝时，已有典籍，记载了这段史实。

殷墟甲骨文是较为系统成熟的文字，其数量、规模及完备程度说明它历史悠久、一脉相承。早期原始文字一定是经过了若干年

作册般甗内壁铸有铭文:“王宜人方，无□。咸。王赏作册般贝，用作父己尊。□来册。”商末期，商王想征伐人方，命作册般等人为出兵人方的事举行祭社，结果为大吉。之后，商王大喜，赏赐作册般贝。作册般铸造祭祀父己的甗，在甗上铸铭，记载了这件事，并在铭文铸上族徽“□册”，隐含了册令史官的职位

的发展。甲骨文主要出土于河南安阳殷墟，但殷墟并不是唯一的出土地。1986 年 4 月，陕西省西安市西郊斗门乡花园村发掘出一批年代比殷墟甲骨文还要早的甲骨文。这批甲骨文分别刻在一个骨笄、一颗兽牙和若干块兽骨上。据考证，这批甲骨文的出土遗址属龙山文化晚期，距今 4000 余年。

夏朝时，人们为了发展农业生产，总结并掌握了一定的天文历法知识，以 12 个月为一年，有大小月之分，大月 30 天，小月 29 天，还懂得了 19 年置 7 个闰年。夏代的历法称“夏历”或“夏小正”，夏历以寅月为岁首。春秋时，孔子曾主张“行夏之时”（《论语 · 卫灵公》）。

在《竹书纪年》和《世本》等古籍中，有“夏发七年，泰山振”“夏桀十年，夜中星陨如雨”等记载。这也是世界上关于地震和陨石雨的最早文字记录，可作为夏代已有文献记录的旁证。

《吕氏春秋·先识览》载“夏太史令终古，出其图法而泣之”“太史令终古乃出奔如商”。终古是夏桀的太史令，主要负责起草文书，

记载史事，编写史书，兼管国家典籍、天文历法、祭祀等。夏桀无道，民不聊生，危机四伏。终古担心不已，便进宫向夏桀哭谏。夏桀却斥责终古多管闲事，终古知道夏桀已不可救药，于是投奔了商汤。

《国语·晋语》载：晋文公时，阳人犹“有夏商之嗣典，有周室之师旅……樊仲之官守焉”。

上述诸条记载虽均为旁证，但可以说明夏代有书籍并非空穴来风。这些记载着重于书籍的内容，即文字和内容本身。古人几乎不谈论、不记载典籍的材质和形态，匪夷所思。

书籍的发展是与书写材料的进步分不开的。在书写材料的发展史上，中国先民曾应用过陶器、兽骨、青铜、玉石、竹木、丝帛等。尤其是竹木和丝帛，不仅将其大量应用于书写，还将它们制度化，形成比较固定的书籍制度。

从公元前 2 世纪发明造纸术到 7 世纪，是中国古代的纸写本时期。中国的书籍事业在这一时期开始走向初步繁荣。纸被大量应用于抄写后，逐渐改进和发展，形成了一套完整的书籍制度——卷轴制度。这一时期，书籍的数量和类型大量增加，据粗略统计，从 25 年至 618 年，中国共出现著作 11754 部，73200 多卷。

7—8 世纪，中国发明了雕版印刷术。1041—1048 年间，毕昇又发明了活字印刷术。16 世纪前后，套版印刷术开始广泛应用。雕版印刷、活字印刷和套版印刷是中国古代印刷术的三种基本形式，其中以雕版印刷出现最早，使用最为广泛。从 7 世纪至 19 世纪 40 年代西方机械印刷术传入前，中国的印刷技术一直以雕版为主。这一时期，被称为中国古代书籍的“手工印刷时代”。

印刷术的发明和广泛应用，标志着中国古代的出版事业跨入了一个新的历史时期，中国出版历史开始进入印本时代，书籍在数量和质量上都出现了新的飞跃。与此同时，中外出版交流在更大范围内展开，中国书籍大量输出，造纸术和印刷术传遍欧亚大陆，深刻地影响着世界出版业的发展。在形制方面，适应印刷术的发展需求，中国书籍开始演变为册页制度，出现了经折装、蝴蝶装、包背装、线装等多种装帧形式，并最终定型为线装书籍。

第二章

书之形

书籍，是将语言的视觉符号——文字和图像，记录在物质材料上而形成的。因此，与口口相传的语言不同，书籍是有形的，是一种能跨越时空、跨越地域的实体实物。不过，不同时期、不同地域，书籍呈现出不同的形状、形式、形态。书籍的进化史，从“形体”上来看，核心的进化便是材料的进化。

纵观书籍数千年的历史，从原始的书籍产生之日起，书籍的材料就是不断被淘汰、不断变化的。优胜劣汰的大致原则是轻便、美观、廉价、适性。在中国，据已出土的考古实物来看，按照时间先后顺序，书籍材料主要有甲骨、石材、青铜、简牍、丝帛、纸张。横向来看，在中华文明之外的其他古老文明还使用过泥版、莎草、贝叶、兽皮作为主要的书籍材料。虽然时间有先后，但所有的文明最终都选择了纸张作为书籍的主要材料。

如果时光倒流，哪怕仅仅 20 年前，学者们都会无一例外地确定，书籍是由文字和纸张构成的。对于书籍来说，纸张是灵魂。甚至有人说：书的艺术，就是纸的艺术；书的文化，也是纸的文化；抽去一张纸，美就会被抽空，文化也会被肢解。

如今人们已身处信息时代，这是一个电子书和纸质书并存的时代，人们反而都能够理解书籍其实是可以不用纸的。如果以漫长的人类文明史为坐标，书籍已经可以分为三个阶段：纸前时代、纸书时代、纸电并存时代。

电子书踏浪而来，纸前书籍渐行渐远。人们甚至有理由展开想象，未来即为后纸书时代，甚至无纸书时代。

本书内容只涉及书籍的两个阶段，即纸前时代和纸书时代。

2400 年前，墨翟站在他所处的时代，对于书籍材料就进行过最简洁、最生动、最经典的概括。《墨子》指出：“书于竹帛、镂于金石、琢于盘盂。”这说明，在春秋时期，应用最多的书籍材料是竹简、丝帛、金属、石材。实际上，早在商代，即 3600 年前，甲骨制作的书籍就已经批量存在了。

第一节　甲骨文书

“甲骨文”这三个字是一个只有百年历史的专用名词，一般专指刻在龟甲和兽骨上的文字。有人叫它龟版文、龟骨文、契文、甲骨刻辞、龟甲兽骨文字，有人叫它贞卜文字、甲骨卜辞、殷墟卜辞、殷墟书契、殷文字，等等。经过学术上的积淀，后来大多数人称其为甲骨文。这个词现在包括了两个含义：一是中国最早的成体系的文字，是汉字的“鼻祖”；二是指以牛骨和龟甲为代表的兽骨材质的文书、档案。甲骨文等于甲骨书。学者在使用这个词的时候，大多是指连同文字在内的甲骨整体。

甲骨发现

有关甲骨文书的记载在《诗经》《周礼》《史记》中都有，但孔子也好，司马迁也罢，他们都知道甲骨文，却可能都没有见到过甲骨书。孔子曾想搞清殷商的制度，却因文献资料欠缺而无奈叹息。然而，就在中华民族危机四伏、国将不国的世纪之交，“一片甲骨惊世界”。

1899 年的秋天，八国联军入侵中国的前夕，金石文字学家王懿荣(1845—1900)成了发现甲骨的“天选之子”。他由于身患疟疾，太医诊脉后开了处方，其中一味是中医经常用的药材“龙骨”。药买回来后，王懿荣无意间发现药包中的“龙骨”上刻有一种与篆文相似的文字。这些奇异的古代文字引起他极大的兴趣。他寻根问底，查明来历，又派人到那家中药铺将带有文字的“龙骨”全数买回，精心研究，初步断定那些“龙骨”是商代占卜用的兽骨，就此演绎了“一片甲骨惊世界”的佳话。

经过王懿荣、刘鹗、孙诒让、罗振玉、王国维等学者的探索与研究，“龙骨”的出处——中国河南安阳小屯村逐渐闻名。自1928年开始，这里经过90多年的科学发掘，古老的殷商王朝埋藏在历史深处的隐秘世界，逐步显现在世人面前。殷墟的考古发现主要包括宫殿宗庙建筑群遗址、王陵大墓、贵族平民墓葬、祭祀坑、手工业作坊，以及大批的甲骨文、青铜器、玉器、陶器、骨器等，为人们展现出一个立体的中国奴隶社会形象。安阳小屯村殷墟也由此成为中国考古学的摇篮。

一个多世纪以来，殷墟出土甲骨约16万片。据学者胡厚宣统计，其中中国大陆收藏97600多片，中国台湾收藏30200多片，中国香港收藏89片，总计超过127800片。此外，日本、加拿大、英国、美国等共收藏26700多片。这些甲骨上刻有的单字约4500个，已释读出的单字约2000个。从殷墟被发掘至今，共有三次重大的发现，分别是1936年YH127甲骨堆积坑、1973年H17甲骨堆积坑、1991年花园庄H3甲骨堆积坑。

1936年6月12日下午2时，编号为YH127的甲骨坑展露在世人面前。Y代表殷墟，H代表灰坑。考古学中将生活废弃物和其他用途不明的堆积坑统称为“灰坑”。出乎意料的是，这个灰坑甲骨不是一片接一片、一版接一版地出现，因为数量太多了，没有办法，最后将整个区域的土壤一起挖出，装箱运走。该坑呈椭圆形，直径长1.8米，坑底距地表6米，共分解出甲骨17096片。这坑甲骨表层有很多完整的龟腹甲，其中最大的一版长44厘米，经过鉴定它是马来西亚那边过来的。这是殷墟历次科学发掘出土甲骨最多的一次，在1996年召开的国际图联大会上被专家们誉为“世界上最早的图书馆”“中国最早的档案库”。

河南安阳殷墟博物苑于2003年在原址还原了这坑甲骨的风貌，坑中甲骨都是按照原件复原的。现在前去游览的观众还可以看到甲骨层的旁边有一具尸骨，它是和这坑甲骨埋在一起的。专家认为这具尸骨是被殉葬的负责这坑甲骨的管理人员——他被称

1936 年在殷墟出土编号为 YH127 的甲骨坑，被誉为“世界上最早的图书馆”，坑内殉葬人被称为“最早的图书管理员”

为“世界上最早的图书馆员”。

有一个世界谜题与甲骨文有关，就是殷人东渡美洲论。早在 1590 年，法国学者阿科斯塔就提出最早的印第安人是从亚洲渡过白令海峡来到美洲大陆的。1752 年，法国学者根据《梁书》记载，提出中国古籍中的“扶桑”就是美洲的墨西哥的说法。1846 年，英国翻译家梅德赫斯特提出“殷人东渡美洲说”。美国学者迈克尔在 1968 年出版的《美洲的第一个文明》一书中，提出奥尔梅克文明可能来自殷商。2015 年，英国《每日邮报》刊登《中国人在 3300 年前就发现美洲？》的报道，称美国考古学家在美国新墨西哥州、加利福尼亚州和亚利桑那州的多个岩壁上发现了商朝甲骨文。美国俄克拉荷马州立大学华裔教授许辉、南京大学历史系教授范毓周等学者通过研究奥尔梅克出土的玉圭、玉雕，得出结论：上面刻有与甲骨文相同的符号。

甲骨书版

龟甲也好，兽骨也好，在刻字之前它们都是经过整治才成为备用的骨书版片的。殷商时期甲骨书版的制作有着一套规范的制作流程，其整治工序包括：

选料。占卜所用的甲骨首选就是龟甲，最常用的是龟腹甲，偶尔也用背甲；兽骨主要是牛肩胛骨，其次是腿骨和肋骨，甚至还有少量人头骨。

脱脂。先民多以土碱放入水中对甲骨进行煮泡。碱能中和骨头中的油脂，从而达到脱脂的目的。

钻坑。甲骨通常较厚，一般情况下光靠灼烧是很难裂出有规律的兆纹的。在甲骨上挖出坑穴就是为了使部分甲骨变薄，以使灼烧后出现兆纹。钻凿坑穴通常在甲骨的背面，每版甲骨的钻凿数量有多有少。在博物馆，人们通常只能看到展示的甲骨的正面，无法看到背面——如果翻过来，可以看到背面的灼烧的钻坑。也正是因为有这个步骤，甲骨版片很容易破碎，这导致出土的版片保存完好的非常少。

加工后的甲骨成为骨书版，贮藏备用，随取随写。

1928年，在小屯村北河岸出土了一个有数百片备用甲骨的书版库，而且全为龟甲版片。1973年，发现了集中堆放骨片的窖穴，有20余片骨片已凿钻完毕，其他165片则仅经过整治，尚未凿钻。学者们研究认为，龟甲书版和兽骨书版通常不会混杂在一起，会分开保管。

甲骨版片的背面，会提前凿钻小坑，以利于灼烧形成可读的裂纹

占卜骨辞

通过对已经出土的近16万片甲骨书的不断研究，人们发现这些保存下来的“骨书版”多数是用来占卜的，也就是说，多数为占卜类文献。

商代的帝王十分迷信，凡事都要占卜。问卜的对象可分为三类：天神、地祇和人鬼。这些祈祷活动都通过专职占卜的贞人来实施，他们是沟通天上和人间的桥梁。贞人通过仪式，向天帝、祖先和自然神咨询吉凶祸福，根据占卜得到的兆相来行事，并将占卜的相关事项，如占卜时间、占卜者、占问内容、视兆结果、验证情况等刻在甲骨上，然后作为档案材料交由王室史官保存。

为什么占卜的卜辞要刻在龟甲上？在2500年前，子路就非常认真地向孔子请教过这个问题。王充《论衡·卜筮》中记载，子路问孔子:“猪肩羊膊可以得兆,雚苇稾芼可以得数,何必以蓍龟?”孔子这样回答说：占卜就像是一个幼稚的小儿遇事都想问一个为什么，也许他首先会去找一位白胡子老爷爷，老爷爷在小儿看来一定是经验丰富的人。人们占卜时首选龟甲，是因为乌龟的寿命最长，它博古通今，无所不晓，那有疑问时不问乌龟又能问谁呢？对殷墟出土甲骨的研究，证实了殷商时期龟甲的记事等级高于兽骨。

完整的卜辞像一篇结构完整的记叙文，包括前辞、问辞、占辞和验辞，对应的就是时间地点、问什么、占卜过程、占卜结果。“帝辛巡卜甲”便是一个典型例证。它是目前出土的最大的龟甲，其上记载的也都是占卜事件。这片甲骨记录的主人公便是大名鼎鼎的帝辛，也就是人们熟知的商代亡国之君——纣王。

近年，旅顺博物馆通过对馆藏的2300多片甲骨的整理，缀合出一片大龟甲。其上契刻整字258个，残字4个，所刻字数在现存全部甲骨中位居第二。甲骨中刻有字数最多的，是一块牛的肩胛骨。这片甲骨一度被命名为“田猎卜甲”，几经努力，研究人员最终将其定名为“帝辛巡卜甲”。在其上可以读到“丁未卜，王廷于䨓，往来无灾”“壬申卜，贞王田，往来无灾”……这块甲骨上记录了前后近两个月里，纣王先后镇抚了十几个诸侯国，并举行了四次需要占卜的大规模田猎活动。其中“丁未卜……贞王其入大邑商”这段，是纣王在咨询丁未这天他该不该回都城。因此，商纣王可能并不是一个肆意妄为的昏庸帝王。

占卜时正式使用骨版也有三个规定动作。

占灼。占卜活动正式开始之后灼烧甲骨。专家们认为是由巫师用烧红的圆木或金属棍，在钻坑中旋转灼烧。由于钻坑处很薄，经高温灼烧后龟甲正面便会开裂，出现“卜”字形裂纹，这就是所谓的“兆纹”。在灼龟时,占卜者要一面祝祷,一面陈述所卜之事。

识读。兆纹开裂的方向各不相同，表示了对所占卜之事的吉凶预兆。由巫师解读兆纹，以此定吉凶。考证认为，殷商人占卜时常用“对贞法”，即从一个问题正反两面去问吉凶。问卜次数并无限制，有时一件事情问一次就行，有时连续问若干次才决定。一件甲骨可用来占卜不同的事情，一件事情也可以用不同的甲骨来占问。

刻写卜辞。有学者认为应该是先刻上需要占卜之事，然后再进行占灼，再记刻吉凶。也有学者认为，刻写卜辞可能是占卜的最后一道程序。

记事骨辞

占卜骨书之外，甲骨文献中也有单纯的记事刻辞。事实上，甲骨契刻文献的内容涉及当时的天文、历法、气象、地理、方国、世系、家族、人物、职官、征伐、刑狱、农业、畜牧、田猎、交通、宗教、祭祀、疾病、生育、灾祸等诸方面，是研究商代甚至商代之前社会历史、文化、语言文字的极其珍贵的第一手资料。

甲骨文里面没有“籍”字，却有“契”字，在“书籍”这个词出现之前，人们称记录为“书契”。记事的甲骨便是一种书契。㓞是契的本字。甲骨文中的契字：㓞＝丯（像纵横交错的刻纹）+刀（刀，刻刀），造字本义是用刀具在龟甲、兽骨上刻画记号、标志。篆文㓞承续甲骨文字形。篆文异体字契加“大”（成年人），强调“契”为成年人的行为。楷书契将篆文的㓞写成㓞，将篆文的大写成大。《易》曰“后世圣人易之以书契”，就是说契是正式的协约文件。《说文解字》：契，大约也。字形采用“大、㓞”会义。在现在的汉语词典里，书契有两个意思：一是指文字，二是指契约等书面凭证。

宰丰骨书，中国国家博物馆藏

中国国家博物馆收藏有一块颜值很高的甲骨，被定名为“宰丰骨”，它就是一件有代表性的记事刻辞。这是一长块有着天然弧度的“精装”牛骨，其上镶嵌有 14 颗绿松石，还刻有繁复的精美纹饰。骨书中记载了帝乙或帝辛时，宰丰受到商王赏赐之事。宰丰骨书一面刻纹饰，另一面刻有文字，一端残，文字分 2 行，完整无损，十分罕见。其版面布局精妙

中国国家图书馆藏“甲骨之王”

奇美，疏密得当，笔力雄健浑圆，结体错落有致，显示出卜辞书法成熟之美。宰丰骨刻辞：“壬午，王田于麦彔（麓），只（获）商戠兕，王易（锡）宰丰，(寝）小兄（贶），才（在）五月，隹（唯）王六祀肜日。”这段文字告诉后人，在壬午年，商王在麦地田猎，乘此时机召集众王规划商的边界，参加的王有宰丰、寝小、知兄。另外，在五月，王举行规格为六祀的祭祀，祭祀进行了多日。

“北图 5405”号甲骨是国家图书馆馆藏甲骨中字数最多、凿钻最多、骨形最完整的一块，堪称“骨中之王”。骨长 43.5 厘米，宽 24 厘米，为国内外所罕见。这块整肩胛骨上共有卜辞 36 条，正反面共 218 个字。尤为难能可贵的是，这块甲骨上记载了连续 11 天卜雨的情况，可见降雨在那个时代是多么重要的事情。该骨属殷商时的武乙、文丁时期（前 1147—前 1102）卜辞。骨上有长凿及圆钻 51 个，其中的小圆钻深而小，直径在 0.3—0.4 厘米之间，沿圆钻边缘微见灼痕。其长凿最小者为 0.4 厘米，最大者为 1.6 厘米。有的凿钻无灼烧的痕迹。如此珍贵的钻凿形态留存在整版的肩胛骨之上，是研究甲骨背面钻凿形态新领域的不可多得的珍宝。2013 年，该骨版书入选第四批《国家珍贵古籍名录》。

历书甲骨

不难设想，古人还特别需要日历来帮助自己搞清楚月份和历日。和现代不同的是，在古代，一年的日历都是由最高统治者颁布，称为“通书”或“时宪书”。甲骨文中的一版甲骨历，证明殷代的历法已具有相当的水平，是人类最古老的历书实物。

最早提及殷代历书的甲骨学者是郭沫若，他根据的就是被收录于《甲骨文全集》、编号为 24440 的一版甲骨。其刻辞为："月一正，日食麦，甲子，乙丑，丙寅，丁卯，戊辰，己巳，庚午，辛未，壬申，癸酉，甲戌，乙亥，丙子，丁丑，戊寅，己卯，庚辰，辛巳，壬午，癸未，甲申，乙酉，丙戌，丁亥，戊子，己丑，庚寅，辛卯，壬辰，癸巳，二月父禾玄，甲午，乙未，丙申，丁酉，戊戌，己亥，庚子，辛丑，壬寅，癸卯，甲辰，乙巳，丙午，丁未，戊申，己酉，庚戌，辛亥，壬子，癸丑，甲寅，乙卯，丙辰，丁巳，戊午，己未，庚申，辛酉，壬戌，癸。"虽然这片甲骨只记载了一月和二月两个月份的内容，但据此完全可以推断，它应该是一部完整地记载了一月至十二月内容的历书的一部分。历书中的"月一正，日食麦"是说正月初一吃麦子，说明了商代已经有了麦子，但因种植不普遍，故将它当作稀有的美食，逢年过节才吃。

在已经出土的甲骨文宝档中，有一片非常著名、被称为"四方风"的牛肩胛骨。骨版长 26 厘米，宽 16 厘米，有刻辞 4 段 24 字，字体挺拔雄健，为武丁时期刻辞的典型风格，记载四方神和风神，反映分至、四气及四时的物候现象，与《山海经》中的记载一脉相承。四方风：东方曰析，风曰协；南方曰夹，风曰微；西方曰夷，风曰彝；北方曰宛，风曰役。寥寥 28 字，宛若诗歌，韵味无穷。它们构成了殷人的标准时间体系，这一体系是殷人制定历法的一项重要依据。

"四方风"甲骨宛若甲骨遗书中的"美人"，风韵十足。它不仅有着充满诗意的称谓，而且还有匀称的版面、珍贵的内容，其书法体现布局之美、结

被收录于《甲骨文全集》、编号为 24440 的历日甲骨拓片，为现存最早的历书

最美甲骨——"四方风"甲骨，中国国家图书馆藏

"四方风"甲骨拓片

构之美、章法之美。2013年，商代“四方风”甲骨入选第四批《国家珍贵古籍名录》。

1951年殷墟第三次发掘出土的5块残片拼合出一版龟腹甲，上面有6条书契，其中有“八月乙酉日”发生月食的记录。在武丁时期的甲骨刻辞中，有8条刻辞记录了5次日食。根据这些记录，当代中外学者以甲骨文作为断代研究材料，构建出了中国商末的年历表。例如美国芝加哥大学东亚语言与文化系的教授夏含夷在2003年发表于《中国文字研究》杂志上的《商王武丁的末期中国上古年代学的重构实验》一文，对商王武丁统治的末期进行了年代学的重构。

周原骨书

中国人从小诵读着《诗经》长大，诗句描绘的画面美好而又遥远，宛如神话——其实，那些美丽的诗句就是历史的记录。《诗经·大雅·绵》中描绘：“周原膴膴，堇荼如饴。爰始爰谋，爰契我龟，曰止曰时，筑室于兹。”这首诗便讲述了这样一件用甲骨占卜，并做记录的历史大事件：3000多年前，周民族的祖先古公亶父率领周人举族迁徙。当经过“堇荼如饴”的岐山脚下时，他们凿龟甲，以卜居。通过贞人占卜，龟甲裂纹显露上天授命：停下，立刻，就在这儿盖起房屋居住。从此，周人扎根下来，开疆创业。可见，周原这块土地，与甲骨文有着不解之缘。

果不其然，1977年，在陕西省岐山县凤雏村一座西周建筑遗址的窖穴内，出土龟腹甲13600余片、牛肩胛骨300余片。内有289片龟腹甲刻有文字，每片字数多寡不等，少的1字，多的30字。1979年，在邻近的扶风县齐家村发现和采集到22片甲骨，内有6片刻有文字。2003年12月，在岐山县城北的周公庙附近，又出土了2片龟甲，其中一片龟甲上的字数多达38个，另一片龟甲上有17个字。

周原甲骨文上的文字很多都细小如芥子，笔画细如秋毫，需

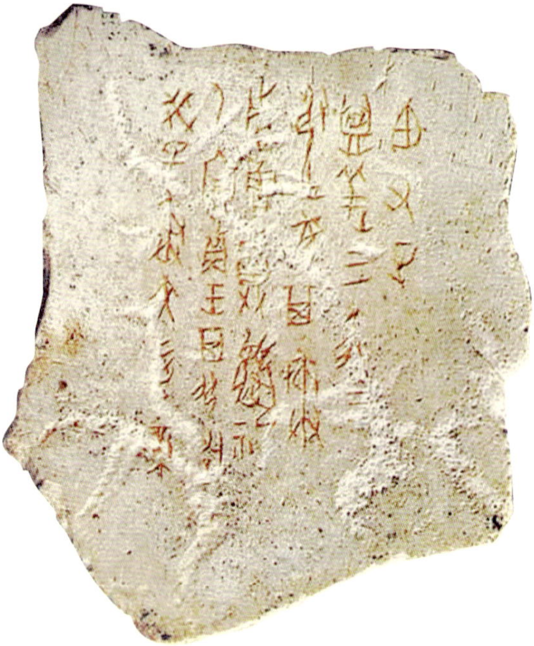

周原甲骨文字迹秀丽、字形工整、刀法流畅娴熟、刻画刚劲有力，有的小如粟粒，用放大镜才能看清，堪称我国最早的微雕艺术精品，具有极高的史料价值和艺术价值

借助5倍以上的放大镜才可辨认，但字迹清晰、笔画刚劲流畅。其中有一片甲骨仅2.7平方厘米，像枚小硬币，刻字面积仅1.7平方厘米，却刻有30个甲骨文，其字细若发丝，个别的字字径还不足1毫米。这批甲骨文是西周时的作品，记载的多是周文王末年到周康王初年的内容。这些甲骨文为什么要刻得这么小？是什么人用什么工具刻出来的？在古代并没有放大显微技术的情况下，又是怎样辨认的？这些至今还是一个谜。如今，这批珍贵的微刻甲骨文被收藏在陕西省宝鸡市周原博物馆。

由于有了从甲骨文发展到今天的一脉相承的汉字，因此中华文明绵延数千年未曾中断。正是甲骨文和殷墟告诉人们，华夏民族不仅早早地拥有了都市、文字、青铜器这三项标志文明成熟的基本要素，而且在人类所有古代文明中早早建立了精密的天文观测系统，创造了优越的阴阳合历。

甲骨文既是中华民族珍贵的文化遗产，也是人类共同的精神财富。2017年11月，中国申报的甲骨文通过联合国教科文组织世界记忆工程国际咨询委员会的评审，成功入选《世界记忆名录》。

第二节　钟鼎金文

金文一般是指铸刻在商周青铜器上的铭文。青铜是铜和锡的合金,因为周以前将铜也称作“金”,所以铜器上的铭文就叫作“金文”或“吉金文字”。青铜器在商周时期极受推崇，本来先秦时期青铜礼器的总称应当为钟鼎尊彝，但钟和鼎是其中体积相对大的，可以铸刻较长篇的铭文，所以常用“钟鼎”来代表一切青铜器，将青铜铭文叫“钟鼎文”。金文应用的年代，上自商代，下至秦灭六国，共 1200 余年。

有铭文的青铜器，始见于商代，所刻的仅是简单的造器者名字。记述功绩的铭文在周代的礼器上才逐渐出现。金文在汉武帝时引起社会关注，当时有人将在汾阳发掘出的一尊青铜鼎送进宫中，汉武帝还因此将年号定为元鼎元年（前 116）。

金文的内容大都是关于当时祀典、赐命、诏书、征战、围猎、盟约等活动或事件的记录，反映了当时的社会生活。可以说金文从内容到形式都具备了书籍的特点，因此被视为中国书籍的初期形态之一。

以下是几件具有代表性的国宝级金文，它们均堪称国家大典、国家重典。

珷征商文

2012 年,《国家人文历史》杂志邀请 9 位考古、文博方面的专家，在国宝中做取舍之间的思量、权衡，盘点出中国文物中的九大“镇国之宝”。最后，利簋作为商周青铜器唯一的代表当选。

为什么它能脱颖而出呢？并不是因为它是目前所知西周最早的青铜器，而是因为其上所刻的 32 个文字。

商代末年的历史由于小说《封神演义》的演绎，可谓妇孺皆知。史料记载，当时的统治者纣王是个荒淫残暴的人，他在王宫中建造“酒池肉林”，享乐不尽。周武王决定出师伐纣。武王的这一举动得到许多方国、部落的响应，他们纷纷举起反商大旗，追随武王。此时，纣王还毫不知情，仍在和他的姬妾饮酒作乐。在得知武王出师的消息后，纣王慌忙组织大军应战。甲子日清晨，轰轰烈烈的“牧野之战”拉开了帷幕。两军交锋中，商军中的奴隶纷纷调转戈矛，直指纣王。纣王眼看大势已去，便逃回王宫，在鹿台引火自焚，结束了商朝长达 500 多年的统治。这就是著名的历史事件——“武王伐纣”“牧野之战”。

青铜利簋见证了中国古代“武王伐纣”的重大历史事件

这段历史一直在典籍中不断流传演绎，并没有其他文物作为实证。司马迁作《史记》时引先秦史书，记载牧野之战的时间为“二月甲子昧爽”，即甲子日这天，但因为再没有其他资料或者实物印证，所以历来人们对牧野之战发生的确切时间说法不一，争议极大。直到 1976 年陕西临潼利簋出土，其上的铭文生动而立体地证明了武王伐纣故事的真实性。利簋高 28 厘米，口径 22 厘米，方座长、宽 20.2 厘米。因制器者叫“利”而得名。该簋最为重要、最有价值的就是腹内底部所铸 4 行短篇铭文：“珷征商，唯甲子朝，岁鼎，克昏夙有商。辛未，王在阑师，赐有司利金，用作檀公宝尊彝。”意思是：甲子日早晨，武王征商，木星当空。短时间内完胜有商。辛未日，武王在阑师（地名），命令有司（官职）利，用青铜制作祭祀曾祖檀公之礼器——宝尊彝。

利簋铭文

铭文先是记录了武王伐纣的时间和经过，然后介绍了制作此彝的人物情况，最后道出武王造此宝器的目的是“家祭无忘告乃翁”。这是一篇韵律优美的武王伐纣大事记，字斟句酌、自信豪迈，是为信史。

如今，这件国之重宝被收藏在中国国家博物馆并长期展出。

宅兹中国

1965 年，宝鸡市博物馆花 30 元钱从废品收购站买回一尊青铜器。青铜器高 39 厘米，口径 28.6 厘米，重 14.6 千克。这尊铸有饕餮纹饰的铜尊也是宝鸡市博物馆自 1958 年成立以来购买的第一件青铜器。1975 年，因其造型图案精美，铜尊被选送至国家文物局，作为全国新出土的文物精品出国展出。时任上海博物馆馆长马承源发现其上有铭文，后定名为“何尊”。尊器身呈椭方形，通体饰四道透雕的扉棱，造型典雅庄重，方圆相继。尊上腹部及圈足饰饕餮纹，纹饰繁缛华丽。

何尊之珍贵，并非它凝重大气的造型和神秘华丽的纹饰，而在于尊内底部那篇 12 行共 122 字的长篇铭文。这篇铭文记载了周成王营建新都成周的重要历史事件，极具史料价值。尤其其中“宅兹中国”这句话，被认定为“中国”最早的文字记载——何尊成为名副其实的“中国尊”。

何尊铭曰：“唯王初迁宅于成周，复禀武王礼，福自天。在四月丙戌，王诰宗小子于京室，曰：昔在尔考公氏，克弼文王，肆文王受兹大命。唯武王既克大邑商，则廷告于天。曰：余其宅兹中国，自之乂民。呜呼！尔有唯小子亡识，视于公氏，有爵于天，彻命。敬享哉！唯王恭德裕天训，我不敏，王咸诰。何锡贝卅朋，用作□公宝尊彝。惟王五祀。”大意是：成王五年四月，周王开始在成周营建都城，对武王进行丰福之祭。周王于丙戌日在京宫大室中对宗族小子何进行训诰，内容讲到何的父亲公氏追随文王，文王受上天大命统治天下。武王灭商后则告祭于天，以此地作为天下的中心，统治民众。周王赏赐何贝币 30 朋（古代以贝壳为货币，五贝为一串，两串为一朋），何因此制尊，以作纪念。

在华夏民族形成的初期，受天文地理知识的限制，总是将自己的居域视为“天下之中”，即“中国”之本义，而称他族的居域为东南西北四方。第一个朝代夏朝的建立，标志着中国统一国家政权形式的诞生。应当说，这时“中国”的概念便有了确切的政治含义。夏禹被视为“天下共主”，其统辖的区域被称为“夏”。为何以“夏”相称？《尔雅·释诂》曰：“夏，大也。”《尚书》注云“冕服采章曰华，大国曰夏”“华夏，谓中国也”。最迟从周初开始，以黄河流域为中心的华夏地区开始被称作“中国”。“中国”最初只是一个行政区划上的概念，“中国”一词最早出现，就是在这件周成王五年（前 1038）的何尊铭文中。“中”为指事字，甲骨文、金文字形，中间旗杆，上下有斿旗和飘带，旗杆正中竖立。本义“中心、当中”，指一定范围内部适中的位置。据《新书·属远》载：“古者天子地方千里，中之而为都。”“或”是“国”的本字，周金文早期作“或”，从字面讲，它由城池和干戈构成，表示“执干戈以卫社稷”。当时人们已经意识到，一个国家，不仅要有属于自己的城池，而且要有军队来时刻保护自己的疆土和臣民。后来在此基础上又外加“口”以为国界，属于文字上的自然演变。在“中国”周围的是北狄、西戎、东夷、南蛮等。《尚书·梓材》中也有周成王所谓“皇天既付中国民越厥疆土于先王”的记载。史书与铭文相互印证，说明周武王统治的地域为“中国”。随着历史的发展，“中国”一词的内涵逐步跨出了中原，继而指代华夏民族整

何尊内铸有122字的铭文，其中“中国”二字作为词语首次出现。陕西宝鸡青铜器博物馆藏

何尊铭文中的“中国”二字，何尊因而成为最早记载“中国”的典籍

个居住地和所建立的国家。

今天，“宅”这个字十分流行，相关还有热词“宅男”“宅女”。3000年前我们的祖先“定居”在中国，如今，我们“固守”自己的小家。新旧两相对比，历史如此有趣。

何尊现被收藏于宝鸡青铜器博物院，是中国首批禁止出国（境）展览文物、国家一级文物。

毛公纪事

中国的古文不是口语，都是书面用语，极为精练。古文的篇幅通常都很短，越古老越是如此。西周时期青铜器上，篇幅最长的纪事文献便是毛公鼎上的文字。

毛公鼎足呈马蹄形，造型浑厚朴实。通高53.8厘米，口径47.9厘米，口沿上有厚实高大的双耳，颈部两道凸弦纹，之间又装饰有精美的重环纹。腹半球形，内壁铸铭文32行，499字，是中国迄今出土的青铜器中铭文最长的一件，对西周古文来说，确实是属于长篇了。其内容是记载周宣王告诫及赏赐大臣毛公的策命辞。文中说，为了中兴周室，革除积弊，周王策命重臣毛公要忠心佐王辅国，不可横征暴敛，壅塞民意，绝不能重蹈先臣违诺王命、官纪不饬、酗酒无度而遭丧国之祸的覆辙。毛公感恩周王所委之重任以及酒食、舆服、奴隶、兵器、玉饰、仪仗等丰厚的赏赐而铸鼎纪事，子子孙孙永宝永享。这篇长文对于研究中国冶金史、文字史和西周史等均有重要价值。

毛公鼎的收藏史，堪称一部传奇。

清道光二十三年（1843），毛公鼎出土于陕西岐山。最先是北京古董商苏亿年、苏兆年兄弟到西安收购古董，在打铁小铺中发现该鼎，铁匠说准备将鼎熔化，做成铜门环出售。苏氏兄弟当即以30两银子的价格将其买下，然后立即向金石大家陈介祺介绍该鼎。陈介祺正在北京做官，闻信后半信半疑，但他为了不漏失好东西，先付了100两银子要苏氏兄弟尽快将鼎运到北京目验真

毛公鼎，台北“故宫博物院”镇馆之宝

毛公鼎铭文局部

伪。该鼎运至北京后，陈介祺一见便认定为稀世珍宝，遂加付白银 1000 两，将毛公鼎收入囊中。后来他辞官返乡，修建专门藏室供养该鼎。光绪十年（1884），陈介祺病故，该鼎由其次子陈厚滋接手。后来陈介祺之孙陈孝笙将毛公鼎转卖给两江总督端方。端方将女儿嫁与袁世凯家族，并以毛公鼎为陪嫁。

袁氏后来转手将该鼎抵押给天津华俄道胜银行。20 世纪 30 年代，名士叶恭绰利用他在社会各界的影响力，多方募集 3 万元从道胜银行赎出该鼎，庋藏于天津本地。抗战时期，又由专人运避香港。太平洋战争爆发后，毛公鼎被辗转运回上海，并以 300 两黄金的价格转售给五金业老板陈咏仁，附加条件是抗战胜利后要将宝鼎上交国家。陈同意叶恭绰的约法三章，承诺胜利之后一定捐献给国家。陈咏仁没有食言，1946 年，他将宝鼎捐献给了当时的南京"中央博物院",后被运至台湾,珍藏于台北"故宫博物院"。

丹书铁契

丹书铁契是古代帝王发给有功之臣的"誓约"，又称"丹书铁券"，也即民间叙事中所说的"免死牌""免死金牌"。该制度始于汉高祖刘邦。刘邦本是秦朝的一个管治安的小官，适逢秦末乱世，征战多年，最终登上皇帝之位。建汉之初，刘邦为了巩固政权，对那些曾经助他登上帝位的元勋,赐"丹书铁契"以作褒奖。所以,《汉书·高祖纪》有云:"又与功臣剖符作誓，丹书铁契，金匮石室，藏之宗庙。"

丹书铁契虽然出现于西汉，但这种信用形式在西汉之前即已存在。剖符作誓的符节便是其中的一种。符节是古代帝王传达命令、征调兵将以及应用于其他事务时使用的一种信用凭证，材质有金、铜、玉、角、竹、木、铅等。一般是将符节中分为二，使用者双方各执一半，用时合验，以证真伪。根据符节的用途不同，其形也异：有用以驿传邮递的铜马节，有用以调兵遣将的铜虎节，有用以征免税收的铜竹节等。

1957年和1960年，安徽寿县城东丘家花园相继出土了“鄂君启节”，是20世纪出土的重要的战国时期楚文物。“鄂君启节”分“车节”“舟节”两种。据最早的整理者统计，每枚“车节”上有错金文150字，每枚“舟节”上有错金文165字，在现存楚国青铜器中，铭文字数最多。而且“鄂君启节”形制之美，文字之工整，在已出土的战国时期文物中都是少见的。“鄂君启节”所记载的内容，对于研究楚国的政治经济制度以及地理与交通有重要文献价值，也是研究屈原的流放行迹、理解屈原与宋玉等战国时期楚国辞赋作家作品的一把钥匙。

鄂君启铜节，战国楚怀王六年（前323）制青铜器，上有错金文，为官员通行凭证

东汉时，易“丹书铁契”之名为“丹书铁券”，并一直沿用了下来。北魏时，孝文帝经常为宗亲、近臣颁授铁券，甚至还出现了大臣向皇帝乞求铁券以作护身之符的现象。隋唐时，帝王颁授“丹书铁券”已成惯制。宋太祖赵匡胤“黄袍加身”，从后周柴家手中谋得皇位，为了安抚民心，下旨厚待柴氏子孙，赐柴氏“丹书铁券”，即使柴氏后人犯罪也不得加刑，这也是小说《水浒传》中柴进家“丹书铁券”的历史依据。

完好留传下来的丹书铁券很少。迄今确知的有5件：唐昭宗乾宁四年（897）颁赐给时任节度使钱镠的铁券，现藏于中国国家博物馆；明英宗正统五年（1440）颁赐给会川伯赵安的铁券，现藏于甘肃省渭源县文化馆；明英宗天顺二年（1458）颁赐给高阳伯李文的铁券，现藏于青海省档案馆；明宪宗成化年间颁赐给保国公朱永的2件铁券，现藏于北京故宫博物院。其中，唐昭宗赐钱镠之券可算是最著名的一枚。钱镠后来成了五代吴越王，直到清代，他的后裔仍保存着祖上传下的这张“王牌”。他的后代在有关著述中对该券做了具体描述：“其形如瓦，高今裁尺九寸，阔一尺四寸六分，厚一分五厘，重一百三十二两。盖熔铁而成，镂金其上。”如今，这枚丹书铁券已被中国国家博物馆收藏。它虽经历了千百年沧桑，但依然“铁色如墨，金色灿然，熠熠发光”。

唐乾宁四年（897）钱镠铁券，中国国家博物馆藏

世界各国都有金属材质的古籍出土。例如斯里兰卡古都阿努拉达普拉的一个寺院里就保存有一部“金书”。该书用纯金铸造而成，上面镂刻梵文，内容是印度古诗的一部分。该书共计7页，重2千克，成书于公元5世纪中叶，具有重大学术价值。保加利亚西部城市加布罗沃的图书馆内，陈列着一部铜书。书中记录了保加利亚和世界著名学者、作家的警句、格言，给人以启迪。该书全部用青铜铸成，重4千克；共22页，每页长18厘米，宽20厘米；装订细致，翻阅也不难。印度国家自然历史博物馆保存着多部10—15世纪的铜书。2016年4月26日博物馆发生严重火灾，

被彻底焚毁，大量珍贵展藏品化为乌有，特别是纸质书籍几乎全部毁于一旦。但这些铜书躲过一劫，仍然完好无损，光彩照人。印度的铜版书均用铜环装订成册，翻阅方便，别具一格。铜版被制成书页的形式，在其上雕刻诗歌、经文等。用于穿页成册的铜手环上，通常铸有或刻有精美而又特别的装饰，可能为该书的制作者或拥有人的标志。

印度国家博物馆藏 10 世纪梵文铜版书

第三节 勒石刊铭

石刻文书是指铭刻在石材上的文字，是初期书籍形式之一。在石头上刻字是世界上许多民族都使用的记录方法。与其他几个文明古国相比，中国古代文字石刻出现的时间并不算早。古埃及的文字石刻可以追溯到公元前3000年，在两河流域、古代伊朗地区都留存有公元前2000年的文字石刻。而中国古代专门的文字石刻到公元前500年至公元前300年才陆续出现。

不过，中国早在北宋就兴起了金石学，是以古代青铜器和石刻碑碣为研究对象的一门学科。其中历代石刻是金石学的主要收藏与研究对象。北宋文学家欧阳修被认为是金石学的开创者之一。北宋以降，产生了近千种金石专著，保存了大量石刻文字资料，如刘敞的《先秦古器记》、欧阳修的《集古录》、王俅的《啸堂集古录》、赵明诚的《金石录》、薛尚功的《历代钟鼎彝器款识法帖》、洪适的《隶释》《隶续》等。其中最为人们熟知的便是《金石录》。它引人瞩目，主要与光芒四射、永垂青史的“千古第一才女”李清照有关。《金石录》由李清照的丈夫赵明诚于12世纪初编撰而成，共30卷，是一部规模空前的金石学著作，对上起夏、商、周，下迄隋、唐、五代的金石研究及历史考订极具学术参考价值。李清照作《金石录后序》，回忆了夫妻几十年间的欢愉与忧患：“余性偶强记，每饭罢，坐归来堂烹茶，指堆积书史，言某事在某书某卷第几页第几行，以中否角胜负，为饮茶先后。中即举杯大笑，至茶倾覆怀中，反不得饮而起。甘心老是乡矣。”这段“赌书泼茶”的记述令无数读书人倾倒。这一篇《金石录后序》，使李清照夫妇二人的读书生活成了文化史上的一段佳话。

根据内容与体裁，历代石刻文书大致可以分为碑志、刻经、诗文、题识、杂刻；根据石材形态，大致可以分为盟书、摩崖、碣、碑、墓志、玉石。

侯马盟书

盟书又称“载书”，是中国古代举行重要集会、订立条约时“对天盟誓”的内容。它们大多是用毛笔蘸着朱砂在玉石片上书写而成的。盟书根据内容分为宗盟类、纳室类、委质类、诅咒类、卜筮类等，有6类12种之多。

春秋战国时期，天子与诸侯之间、诸侯互相之间、诸侯与卿大夫之间，为政治目的经常举行盟誓。目前在中国发现的最重要的盟书是侯马盟书，也就是春秋晚期，晋国世卿赵鞅同卿大夫间举行盟誓的约信文书，因出土于山西侯马晋城遗址而得名。盟书通常一式二份，一份藏在盟府，一份埋于地下或沉于河中，以取信于神鬼。1965年至今出土的侯马盟书无疑是2000多年前埋入地下的那份。这份盟书为玉质，字体介于甲骨文和金文之间，它的出土提供了晋国末期官方文献盟书文体的书写范本。这些文字是目前所发现的最早用毛笔书写而成的篇章完整的古人手书真迹，是已发现的最早的真正意义上的书法。

晋国晚期，晋景公迁都新田（今山西侯马）之后，晋国的霸主地位逐渐衰微，晋国政坛上出现了赵、魏、韩、智、范、中行六位手握大权的公卿，他们为了争夺人口土地纷争不断，侯马盟书玉石片记录的就是赵、魏、韩、智四姓联合灭掉范、中行两族的历史。盟书的部分内容比较有趣。有一段内容翻译成现代汉语，就是说：本人誓愿袒腹剖心效忠伟大的宗主……有胆敢违誓改志……妄图……在晋国进行阴谋活动者，绝难逃脱宗主的震怒和天地神灵的诅咒，只有诛身灭族的死路一条。只是最后韩、赵、魏三家分晋，让这份盟书成为一个笑话。

侯马盟书，毛笔书写。山西省博物院藏

侯马盟书的发现对研究中国古代盟誓制度、古文字的发展以及晋国历史均有重大意义。侯马盟书被誉为 1949 年以来中国考古发现的十大成果之一，也是山西博物院收藏的十大国宝之一。

石鼓诗歌

“碣”是较为原始的刻石形态。中国石碣之祖唯“陈仓石鼓”当之无愧。之所以冠名“陈仓”，是因为发现于唐朝时的陕西凤翔府陈仓山。又因其石形似鼓，后人一般将其简称为“石鼓”。它们是一组 10 块经过整治的花岗岩。岩石很大，每块重约 1 吨，其圆顶呈馒头形，中间略鼓，平坦光滑，下部凹凸不平，底部均为人工凿成的平底。10 个石鼓的高低大小各不相同，其中最高者高 95 厘米，最矮者高 60 余厘米。石鼓享有“中华第一古物”的美誉，现藏于故宫博物院珍宝馆，珍宝馆为其专设了石鼓馆。

《石鼓文》中所体现出的历史、文学等价值，是中华 5000 年文明史中最为璀璨的瑰宝，是中国古代文学与艺术创造的一个巅峰。2012 年《国家人文历史》盘点九大中国“镇国之宝”文物，“陈仓石鼓”无可争议地入选。

石鼓之珍贵，首先是因为它是现存最早的石鼓刻书。尽管关于《石鼓文》的年代意见纷纭：唐人认为是西周作品；宋人提出是秦国之物；近代学者认为是先秦时期，但仍有襄公、文公、穆公、献公诸说；现代有学者认为是秦始皇时期之物。当然，众说纷纭并没有影响到它的“最早”桂冠，它依然还是现存世最早的石刻文字。

《石鼓文》之珍贵，还体现在它画面感极强的诗风上。《石鼓文》是诗，遣词用韵，情调风格，都和《诗经》中的四言诗章法一致。10 个石鼓刻有 10 首四言古体长诗，对秦国的统治者们进行了歌颂，用诗歌描绘出一幅幅形象生动的秦人创业发展的历史画卷。而今保存最为完整并能独立成章的诗篇仅有《吾车》石：“吾车既工，吾马既同，吾车既好，吾马既阜，君子员猎，员猎员游，麀鹿速速，君子之求。”大意是：我的马车已经制造完成，我的骏马也已经训练有素，我的马车是最好的马车，我的骏马是最好的骏马，我要像君子们那样去游玩打猎，我要像他们那样快快地去寻猎麀鹿。字里行间表达出一种独步天下的“炫富”心态，自信、骄傲而又洒脱。

《石鼓文》之珍贵，还体现在它的字体上。《石鼓文》字体既不同于金文，又不同于小篆。其字形比金文更整齐，结构又近于小篆，是由金文向小篆过渡的一种字体。其书法字体多取长方形，形势整肃，端庄凝重，笔力稳健，在书法史上起着承前启后的作用。千百年来，

陈仓石鼓，现存故宫博物院珍宝馆石鼓馆

石鼓局部文字

《石鼓文》被历代书家视为研摹篆书的重要范本，故又有“书家第一法则”之誉。仅是《石鼓文》拓本，自明清以来，居然一字抵万金，创下中国文物史上的奇迹。

石鼓之珍贵，更在于它背后传奇的传承保护故事。

盛唐时的627年，在陕西凤翔府陈仓山，10块怪异的花岗岩大石引起了一位牧羊老人的注意，后来消息传开，因其上神秘文字笔法奇异，无人能识，见者惊为天赐之神物。陈仓突然变得热闹非凡，文人墨客纷纷慕名而至，一窥究竟，并拓印石上的文字，传播、收藏、研究。“安史之乱”时的757年，唐肃宗责令州府官员将这10块怪石迁往凤翔之南的雍城，便于他与驻于此地的文武百官赏玩。短短几个月后，为避战祸，石鼓又被仓促移至荒野掩埋起来，并对外宣称“毁失”。一时间，天下人为之抱憾。806年，地方官吏查访到了石鼓的埋藏之处，请名家主持挖掘。韩愈因此上书朝廷，请求移石鼓到京城太学内妥善保管并重立其学术，但该请求未被批准。韩愈因此创作了流传千年的长诗《石鼓歌》。814年，大臣郑余庆偶然看到尘封已久的韩愈奏章，深深为之触动，遂奏请朝廷妥善保管石鼓。于是，曝于荒野的石鼓被移送到当地孔庙。90多年后，凤翔孔庙在战火中被焚毁，“陈仓石鼓”在乱世中重新遁迹于草莽江湖。

北宋时，宋仁宗对遗失百年的“陈仓石鼓”产生了浓厚兴趣。他不惜以高官厚禄相许，命天下才德之士四处寻访、查找石鼓的下落。担任凤翔知府的司马光之父司马池闻此消息后，便竭尽心力去寻找传说中的这10块大石。几番周折，司马池终于使消失百年之久的“陈仓石鼓”重见天日。只可惜寻到的石鼓只有9个。司马池参照石鼓拓本仿制出一个假的“作原石鼓”。受皇命而来的名家学者们和饱学的宋仁宗很快就辨别出了伪造的石鼓，司马池因造伪欺君而获罪。当时颇有名望的金石家向传师求到一份《石鼓文》拓本，发现这份新的拓本保留有“作原石鼓”的文字，后查明这份拓本源自关中的太氏家族。于是，1052年某日，他赶到太氏村，结果大失所望——太氏一族半年前全部死于瘟疫，房子、财产也已全部烧光。向传师怀着无比失望的心情就近找了一家客栈安顿下来。次日清晨，向传师被后院传来的响声惊醒——客栈后院一个屠夫正在磨刀。向传师披衣而起，仔细查看，屠夫所用的磨刀石竟然就是那面失踪了200多年，引得几朝几代人魂萦梦绕的真正的“作原石鼓”。石鼓已面目全非，上部已被乡民削去，中间被掏成凹状用来舂米，而上面断裂开的两道边被屠夫用来磨刀。石鼓上面的文字仅余下半部的4行。至此，10个石鼓终得团圆。

但它们颠沛流离的命运却仍在继续。

1110年，宋徽宗下令将石鼓运抵京城，10个石鼓被他搬进了保和殿。某日，宋徽宗突发奇想，在10个石鼓上的文字槽缝之间填注黄金，为其装了金身。“靖康之变”时，这10个石鼓因鼓身填注了黄金，而被金兵视为珍宝，随着被掠的徽钦二帝一道北迁。石鼓被运到燕京后，不甚了解中原文化的金人并不知晓其价值，剔去了填注的黄金后，便将它们丢弃于荒野。至此，石鼓第三次因战祸而遗失。1215年，蒙古军攻克中都（今北京），随军的御史大夫王檝于机缘巧合之下发现了掩藏在废墟之中的10个石鼓，遂将其保存于孔庙之中。

可能今天的人们很少注意到，残缺的“作原石鼓”上除了原有的石鼓文，竟然还加刻有一首诗。怎么回事呢？清乾隆五十五年（1790）正月，时年八十的乾隆帝竟然开始研究石鼓，研究的内容之一是考证“作原石鼓”的流传。他认为“作原石鼓”的臼形，并非因为宋代亡佚，而是在唐代时已然成形。他还为此题了一首诗，诗句被雕刻在断面上，与石鼓永存了。

1936年，石鼓随第四批故宫文物南迁至上海，被安置在天主堂街仁济医院库房。3年后，故宫博物院南京分院成立，石鼓迁往南京。1948年，国民党准备将石鼓运往台湾，但由于其过于沉重，可能导致飞机严重超载，10个石鼓最终被留了下来。

石鼓之珍贵，还因为有众多的皇帝和名人为它“打call”。石鼓出土后，历代文人墨客争相撰文称颂，仅唐宋就有杜甫、韩愈、韦应物、梅尧臣、欧阳修、苏轼、苏辙等，使石鼓名声大振、名垂千古。

摩崖石刻

摩崖石刻，有广义和狭义之分。广义的摩崖石刻是指人们在天然的石壁上摩刻的所有内容，包括上文提及的各类文字石刻、石刻造像、岩画。狭义的摩崖石刻则专指文字石刻，一般是在山崖中选择一片比较平直的石壁，直接在上面刻字。

古埃及和古巴比伦都有留传下来的公元前两三千年的摩崖石刻，其中较为著名的有现存伊朗的刻于公元前 5 世纪的贝希斯敦铭文。在印度，还留存有公元前 3 世纪阿育王为大力推广佛教而雕刻的摩崖法敕。这些敕文较长，内容是提倡佛法，推行佛教，劝导行善布施，主要分布于阿育王时代的边境地区崖壁上。

在中国，摩崖石刻起源于何时尚不清楚。一般认为，摩崖流行于汉代，隋唐以降连绵不断。《史记》记载，秦始皇有外出巡视的习惯，而且每到一处都祭祀名山，并命人刻石记之。秦始皇先后所到之处有峄山、泰山、芝罘、琅琊、碣石、会稽 6 处，并留下了 7 种刻石。其中芝罘刻石 2 处。秦二世时，又补刻了诏书和从臣之名。然而时至今日，这些秦刻石消失殆尽，字迹都没有留存下来。

汉代以来，特别是汉时，常常对山崖进行整修，开凿出规整的平面，在上面刻铭。有很多著名的汉代摩崖石刻保留至今，例如东汉永平六年至九年（63—66）陕西汉中《鄐君开褒斜道记》、建和二年（148）《故司隶校尉犍为杨君颂》、永寿年间（155—158）《右扶风丞李君通阁道》、永寿四年（158）新疆阿克苏《龟兹左将军刘平国刻石》、建宁五年（172）甘肃成县《析里桥郙阁颂》等。汉代以后，摩崖仍然作为一种重要的石刻形式在山地中大量使用。历代摩崖往往聚集在著名的风景胜地、寺庙和古代文化遗迹附近，形成了丰富的文化景观。

东汉永元元年（89），将军窦宪率领汉军联合南匈奴、东胡乌桓、西戎氐羌大败北匈奴之后，在燕然山（今蒙古境内的杭爱山）

南麓勒石记功，由随军出征的中护军班固撰文，宣扬了东汉与北匈奴之间最后一场大战的战绩与汉朝的德威。对于中国古代武将而言，效仿霍去病、窦宪“封狼居胥，勒石燕然”，是毕生的追求和向往。

燕然刻石是史书记载的中国边塞纪功碑的源头，这次刻石纪功行为被后世记录传承下来，从而形成边塞纪功碑的传统，一直延续至清代，也因此成为中国历代英雄豪杰或者文人骚客所梦想或吟诵的对象。王维的“萧关逢候骑，都护在燕然”，李白的“请缨不系越，且向燕然山”，范仲淹的“浊酒一杯家万里，燕然未勒归无计”，都是家喻户晓的名句。然而，《燕然山铭》早已消失在历史长河中，王维也好，李白也罢，都没有机会一睹《燕然山铭》的真容。长久以来，它仿佛只是个传说，只存在于一首首诗词里，存在于一代代传承的书籍中。

2017 年 8 月 15 日，蒙古国成吉思汗大学宣布，在蒙古国中戈壁省发现的一处摩崖石刻，被中蒙两国联合考察队确认为班固所作《燕然山铭》。这一发现，如同老祖宗留下的一笔宝藏重新

《燕然山铭》局部拓片

现世，为新时代华夏儿女激活了文化自信，增添了一笔文化财富。燕然山上的石刻文字自右向左刻写，共 20 行，满行 15 字，总计 288 字。《燕然山铭》的全文被收录于各种文献中，但与刻石对校，还是存在诸多的差异。应当是文献传抄错漏、斟酌修改而流传演变形成了不同的版本。

碑刻经典

相传中国最早的石刻是夏朝时的“岣嵝碑”，刻诗文体格调与《诗经》“大小雅”相近，可惜没有实物留传。从现存的实物来看，加工成纪念碑这样的固定形制的石刻出现于西汉时期。学者认为，西汉时期中原葬制发生了根本性变化，推动了墓葬石刻由实用性向纪念性的转化，从而出现了用以标志墓葬的墓碑。有学者推测，文字碑石的大量出现还可能与汉武帝通西域后西亚北非一带的文化因素传入中国有一定关系。

中国碑在东汉时期正式定型。它的形制多数是一件长方形的竖石，下部另接底座。顶部一般加工成圆形、三角形或者直角形。这些外形与西亚北非的古代碑石十分相似。在碑身刻写铭文，是树立碑石的主要目的。铭文一般刻写在碑的正面。中国古代文学理论将它专门定为一种文体，叫作“碑铭”。根据碑石上刻写的内容，碑石一般分为墓碑、功德碑、记事碑、墓志、经典刻碑等。墓碑是专门树立在墓葬前面的碑石，用以标明墓葬的主人，颂扬他一生的事迹；功德碑是专门歌颂帝王、官员、功臣、神灵以及孝子节妇等人伦典范的纪念性碑刻；记事碑的内容涉及古代社会的各个实用方面，包括诏书、公文、契约、协议、合同、诗词、记事文章等；墓志是放在墓内的刻有死者生平事迹的石刻。随着近现代考古发掘工作的进展，墓志成为现存中国古代石刻中数量最大、文字内容最多的一个门类。

与书籍关系最为密切的石刻文字是经典刻碑，被称作“刻在石头上的书”，也叫“石经”。经典刻碑形状与通常使用的碑石一致，但是通常由多件碑石成组排列，按顺序刻写一部或多部经书。在

熹平石经残片。这是首次将《周易》等7种儒家经典镌刻于石，立于洛阳太学，作为当时传写的正本

印刷术产生之前，刻写石经的目的是保存典籍的标准文本，供人们对照、临摹与传播。中国最为著名的石经便是“熹平石经”，它是中国刻于石碑上最早的官定儒家经本。

汉武帝采纳董仲舒“罢黜百家，独尊儒术”建议后，儒经被奉为经典，为法定教科书，设专门博士官讲授，成为考试的内容、判断是非的标准与决策的依据，因而必须有一部标准文本作为评定正误的依据。然而，皇家藏书楼里的标准本“兰台漆书”，被认为由于学术腐败而遭到窜改，不能令人信服。鉴于此，议郎蔡邕向汉灵帝提出校正经书、刊刻石上的建议。汉灵帝熹平四年（175），“奏求正定六经文字，灵帝许之”，于是开始了中国历史上最早的一次石经刻制工程。工程至光和六年（183）完成，历时9年。因刻制始于熹平年间，故称“熹平石经”。蔡邕主持校定六经工作结束后，亲自书写经文，共刻7部经典于46块石碑之上，立于洛阳城南的开阳门外太学讲堂前（遗址在今河南偃师），碑版上的字体一律采用隶书，故又称“一体石经”。

唐开成石经。作为石版用于拓印，现存西安碑林

熹平石经是官方教科书，包括《诗》《书》《礼》《易》《春秋》五经，并《公羊》《论语》，共200911字。在当时对纠正俗儒的穿凿附会、臆造别字，维护文字的统一，起了积极作用。“及碑始立，其观视及摹写者，车乘日千余辆，填塞街陌”。当年，熹平石经是所有读书人必须遵照的儒学范本。为了应付考试，不受诸多错误版本的误导，必须准确地记录这正反两面刊刻于石碑上的约20万的文字。在这种迫切而功利的需求下，有志之士探索出了拓印这项具有中国特色的、可以快捷而完整地复制原本的技术。

熹平石经的刊定过程无疑是规范的图书编辑出版活动，无论在内容上还是在形式上都对中国文化事业产生了巨大的影响：

一是订误正伪，平息纷争，为读书人提供了儒家经典的范本。

二是开创了中国历代石经的先河。用刻石的方法向天下公布经典范本的做法，自此例后，又有三国魏三体石经、唐开成石经、北宋石经、清石经。同时，佛道等诸家也刻有石经，构成中国独有的石刻书籍。

三是熹平石经集汉隶之大成，不但在当时被奉为书法的典范，而且流风所及，至深且远。

四是启发了拓印方法的发明。拓印技术是中国最早的文字复制技术，是世界范围内独一无二的原创发明，也是雕版印刷术的技术先导。拓印技术沿用至今，对于全世界文化的传承和保护做出了重要贡献。

金石与书籍之间的关系还是一个少有人研究的领域。实际上，金石与书籍、造纸术、印刷术都有着十分紧密的关系。正如前文所述，纸书与电子书共存的当代，人们对书的形态愈加宽容。回溯历史，钟、鼎、彝、器、碑、碣无疑算是中国书籍的初期形态，是印刷术的技术先导拓印术发明的基础。至于纸张和拓印的风韵，也会在后面的章节里一一展现。

第四节　丝织帛书

中国是丝绸的故乡。据甲骨文和先秦史籍记载，黄帝元妃嫘祖教人养蚕、抽丝、织绮罗。甲骨文中就有桑、丝、蚕等字，西周典籍中也有关于养蚕的记载，《诗经·卫风·氓》写道："氓之蚩蚩，抱布贸丝。"20 世纪 50 年代，浙江吴兴钱山漾遗址出土了距今 4000 多年的绸片和丝带。

丝绸之于中国，不只是一种物品——它是中华民族的一张华丽名片，不仅历史悠久，长达 5000 年，而且是拥有发明专利和知识产权的原创技术，在相当长的历史时期内，保持着独一无二的产地地位。丝绸不仅是奢华的服装面料，在中国的历史上，它还是高雅的文字书写材料。

中国人称写在绢、缯、缣、帛上的文字为帛书，亦称缯书、素书。帛书也好，素书也罢，这些称谓以及这种书籍形式都是中国独有的，在世界书籍史上独树一帜，在世界历史文化的星空中熠熠生辉。

将丝帛用于抄写起源于何时，并无记载，但可以肯定的是，始于春秋之前。《晏子春秋·外篇第七》："昔吾先君桓公予管仲狐与谷，其县十七，著之于帛，申之以策，通之诸侯。"说明公元前 7 世纪的齐桓公时代就有了帛书。帛书在中国有着独特而绵延的应用，直到清代还应用于宫廷诏书等领域，时间长达 2000 多年。而以书籍书写材料来说，帛书广泛应用的时间在公元前 5 世纪至 3 世纪，前后有七八百年。

与后文要说到的竹木简相较，缣帛质地轻软，可据文章长短随意剪裁。容量较大，体积甚小，书写、舒卷、收藏、携带、阅

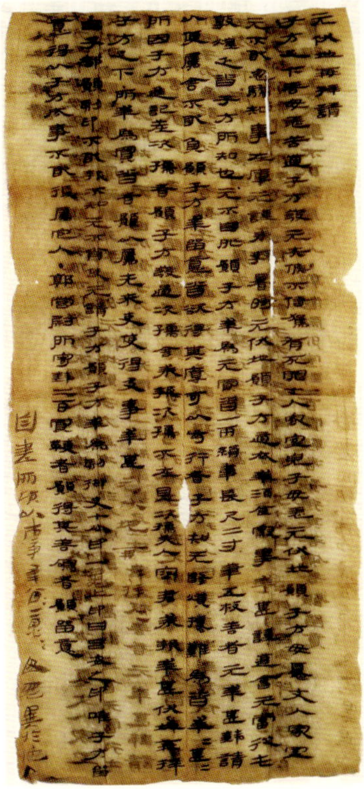

敦煌悬泉置遗址出土的汉代帛书《元致子方书》，甘肃简牍博物馆藏

读都十分方便，克服了竹木简的缺点，是书写材料的一大进步。不过因其相当昂贵，在书籍领域应用范围不如竹木简广泛。在竹帛并行的时代，相对于简牍来说，帛书处于辅助性地位。帛书主要在统治阶级的上层使用，因而从文献记载和实物发现来看，其数量都远远小于简牍。帛书常见的用途为以下几类：

档案。为数不少的帛书是用来记载大臣的丰功伟业的，《周礼》："凡有功者，名书于王之大常。"大常，即缣帛之类织物。《汉书》中也记载李陵称赞苏武："虽古竹帛所载，丹青所画，何以过子卿。"

信函。信函是帛书极其重要的书写形态之一。相对于甲骨青铜竹木，帛书轻便易携，是很好的信函载体。敦煌悬泉置遗址出土的一封汉代帛书《元致子方书》，是驻守边塞名叫"元"的一位军官给他在内地的朋友子方的信，内容是元托子方办5件事：买一双皮面绢内的厚鞋，买五支好笔，代为问候次孺，为吕安刻一枚印章，帮郭姓军官购买一根响鞭。据研究，这一封帛书是目前所见字数最多、保存最完整的汉代私人信件实物。

著作。《说文解字·叙》中说："仓颉之初作书也，盖依类象形，故谓之文。其后形声相益，即谓之字……

描金绢作为书写材料在清乾隆年间最为盛行

著于竹帛谓之书。”就是说，竹木简和帛书是书籍的最早形态。当缣帛推广后，达官显贵常以竹木简作为草稿，以缣帛作为定本。

圣旨。作为历代帝王下达的文书、命令及封赠有功官员或赐给爵位名号颁发的诰命、敕命，都倾向于用绢帛书写，以彰显皇家之富丽和高贵。

子弹库帛书

春秋战国时期唯一的完整帛书，发现于湖南省长沙市子弹库楚墓，称“楚帛书”，又称“楚缯书”“楚绢书”。

子弹库楚墓在1942年被盗掘。据传一个名叫任全生的人首先发现了这件闻名中外的楚帛书，后被古董商蔡季襄买下，蔡于1944年撰《晚周缯书考证》一书，石印出版，首次公布了楚帛书资料。一名叫考克斯（也译作柯强）的在长沙雅礼中学任教的美国人，通过各种手段将帛书骗走运至美国，又几度易手，后归赛克勒所得，现藏于美国纽约大都会博物馆。由于是盗掘而获，其流传国外的过程都是秘密进行的，出土和流出国外的时间众说纷纭，经历曲折传奇。古文字学家、考古学家商承祚考证，盗掘时间为1942年9月，1946年被考克斯从上海带到美国。这个带走帛书的考克斯就是小说《盗墓笔记》中裘德考的原型。

北京大学教授李零将子弹库帛书命名为《四时令》。四时轮转，每个季节该做什么不该做什么，要靠这部书来指导人们的行动。帛书高38.5厘米，宽46.2厘米，中心书写方向互相颠倒的两段文字，一段13行，一段8行。四周是作旋转状排列的12段边文，其中每3段居于一方，四方交角用四种树木相隔，每段都附有神怪图形。李零将中心两段，长的称为甲篇，短的称为乙篇，四周的边文称为丙篇。另外帛书抄写者还用一种朱色填实的方框作为划分章次的标记。全篇共有900多字，考释论著甚多，但各家注释则有差异。

当年随那幅楚帛书一同出土的还有其他一些残片，据考证分属3件不同的帛书，也就是说，一共应当有4件帛书出土，可惜，

上左图：长沙子弹库战国帛书，现藏美国纽约大都会博物馆
上右图：装有长沙子弹库帛书的竹质书笈，也称书笥

现存最早的战国楚帛书的完整摹本，记录的是楚地流传的神话和风俗

只有漂泊在美国的那件是完整的。目前，湖南省博物馆保存了一件由商承祚的家属于20世纪90年代捐赠给该馆的帛书残片。这块残片最长处约4.6厘米，最宽处约2.7厘米，仅有成年人拇指般大。其内容仅有17字，反映了2000多年前亮星周期性的变化。

很多人在网络上寻找，子弹库在长沙的哪个位置呢？它其实就是今天长沙市人民路的地质家园居民小区。民国时期，这里设置了保存军火的仓库，于是人们就叫它“子弹库”。随着地面建筑的拆除，房地产的开发，这个地名已经消失，而有了这个帛书的传奇故事，“子弹库”这个特别的地名便不会从文化的记忆中抹去。

马王堆帛书

子弹库帛书出土之后30年，1971年，还是湖南长沙，在离子弹库只有6千米的一个叫“马王堆”的土丘上，3座汉墓偶然而又必然地展露在世人面前。至今还有很多人记得千年不腐的女尸引起的轰动——那是世界上最早真正以人工墓葬保护下来的软体古尸。此外还有很多色泽饱满鲜艳的漆器、工艺高超的丝织品。

马王堆3号墓中出土了一批帛书。帛书的主人是长沙国丞相、轪侯利苍的儿子。根据该墓出土的一枚纪年木牍，可以断定墓主利苍之子下葬的时间是汉文帝十二年（前168），帛书的抄写时间应当均在墓主生前。根据帛书中的避讳情况和既有的明确纪年推断，马王堆汉墓帛书的抄写时间大致在秦始皇统一六国（前221）至汉文帝十二年（前168）之间，说明这些帛书在地下已经埋藏了约2200年。后经专家学者整理，3号墓出土的帛书共有28种，计12万余字，内容涵括政治、经济、哲学、历史、天文、地理、医学、军事、体育、文学、艺术等众多学科，相当于一个微型的“地下私人图书馆”。这些帛书被安放在一个长方形漆盒中，这种装书的漆盒叫“书奁”。帛书质地均是生丝织成的细绢，有两种形式：一种是写在通高为48厘米的宽幅帛上，另一种是写在通高为24厘米的帛上。

帛书的抄写大多有一定格式：均以墨书写，有的用墨或朱砂先在帛上勾出便于书写的直行栏格，即后世所说的“乌丝栏”和“朱丝栏”，有的还画有上下横界栏。48 厘米宽幅的每行书写 70—80 字，24 厘米宽幅的则每行写 20—40 字；篇章之间多用墨块或墨丁作为区别的标志；有篇名的一般在全篇的末尾一两个字的空隙后标出，并多记明篇章字数。

马王堆出土的帛书大部分是早已失传的典籍。即使像《周易》《道德经》，虽然有今本传世，但马王堆出土的是古本，内容与人们现在看到的版本有不少差异。通过对马王堆帛书的释读，可以校正今本的讹误，使人们更准确地了解中国古代的哲学家们的思想。比如，妇孺皆知的成语“大器晚成”出自通行本《道德经》，而马王堆帛书里却是“大器免成”。当然不只是马王堆帛书，荆门郭店楚简的《道德经》里也是“大器免成”。结合上下句“大方无隅，大器□成，大音希声，大象无形”，“无”和“希”，都是“没有”的意思，所以这里应该是“大器免成”，而非“大器晚成”。意思是说：真正的大器浑然天成，而不需要人为合成；人为合成的，再大也是小器。

这批帛书的内容已经公开出版，人们不仅可以一睹 2200 年前写本书籍的风貌，更是为学者提供了一手研究资料。马王堆帛书的研究已经成果斐然，其中的《导引图》是现存最早的一卷保健运动工笔彩色帛画，绘有 44 个做着鸟飞、熊爬、猿唤等不同导引动作的全身人像。据说，近几十年来，不少体育机构将《导引图》上原本静态的个体图像发展为动态的系列健身操。其中一幅帛画《地形图》的绘制习惯与现代的上北下南不同，是“上南下北”。令人惊叹的是，这幅迄今发现的中国最早的地图还有比例尺，约 1 : 180000，比后世的《大清一统舆图》还精确。

马王堆出土帛书《道德经》残片，湖南省博物馆藏

第五节　竹木简牍

在造纸术发明以前，中国使用最早、时间最长、应用最广、影响最大的书籍材料就是经过整治的竹片和木板。从公元前 21 世纪至公元 4 世纪，竹木简牍在中国作为书籍载体使用的时间长达 2500 年左右，是中国历史上使用时间最长的书籍形式，对中国书籍出版制度的发展产生了极为深远的影响。直至今天，与书籍有关的出版印刷名词术语、制作方法、书写格式等方方面面，都还沿袭着简牍时期形成的传统习惯。

金文里面“简”：=（竹，作为文字载体的竹片）+（间），表示编扎在一起的写字竹片。甲骨和钟鼎作为文字载体具有局限性，难以大量推广，这极大地限制了文化向下传播。而在竹木片上书写，廉价、方便且高效，竹简和木牍应用之后，书籍生产可谓“大道至简”，不再只是神秘庋藏。

将竹子剖开，用刀刮去一片一片竹子上的青皮，在火上烤一烤，烤出汗汁，用毛笔直接在上面书写；写错了，用刀削去上面薄薄一层，竹简仍可以继续书写。一根竹片称“简”，将许多根简编连在一起称“册”，合称“简册”。木片虽不如竹片那么耐潮耐蚀，但在木片上书写重量更轻，易于携带，于是“札”和“牍”也同时盛行。加工后没有写字的木片称“版”，写了字的称“牍”，细一些的木条称“木简”，木质的合称“版牍”，竹木合称“简牍”。

在长期使用竹木简的过程中，根据不同的具体用途，形成了一系列独具中国味道的特殊文化名词。比如“检”是放在古代书写的信函竹木简上面的盖板，用于掩盖字迹；“两行”也是专有名词，是指用于书写诏书的竹木简，一般长 1 尺（各代“一尺”的长度不一。大体在 23.1—31.1 厘米），可容字两行而称之；“符”是皇帝诏命或政府法令用简；“札”是用来书写文字的小竹木片，也是竹木简的统称；“苫”是儿童习字的竹木简；“传”是作为出入城关凭证的竹木简，一般长 5 寸；“笺”是读书时用于记录所作注释的竹木简；“笏”是古代朝会时官员所执的竹木手板，有事则书其上，用以备忘，古代官员上朝皆执笏；写于竹木简上的信可称“书”“简”“笺”。

“刊”字也是专门为了修正竹木简牍而诞生的。篆文＝（干，尖利树杈）＋（刀，削刮），表示削刮树（竹）木，是指削刮竹简、木简上的字迹，于是有了刊落、刊误、刊正、不刊之论等词。后来引申为用刀在竹、木上刻画文字，如刊刻、刊印、刊本。再后来扩大引申为登载、发表作品，如刊登、刊发、刊行、刊载、刊物。再引申为名词指发表物、读物，如刊首、创刊等。因为古代以竹简记事，而竹子本为青色，故称史籍为“青史”。宋苏轼《题永叔会老堂》云：“嘉谋定国垂青史，盛事传家有素风。”清洪昇《长生殿·传概》叹：“感金石，回天地。昭白日，垂青史。”

中国古代最早的书籍通常称为“册”和“典”，甲骨文中就有这两字的象形字。册，甲骨文字形像是用穿绳串联起来的大量竹片或木片，可以看出来是描述一部书籍的形状。参差不齐的竖笔，表示一根根的简；中间的横笔，则表示用以编缀的丝绳。连接竹简的丝绳（亦用麻绳、牛皮绳）称为编，成语“韦编三绝”，便是用牛皮绳编连竹简的明证。“典”字字形与“册”字相关，当是先有“册”再有“典”。甲骨文中，＝（册，代表权威书籍）＋（双手，表示捧着），表示双手奉持权威书籍。尽管它现今多作字典解，而在最早却表示放在桌上，即放在受尊敬的位置上的一部书籍。“册”字在甲骨文中较常见，且作用较为庄重。

目前来看，竹木作为中国古代最主要的文字载体，是汉文化圈或是中国独特的现象，这大概跟地理环境有一定的关系。其他国家也有竹木简，特别是木牍的应用，但并不普遍。竹木的优点十分明显：一是取材容易，满山遍野，价廉易得；二是整治工艺

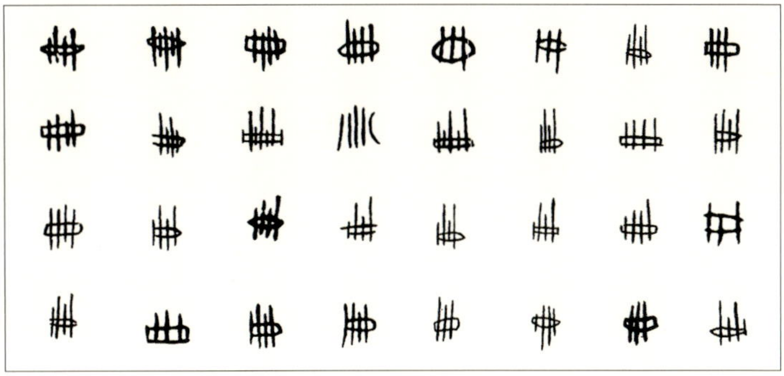

32个“册”字甲骨文

商武丁时期（前1250—前1192）龟甲，内容为贡纳主题——“册入”。这是最早的“册”字实物之一

简单，方便书写修改；三是可连缀成册，使容量加大，可书写长篇宏论，便于文化普及。

金银铜铁、陶瓷玉石，颜值高、能保值，因而常见宫藏、传家。而竹木简朴实无华，材质随处可见，几乎不见世代收藏传承，主要依靠考古发现。19世纪90年代以来，一批批蕴含着大量文化信息的竹木简重见天日，为考古界带来了翻天覆地的变化。

战国楚简

每一批战国竹简面世，就仿佛穿越时空，如同2500年前就已寄出的信件，姗姗来迟。它们带着中华民族文化基因密码，经由专家解读，一次次唤起中华民族的历史记忆。目前出土的最早简书实物为战国时期的楚简。

信阳楚简：信阳楚简于1957年出土于河南信阳长台关一号楚墓。之所以定名为楚简，是因为简上的文字是战国时期楚国流行的小篆。这批竹简共148枚，1530字，著作时间大约在战国中期。从内容来判断，这批竹简可以分为两组。首组119枚，因为出土时遭到践踏，几乎全部损毁，仅470余字残存，内容是一篇歌颂墓主生前事迹的短文。次组29枚，比较完整，但由于是单行墨书，较为模糊，可辨认957字，内容为随葬物清单。因为信阳楚简出土时间较早，因而一度被认为是唯一存世的战国时期竹简，曾有“最早的战国竹书”之称。

信阳楚简

包山楚简：包山楚简是1987年1月修建铁路时，在湖北省荆门市十里铺镇王场村包山发掘二号楚墓时发现的。共发掘出竹简448枚，有字者278枚，牍1方，12626字。其中竹简12472字，牍154字，单字达1605个，合文31个。包山楚简书写于战国中期的楚怀王十三年（前316）以前，涵盖三大类，即司法文书、卜筮记录和遣册（遣册是送葬的遣送物品的记录）。司法文书类是独立的事件或案件的记录，是各地官员向中央政府呈报的文件；卜筮类是墓主贞问吉凶祸福，请求鬼神与先人赐福、保佑，共54枚；随葬遣册类共27枚，所记均为随葬物品，包括食品与食器、青铜礼器与漆木器、车马器和兵器，以及衣物等。牍仅一件，上记葬车一辆，为他人赠送。在已知的战国简牍中，包山的这块牍是唯一明确的一件赗书（赗书是助丧的赗赠物品的记录），其余多属于遣册。

包山楚简

慈利楚简：1987年，湖南省张家界市慈利县石板村36号墓出土楚简，成为一次引人瞩目的发现。出土数量多达1000余枚，字数超过2万字。慈利简的内容则可分为两类：一类是有传世文献可资对勘的，如《国语·吴语》和《逸周书·大武》等，但残损严重；另一类是《管子》《宁越子》等书籍的佚文。慈利简中的《国语》

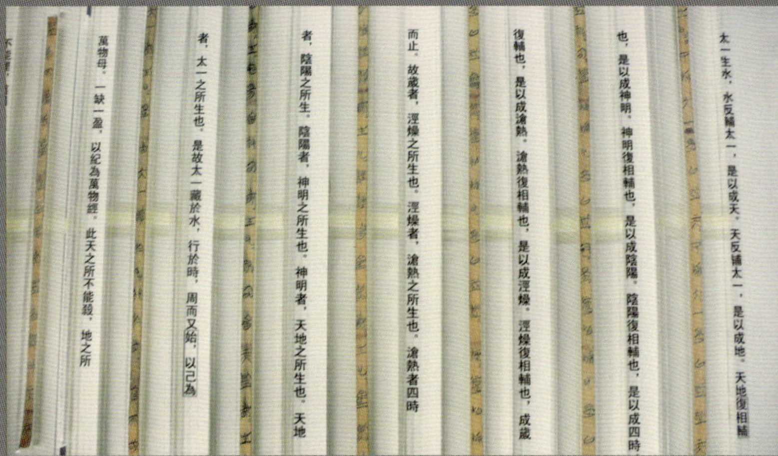

郭店楚简《太一生水》局部。摄于湖北省博物馆

抄本是目前所见最早的版本，证明了《国语》在楚地的流传。《逸周书》和《国语》的部分章节同出一墓，证明两书关系密切，或许两者原是一书，是后世学者将其分开。

郭店楚简：郭店楚简是 1993 年 10 月于湖北省荆门市沙洋县纪山镇郭店一号墓出土的竹简，共 804 枚，其中有字的竹简有 726 枚，字数有 13000 余个，全部为先秦时期的儒家和道家典籍，共 18 篇。郭店竹简甫一问世，就震动了学术界。德国汉学家瓦格纳评价说："世界上只有 1947 年埃及出土的大批基督教的佚书可与郭店楚简的出土相提并论。"瓦格纳所说基督教的佚书便是著名的《死海古卷》。哈佛大学教授杜维明说，郭店楚简出土以后整个中国哲学史、中国学术史都需要重写。为什么学者们如此推崇郭店楚简？主要有两点：一是成书早。郭店 1 号墓是一处东周时期楚国的贵族墓地。一般认为其书写年代为公元前 4 世纪中期至公元前 3 世纪初。而《死海古卷》成书时间在公元前 2 世纪到公元 1 世纪之间，比郭店楚简晚了约两个世纪。二是推动了《道德经》版本的还原。汉代以来，经学上的今古文之争，是中国学术史上的一件大事。郭店楚墓竹简本《道德经》的发现，又将《道德经》

的学术传承至少上推 100 多年。而且竹简本《道德经》保存 2000 多字，占今本的五分之二。学者们通过对比，还原了多处在传承中出现的错误和窜改。

清华竹书："清华简"是在 2008 年 7 月由校友赵伟国捐赠给母校清华大学的。"清华简"属战国中期楚墓出土文物，数量约有 2500 枚（包括少数残断简），总字数近 6 万字，以经史类典籍为主。由于其在秦代之前就被埋入地下，未受到"焚书坑儒"的冲击，所以能够最大限度地呈现先秦古籍的原貌，对于了解中华文明的初期面貌和发展脉络，研究简牍形制和古文字等方面具有重要价值。经过碳 14 年代测定，这批竹简的书写年代为公元前 305 年前后，属于战国中晚期。这批竹简形制多种多样，最长的有 46 厘米，最短的不到 10 厘米。较长的简都是三道编绳，除编绳痕迹清晰可见之外，还能看见为固定编绳用刀劈开的切口。历史学家、清华

清华简《筮法》保存良好，简长 35 厘米，共 63 支。每支简尾正面有次序编号，简上的文字是分栏书写的，还插有图形。整篇看来很像是一幅帛书

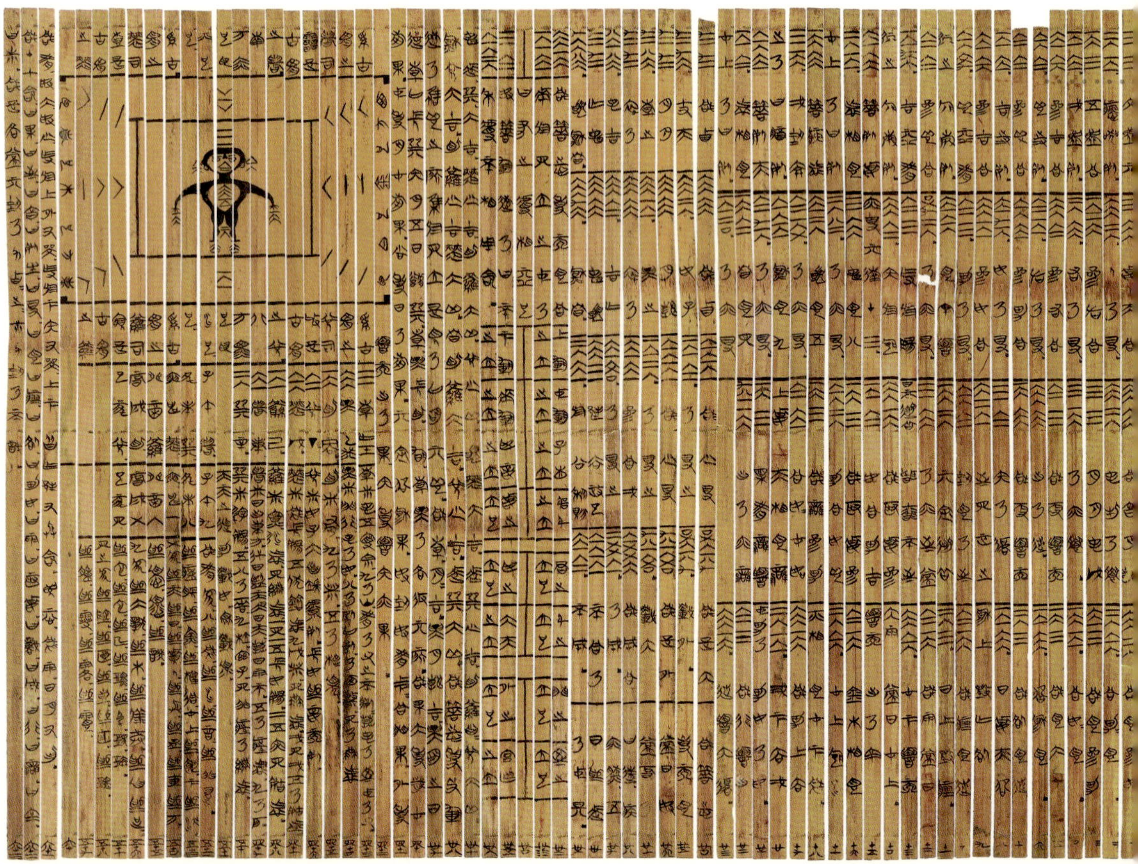

大学出土文献研究与保护中心原主任李学勤说："这批竹简就像是一位新出土的历史学家，它是迄今为止发现的中国最早的书。""清华简"所记历史上起西周初，下至战国前期，与传世文献《春秋经传》《史记》等对比，有许多新的内涵。

上海博物馆1994年从香港分两批购藏了约1700支战国楚简，包括最早的《易经》、字书、战国佚书《孔子论诗》《恒先》等。2002年年底，湖北枣阳九连墩2号墓出土1300余枚竹简。有趣的是，这批竹简竟然没有只字片语，而竹简背面有精美的漆绘图案。考古人员研究后认为，它们有可能是装帧精美的待用简册。

可以肯定的是，战国楚简还将继续不断出土，然后被学者缓缓揭开神秘面纱。

不过，有一个问题一直困扰着学界：在全国经过考古发掘出土的战国时期的简册当中，为何几乎只有楚简呢？

秦书秦简

已经出土的秦简包括云梦秦简1155枚，天水秦简460枚，龙岗秦简283枚、木牍1方，杨家山秦简75枚，关沮秦汉简500枚，王家台秦简800余枚，周家台秦简389枚、木牍1方，青川秦牍1方等。秦简的发现对于研究秦的历史有着无法替代的重要作用，特别是对秦法律的研究尤其重要。

云梦秦简：2017年年底，在中央电视台的《国家宝藏》节目中，湖北省博物馆推出的3件珍贵文物之一便是"云梦睡虎地秦简"。节目通过一位叫"喜"的小人物，让全国观众了解了这批竹简宝藏。

喜是秦国的一个普普通通的基层官吏，他恰好身处秦始皇统一中国历史进程中的那几十年里。正是因为喜兢兢业业，今天的人们才能从中窥见大秦帝国的冰山一角。这批竹简是他生前抄录的各类法律文书。与其他竹简的发现不同，其他竹简大多是在棺室的头厢或者边厢里被发现的，而云梦秦简是在棺内被发现的。古人对陪葬品是很重视的，寄托了墓主的喜好、希望及未完成的心愿。可是喜的墓葬中没有什么值钱的陪葬品，全是竹简——在枕头底下，在左侧，在腹部，在脚跟。这该是一个多么热爱自己工作的官员！喜是一个小人物，只是大秦帝国的一颗“小螺丝钉”，但他对书籍的热爱，被历史铭记。

这批秦简于 1975 年 12 月出土于湖北省云梦县睡虎地墓。简文篆隶混杂，运笔构形犹带篆意，但字形已转为方扁，用笔有波势倾向，可以清晰地看到篆书向隶书演变的情况。其中的《编年记》逐年记录了从秦昭襄王元年（前 306）至秦始皇三十年（前 217）的秦国军政大事。《编年记》还记录有喜的个人经历：他生于秦昭襄王四十五年（前 262）；秦王嬴政元年（前 246），17 岁的喜上报户籍，开始服徭役；19 岁为吏；20 岁起为安陆等县御史、令史，职掌文书、法令工作；28 岁改任鄢地狱吏；29 岁时从军；31 岁驻平阳，参加过秦始皇统一六国的战争；46 岁卒。

里耶秦简：2002 年夏天，湖南湘西龙山县里耶镇的一口古井里出土了 37000 余枚秦简，计 20 余万字。这批埋藏了 2200 多年的秦代简牍，数量竟然比 20 世纪发现的秦代简牍总和还要多。

里耶秦简复活了秦代的历史。这批秦代简牍记事详细，内容

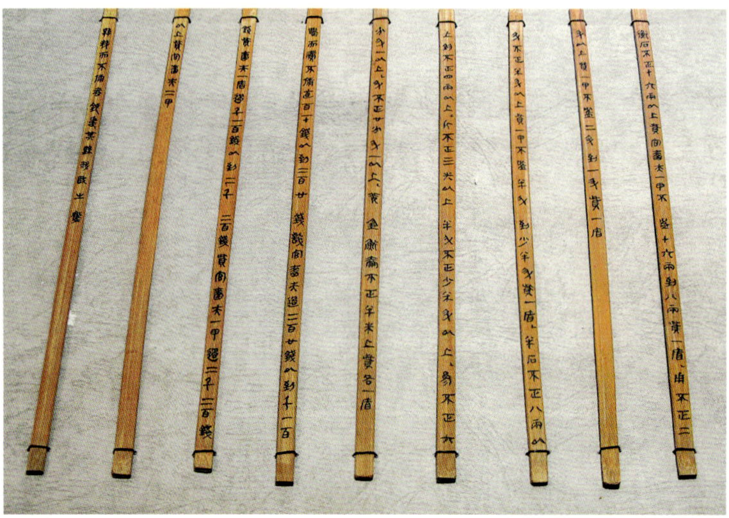

云梦睡虎地秦简

涉及当时的政治、军事、经济、行政、法律、典章、制度、历法、民族、邮政、贸易、祭祀、教育等方方面面，时间从秦王嬴政二十六年（前221）到秦二世元年（前209），一年都不缺。大到跨区的人员物资调配，小到祭祀活动结束后祭品的分配和人们一天的粮食用量，都有详细记载。还记有处理事务的官吏和经办人员的姓名，以及事情发生的具体时间，其中大部分内容是历史文献中不曾有过的。有一枚简牍记载了当时迁陵县武器库里的库存——迁陵县武器库内弩的存量，特别是对发往益阳、沅陵的弩箭的数量和库存的余量登记得非常详细。一枚简牍上记载着当时迁陵守丞向上级请示买的奴隶的数目是否合乎法律。这段文字说明在秦始皇统一六国后，迁陵仍有买卖奴隶的活动。简牍上多次提到的地名有迁陵、洞庭郡、临沅、弋阳、酉阳、沅陵、益阳、阳陵等数十处，职官有司空、司马丞、守丞、令守等。简牍以百科全书般的日志式实录形式，反映了秦王朝社会各个领域的状况，犹如一幅展现秦代市井社会全貌的图卷。

在这3万多枚秦简中，有一枚完整的乘法口诀表。与今天乘法口诀表不同的是，它不是从“一一得一”开始，而是从“九九八十一”起头，到“二半而一”结束。口诀表里还涵盖了分数运算。

里耶秦简改写了世界数学发展史，证明中国发明乘法口诀表比西方早了600余年，再次印证了中华文明的灿烂辉煌。

里耶秦简大部分用古隶写就，字迹工整，运笔流畅，字体繁简有别，姿态各异，而且几乎全用中锋，笔画遒劲，意境酣畅淋漓，特别是撇、捺、竖、点等笔画十分漂亮。

里耶秦简的出土，成为继兵马俑后秦代考古又一惊世发现。

汉代宝简

1906年，匈牙利人斯坦因在新疆民丰县北部的尼雅遗址发现了少量汉简。次年，他又在甘肃敦煌一带的几处汉代边塞遗址发现了 700 多枚汉简。这是近代初次大规模出土汉简。此后的 100 年间，甘肃、内蒙古、新疆、湖南、湖北、河北、广西、安徽、青海、江苏等地都陆续有新的汉简出土。目前已经出土的汉简众多，包括敦煌汉简 708 枚，居延汉简 3500 余枚，罗布淖尔汉简 71 枚，武威汉简 600 余枚，甘谷汉简 23 枚，银雀山汉简 4974 枚，武威医简 78 枚、木牍 14 方，马王堆汉简 900 余枚、木牍 49 方，定县汉简一批，凤凰山汉简 428 枚、木牍 9 方，居延新简近 2 万枚，罗泊湾汉简 10 余枚、木牍 5 枚，阜阳汉简一批，大通汉简 400 枚，张家山汉简 2787 枚，胥浦汉简 17 枚、木牍 2 方，清水沟汉简 27 枚、散简 14 枚，悬泉置汉简 35000 余枚，尹湾汉简 133 枚、木牍 24 方，虎溪山汉简 1000 余枚，孔家坡汉简 785 枚，老官山医学汉简 920 枚，随州曾都汉简 565 枚，等等。其中出土数量较大、影响深远的有悬泉置汉简、居延汉简和银雀山汉简。

悬泉置简：20 世纪 90 年代初，人们在甘肃河西走廊的敦煌发现了迄今为止保存最为完整、规模最大、时代最早的邮驿机构的遗址——悬泉置遗址。悬泉置出土的汉简数量惊人，共计 3 万多枚。其内容非常丰富，有诏书、司法律令、官府文书、驿置簿籍、文化科技及其他杂事诸类。悬泉置简以木简为主，竹简极少。

这批汉简最初竟然是古代茅厕中使用的净身竹木片，令人啼笑皆非。悬泉置简显示，驿站曾经接待来自精绝国国王等客人共 470 人，而据《汉书·西域传》记载，精绝国总人口只有 3360 人。还曾有鄯善国国王副使和山国国王副使未受邀请，自行前来敦煌郡向汉朝皇帝呈献贡物。两国副使从正月住到六月，整整待了半年方才西去。从具体人数到日期，记载的详尽程度可见一斑。

悬泉置简中还涉及自然生态保护的禁令，比如春季禁止伐木、禁止猎杀幼小的动物、禁止捕射鸟类、禁止大兴土木等，夏季则禁止焚烧山林等，秋季规定禁止开采金石银矿等，冬季禁止掘地三尺做土活等。

其中还记载了一些有趣的历史。简上说，有些西域使者是假扮的，其实他们的真实身份是商人。这些商人曾在与汉朝的骆驼贸易上产生过一些小纠纷。《康居王使者册》木简就记载了西域使者上书朝廷，状告敦煌地方官员，诉说地方官员评价登记贡物时，故意压低价值，将白色骆驼说成是黄色的，肥的骆驼说成是瘦的。

悬泉置简弥补了史书中关于汉朝与西域诸国的关系记载的不足，比如其中记录了“日逐王降汉”这个重大历史事件中史书不曾记载的诸多细节。简书记载当时由朝廷发布文书，派人专程到敦煌、酒泉迎接匈奴日逐王。就连日逐王路过敦煌时，敦煌地方当局派出多少人送迎，吃过几顿饭，甚至从敦煌到冥安的路上累死一匹马的事也有提及。“日逐王降汉”是汉朝经营西域的重大历史事件，其后的连锁反应就是西域都护的设置，“僮仆都尉由此罢，匈奴益弱，不得近西域”，从而结束了匈奴对西域100多年的统治，改变了西域的历史走向，成为影响中国和世界的标志性事件。这些汉简的内容还说明，西域都护府建立以后，汉朝与西域已完全形成一个统一整体。

由于遗址的位置及其曾在丝绸之路的交通要道上发挥过重要作用，也由于出土物的丰富，尤其是汉简的大量出土，对当代重新认识丝绸之路和欧亚大陆具有重要意义。悬泉置遗址于2014年6月22日被联合国教科文组织评为“世界文化遗产”。

居延汉简：20世纪30年代初，由中国、瑞典、德国、丹麦等国人员组成的西北科学考察团，在内蒙古阿拉善盟额济纳旗达来呼布镇南24千米处的汉代居延都尉西部烽燧线甲渠候官遗址发掘出汉代木简。

古代匈奴曾经有一个叫作“驹衍”的部落在此游牧，因而得名。“驹衍”，即气候温暖、水草丰美之意。居延隶属河西四郡的张掖郡，汉代不仅在此设置了居延县，还修筑了障塞烽隧，设居延都尉和肩水都尉屯兵驻守。这些汉简就是当时管理和驻守此地留下的历史档案。

居延汉简由新简和旧简两部分组成，20世纪30年代出土的称旧简，20世纪70年代出土的称新简。旧简新简共有3万多枚，大多发掘于内蒙古汉代居延都尉甲渠候官遗址和甘肃省金塔县肩

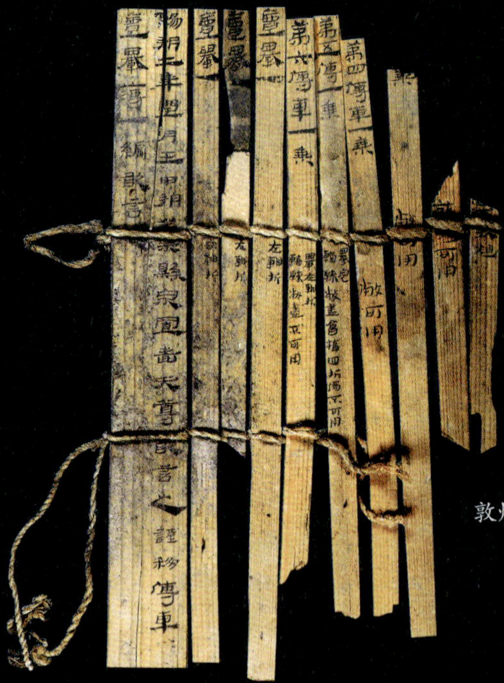

敦煌汉代竹简

内蒙古额济纳旗甲渠候官遗址出土
的东汉《侯粟君所责寇恩事》册

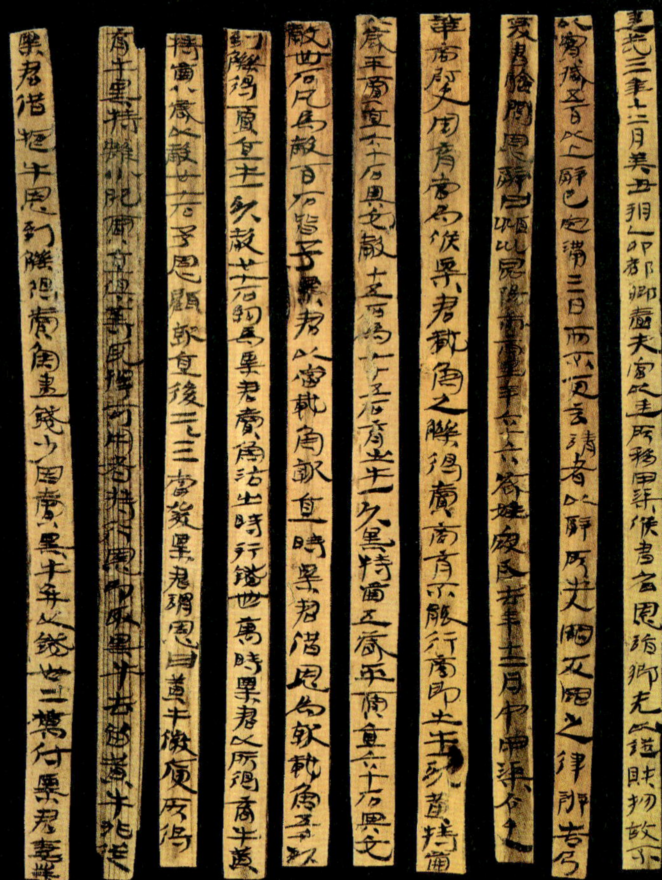

水金关、大湾城等汉代烽燧遗址。

居延汉简内容十分广泛，涉及汉代的政治、军事、经济、文化、科技、法律、哲学、宗教、民族等诸多领域。不仅记录了居延地区的屯戍活动，而且还保存了一批从西汉中期到东汉初年的官方文书，这些都是研究汉代历史的珍贵文献资料。其中居延历谱可谓中国最古老的日历之一；居延医简表明，汉代居延地区中医中药已得到普遍应用；简书中记载的武器名目繁多，最常见者为弩；简书详细记载了发现敌情时长城要塞烽火台的作用；简书中占有较大比例的是关于农垦屯田的记载。人们还可以从居延汉简中了解汉代的养老制度、抚恤制度、吏制等。

居延汉简和殷墟甲骨文、敦煌遗书、故宫内阁大库档案，并列为“20 世纪中国文化史上的四大发现”。

银雀山简：山东省东南部的临沂市历史悠久，文化灿烂。市区东南有两座山冈，名为金雀山和银雀山。自 1970 年以来，这两座山中先后发掘墓葬百余座，出土了大批珍贵文物。1972 年 4 月，考古人员在银雀山西汉 1 号墓中发掘出土了《孙子兵法》和《孙膑兵法》竹简书等一批先秦古籍，震动国内外，这被誉为中国当代十大考古发现之一。

秦始皇焚书，使得大量先秦文献被付之一炬，后人只能不断寻求散落在民间的文献。《孙膑兵法》在其他文献中都有相关介绍，可是却一直没有找到原文。《孙膑兵法》的失传，致使孙武与孙膑、《孙子兵法》与《孙膑兵法》的关系混淆不清。后人或说《孙子兵法》源出孙武，完成于后世；或说《孙子兵法》是孙武和孙膑两人所作；还有人认为孙武即孙膑，孙武、孙膑是一个人。直到 2000 多年后银雀山汉墓的发掘，人们方有幸看到这部著作。《孙子兵法》和《孙膑兵法》同墓出土，失传了近 2000 年的《孙膑兵法》重见天日，解决了历史上关于孙武与孙膑其人其书的千古论争，证实了孙武仕于吴，孙膑仕于齐。两人分别是春秋和战国人，孙膑乃孙武之后世子孙，二人各有兵法传世。

《孙子兵法》大约成书于春秋末年，作者为春秋时期军事家孙武。该书自问世以来，对中国古代军事学的发展产生了巨大而深远的影响，被人们尊奉为“兵经”“百世谈兵之祖”。历代兵学家、军事家无不从中汲取养料，用于指导战争实践和发展军事理论。三国时著名的政治家、军事家曹操第一个为《孙子兵法》作了系统的注解，为后人研究运用《孙子兵法》打开了方便之门。《孙子兵法》不仅是中国的谋略宝库，在世界上也久负盛名。它 8 世纪传入日本，18 世纪传入欧洲。现今已翻译成 29 种文字，在世界上广为流传。英国著名军事理论家利德尔曾向人透露，他的军事著作中所阐述的观点，其实在 2500 年前的《孙子兵法》中就可以找到。

银雀山汉墓出土的竹书《孙子兵法》为迄今最早的传世本，最真实地再现了作者的思想。后代传下的版本有多处改动，未能体现原貌，多有后人附会，因此此次发现具有重要的历史意义。

银雀山汉墓出土了大量的军事竹书，除了大名鼎鼎的《孙子兵法》《孙膑兵法》外，有《为国之过》《务过》《分土》《三乱三危》《地典》《善者》《五名五恭》《起师》《奇正》《将义》《六韬》《尉缭子》《守法守令》等篇，还有《将败》《将失》《十问》《略甲》《兵之恒失》《观法》《程兵》《将德》《将过》《曲将之法》《雄牝城》《五度九夺》《积疏》《选卒》《十阵》等篇。银雀山汉简可以说就是一个“古代军事文献博物馆”。

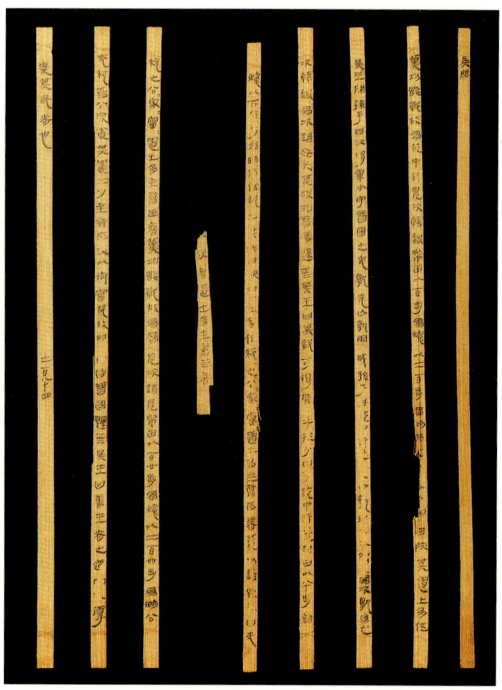

银雀山汉简《孙子兵法》

是谁拥有如此多的汉简，并将它们藏进了墓中呢？遗憾的是，银雀山汉墓墓主的身份至今仍是未解之谜。他为什么藏下一大批并不容易存放的竹简，而且使其能千年不朽？有人说，墓主肯定是个将军，因为墓中几乎全是兵书。也有人认为墓主可能只是个普通人而已。墓地出土的文物除了一批珍贵的古书外，并没有多少金银财宝，也看不到作为将军应有的富丽奢侈的随葬品，而且连兵器等也没有发现。因而还有人猜测，墓主是个藏书家。从汉简上书写的字体可以推断，藏书时间可能是汉初，或者说是秦末也未尝不可。这个时期社会动乱，民生凋零，几乎没有人会去特意藏书。从随葬品看，墓主又没有什么显赫的身份，与大批藏书不符。

1989 年，中国第一座竹简博物馆——银雀山汉墓竹简博物馆在银雀山西南麓建成。博物馆和馆内的竹简古书一起成为全国公共文化服务体系中的一部分，人们可以亲自前往一睹历经 2000 余年时光沉淀的国宝，通过它们与孙武、孙膑对话。纵然人们尚不知道保存这份珍贵材料的先人是谁，但也应当感恩，感谢他的遗赠。

2012 年，银雀山汉简《孙子兵法》入选《国家人文历史》杂志评选的“九大镇国之宝”中国文物。

海昏侯汉简：自 2011 年起，江西南昌海昏侯墓开始考古发掘，引发国人注目。2015 年 11 月 14 日上午 9 时，海昏侯墓主椁室开棺发掘工作由中央电视台与江西广播电视台联合现场直播，成为文博考古界的一大盛事。

海昏侯墓主人是曾经当过 27 天皇帝的汉废帝刘贺。墓中出土了 1 万多件（套）珍贵文物，其中的金银玉器价值连城。但正所谓“文章千古事”，海昏侯墓中还出土了让学术界、考古界为之雀跃的 5000 余枚竹简。这批竹简是江西考古史上的首次发现，也是中国汉代考古极其重要的大发现。它们被列为 2017 年 5 项刷新华夏文明史的考古新成果之一。海昏侯汉简长 23—27 厘米，宽不到 1 厘米，大部分出土的竹简当时存放在主墓室的西藏阁文书档案库中。其中发现了失传 1800 年之久的《齐论》竹简。以往学术界普遍认为《论语》最初有 3 个版本——《古论》《鲁论》《齐论》。长期以来，人们看到的《论语》是《古论》和《鲁论》形成的版本，

海昏侯墓出土木牍

而《齐论》多出了的《知道》《问王》两篇在汉魏时期就失传了。海昏侯墓《齐论》的出土对深入研究西汉时期的思想发展史以及古代儒家学说的演进意义非凡。

除了《齐论》之外，海昏侯墓还发现了《周易》《礼记》《孝经》和医书、方术、棋谱等。考古人员已完成海昏侯简牍清理和红外扫描工作，简牍文字释读和研究将持续很长的时间。

魏晋遗简

三国两晋的竹书基本属于简牍典籍之绝唱，特别是晋代出土的竹简非常少。目前已出土的三国两晋简包括尼雅、楼兰简牍400余枚，吐鲁番阿斯塔那晋木简1枚，南昌永外正街晋墓木简5

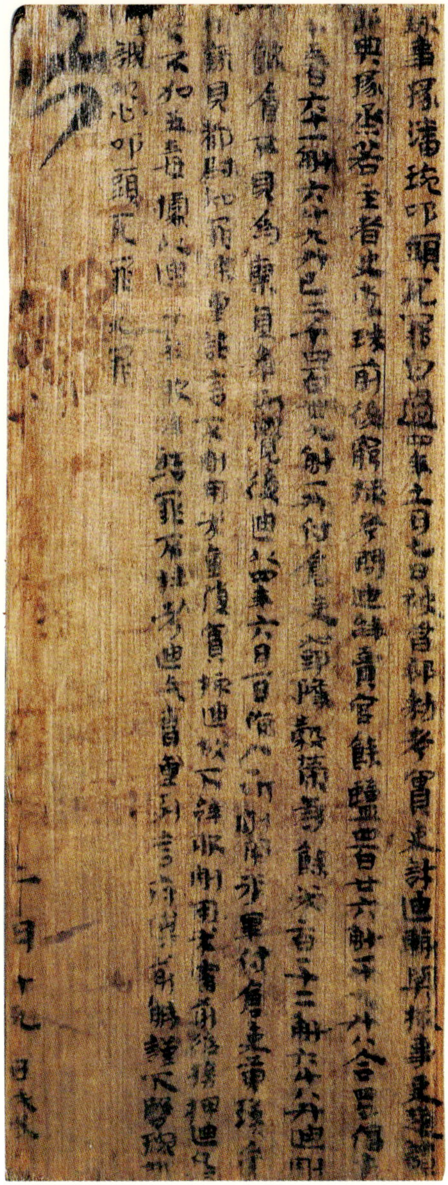

长沙走马楼出土的《录事掾潘琬》木牍书，今天的人们阅读起来毫无障碍

枚、木牍 1 方，南昌阳明路三国吴墓出简 21 枚、木牍 2 方，鄂城三国吴木简 6 枚，马鞍山三国木简 14 枚、木简 3 枚，武威旱滩坡东晋木牍 5 方，高台晋墓木牍 1 方，长沙走马楼三国吴简 10 万余枚等。

走马楼简：1996 年，长沙市中心的一处建筑工地出土了 10 万余枚三国孙吴纪年简牍，震惊了整个考古界。这一重大考古发现被评为 1996 年度“全国十大考古新发现”和“20 世纪百项考古发现”之一。随后，这里建立了一座简牍专题博物馆——长沙简牍博物馆。

走马楼三国吴简是目前研究三国史，尤其是孙吴历史最重要的出土文献：第一，它弥补了三国时期文献史料之不足。三国时期魏、蜀、吴的出土文献资料寥寥无几，长沙走马楼三国吴简是三国吴长沙郡及所属县（侯国）的文书档案，且数量巨大，内容丰富，犹如打开了一座官方文书档案宝库，为正史的完备提供了真实可靠的第一手史料，对相对贫乏的三国史料给予了极大的补充。第二，它为研究三国吴的社会经济提供了丰富的资料。走马楼吴简中经济、司法类文书占了相当大的比例，因而具有极高的文献价值，为研究孙权时代吴国社会经济提供了丰富的资料。第三，它对三国时长沙州郡所辖地域的历史沿革研究提供了一些新线索。第四，它对研究中国古代简牍制度，特别是研究纸张发明后，简牍消亡前夕的简册制度具有特殊意义。

例如一枚长 25 厘米、宽 9.6 厘米、厚 0.6—0.9 厘米的普通木牍，被称为《录事掾潘琬》

文书木牍，也称《许迪案》木牍，讲述了1700多年前一件小型贪腐案。木牍记载了军事重镇淕口（今湖北嘉鱼县陆溪镇）的一名仓吏许迪盗用了官府的112斛6斗8升盐米的案件。事情被揭发之后，他将盗用的盐米亏空填补上了，想矢口否认。案件经过潘琬等人的反复调查，最终上呈到了州郡，才最终定案：许迪贪赃罪名成立，被处死刑，妻、弟也受到牵连，被贬为官府的奴仆。木牍左上角有一个较粗的草书“若”字，就是潘琬的上级官员长沙太守的批复，意思就是“好”。因而这片木牍也被叫作“若字牍”。

汉字延绵，木书仍在，抚今追昔，1700年前一字太守今天余威犹存。

郴州晋简：从蔡伦造纸的东汉105年算起，到西晋初年的3世纪末，纸张渐渐普及，简牍缓缓退出历史舞台。所以出土的晋简很少，少得令人叹惜，但是先人们于有意无意之间，偶尔透露出一些信息，让后人能串联竹木简牍的发展历程，使得中华文明绵延5000年，中间没有空白，没有断裂，没有缺憾。

2003年年底，湖南郴州苏仙桥下有一次重大考古发现，在两口古井中出土了千余枚古代简牍。它们书写于西晋惠帝永平元年（291）至西晋怀帝永嘉元年（307）之间，共计1049枚（包括残简），绝大多数是用杉木制作的。

这批晋代简牍不仅数量最多，而且内容最丰富，包括自然、经济、社会各个方面，俨然一部西晋桂阳郡（治所在今湖南郴州）山川道里、土田物产的专属地理志。例如其中一片长约24厘米、宽约4厘米的木简叫《便令谈隆》：“治便城周匝一里十五步，高一丈五尺在郡北去郡……领员吏一百六十一人，卒十三人。”介绍了当时便城（今湖南省永兴县）的情况。还有许多简牍叙述了桂阳郡的行政体制、乡风民俗，甚至细致到了记录着相当于现今乡镇一级的行政单位的官吏姓名。这些薄薄的竹木书，记录了晋人的生活，承载着厚重的历史，是古代简牍书籍的绝唱，是今天珍贵的宝笈善本。

随着社会的发展进步，文化的日渐繁荣，竹简零落迟暮，纸

晋宁令周系

治晋宁城週帀一里二百卌步高一丈五尺在郡东去郡一百卌里去江州一千七百卌里去京城三千七百里领员吏一百廿五人卒十二人

便令谈隆

治便城週匝一里十五步高一丈五尺在郡北去郡一百廿里北去江州一千四百八十里去京城三千五百一十里领员吏一百六十一人卒十三人

郴州晋简《便令谈隆》

张应运而生。蔡伦发明造纸术成功并获得推广之后，纸逐渐成为书籍的重要材料。不过，竹木简牍还是惯性地坚持了二三百年。直到 404 年，代晋自立的桓玄顺应时代潮流，下令淘汰竹帛，以纸代简，简册才卸下肩负了 2000 多年传承中华文化的历史重任，徐徐而逝。

从此，纸书便纵横驰骋、近传远播、一统天下。

第六节　故纸残片

回看历史，作为书籍的载体，简牍有不少缺点。竹木简面积小，容量有限，一篇文章就需要许多片，携带很不方便。《庄子·列御寇》说“惠施多方，其书五车”，因而后人形容人的知识广博，用“学富五车”“车载斗量”来称誉。秦始皇每日批阅奏章“以衡石量书”。秦代的1石大约相当于现代的30千克。西汉名臣东方朔上书武帝，用竹简3000多片，由两人抬着入宫。竹简的缺点可见一斑。

与竹简相比，缣帛长短随意，舒卷自如，便于携带，但其价格昂贵，非一般人所能承受。到底有多贵呢？汉代一匹绢帛长约10米，宽不及1米。据资料推算，汉代一匹粗缣值600余钱，一匹白素值800余钱。折合当时米价，一匹帛相当于六石大米的价格。这就决定了帛不可能广泛应用于一般的图书制作，普通民众更是高攀不上。

2000多年前，强大的汉王朝必定要发展出繁荣昌盛的文化。竹木和缣帛已经无法满足日益增长的文字记录、传播需求。于是，造纸术应运而生。纸张代替简帛成为书籍制作的主要材料是书籍史上的一次革命，使得人类拥有了一种可以方便地存储记忆和经验的工具，极大地推进了人类文明的进程。

纸之源流

纸的现代定义是供写字、绘画、印刷、包装等用途的片状的东西。众所周知，东汉的蔡伦是造纸术的发明人。不过，近代考古发现，西汉时期就有了纸。这一定程度上给人们带来困惑，甚至开始修改教材，仿佛 2000 年来传颂的蔡伦造纸被推翻了。那么，纸究竟起源于何时，经历了怎样的历程呢？

先别着急否定蔡伦。蔡伦造纸不是现代人说的，而是自古就有的说法。古到什么时候呢？最早的文献来自《东观汉记》，这是一部由班固、刘珍等人执笔编写的国史。其中《蔡伦传》是崔寔等人奉桓帝之命在 151 年补写的，作者跟蔡伦是同时代的人。蔡伦的事迹自东汉起便代代流传。除了官方正史，东汉民间也有记载，如东汉末董巴《大汉舆服志》里说："东京有蔡侯纸，即伦也。用故麻名麻纸，木皮名榖纸，用故渔网作纸名网纸也。"博士张揖在三国魏太和六年（232）完成的《古今字诂》中说："纸，今帋也，其字从巾。古之素帛，依书长短，随事截绢，枚数重沓，即名幡纸，字从纟，此形声也。后汉和帝元兴中，中常侍蔡伦以故布捣剉作帋，故字从巾，是其音虽同，糸、巾为殊，不得言古纸为今帋。"这段话详尽地道出了蔡伦造纸的史实。

所以说，西汉的确有"纸"，但彼纸非此纸。东汉蔡伦造"帋"。而后"纸""帋"通用，"帋"最终成了"纸"。

上文已述，先秦时期帛书就在中国上层社会广泛应用，"纸"字出现在东汉之前。金文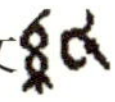=（纟，丝）+（氏，底部），表示沉底的杂丝。造字本义：漂洗丝线时沉落在池底竹筛上的一层杂丝、粗绢，古人用作书写作画的材料。丝纸也叫幡纸，价格低于缣帛，但依然属于奢侈品。不过纸的制作方法并不专属上层社会，同样的方法也应用于民间。于是，上层社会有上层社会的丝纸，民间的麻絮、麻苫同样也能制成纸。蔡伦与许慎是同龄人，相差不过三五岁。《说文解字》是东汉建光元年（121）写成的，书中对"纸"字的解释为"纸，絮一苫也。从糸，氏声"。在古代，丝和麻都是织物原料，因此在蔡伦发明蔡侯纸之前，"纸"字既指丝絮纸，也指麻絮纸。总之，东汉以前的"纸"，指没有经过织造的丝织物废料制成的原始纸，故而，今天确有西汉纸出土。

考古学家黄文弼于 1933 年在新疆罗布淖尔汉代烽燧遗址中发现了西汉麻纸。不过，该纸尚未经过科学鉴定便毁于 1937 年的战火之中。1957年，陕西省西安市市郊灞桥的一座西汉古墓中出土了三面铜镜，与三面铜镜一起出土的是一些棕黄色的絮状物，最大的长宽不足10厘米，多数为长宽2—3厘米的薄碎片，经断代为公元前140—前87年西汉武帝时的纸，称为“灞桥纸”，被认为是世界上最早的纸。1973年和1974年，又有两片西汉纸在甘肃居延汉代遗址中被发现，断代为汉宣帝时期，称为“金关纸”。到了1986年，考古工作者又在甘肃天水发现了一张西汉天水地区的纸质地图。残纸长5.6厘米，宽2.6厘米，纸面光滑平整。从1990年到1991年，考古工作者又在甘肃敦煌悬泉置遗址中发现了24片汉代麻纸，其中4片书写有字，与1500多件有确切纪年的简牍同时被发现，其年代当是西汉宣帝到哀帝时期。这说明西汉不仅有纸，而且已开始用纸来书写。

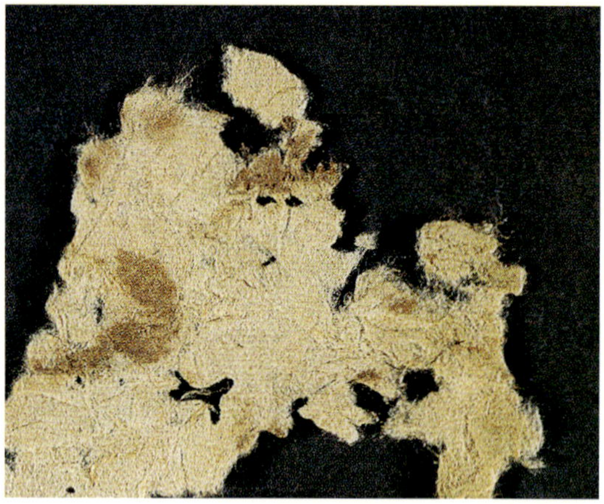

金关纸残片

通过以上的梳理，已经清晰地展示了书写材料从先秦到西汉的演进历程。西汉时期，书写材料主要还是竹木简，辅之以帛，同时从丝帛下移至麻布，比帛的制造方法简单、略微廉价的纸已经开始出现。

拨开历史的迷雾，这些社会进步的过程，清晰而自然。

蔡伦造帋

蔡伦和他的伟大发明，影响了人类文明的进程。

“自古书契多编以竹简，其用缣帛者谓之为纸。缣贵而简重，并不便于人，伦乃造意，用树肤、麻头及敝布、渔网以为纸。元兴元年奏上之，帝善其能，自是莫不从用焉，故天下咸称‘蔡侯纸’。”5世纪范晔的《后汉书·蔡伦传》中这一段精辟的描述，记录了这一伟大的发明。

发明都是具有时代和技艺基础的，纸的发明也不例外。在西汉时期，原始形态的纸已经出现，但还是一项没有规范、产品不成体系、质量不够稳定、应用范围很小的工艺。横亘在伟大发明之前最重要的瓶颈，是原材料为丝和麻，本来就是绸缎和麻布的原料，在古代社会是奢侈品，也是生活必需物资，产品并不过剩，几乎可以说是稀缺资源，不存在推广为书写材料的基础。如果说，要用织麻布的原料，用比织布更为复杂的工艺制造纸张用于书写，在当年，一定会被认为脑子里进水，沦为笑话。试想，比丝绸还贵、比麻布还高档的纸，会有怎样的市场前景？怎会有人颂扬？

当时，身为宦官的蔡伦担任尚方令，主管宫内御用器物和宫廷御用手工作坊，是掌握资源又富有创新精神的人。当时，临朝摄政的邓太后为了普及知识，组织了一批博学鸿儒重新校订经书，然后抄写成副本，颁发到全国各地。这一举措就需要大量的书写载体。用丝帛来书写，哪怕是不经编织的丝纸，也过于昂贵；用原始的麻布或者麻纸来书写，一定不适合在皇亲国戚圈子里使用，更不用说进呈给皇帝批阅。

要取代竹木简、帛、麻等现有的书写材料，首先必须从原料改进下手，用广泛可取之材，用廉价、可持续之材，制造出与丝帛品质相似的纸张。经过反复试验，蔡伦发现了其中的奥秘。其实树皮、麻头、破布、旧渔网等或廉价或随处可见的材料均能造纸。而且，只要工艺得当，用这些低廉的材料就能做出规格一致、

传统中国纸常用植物的标本：1. 青檀树叶；2. 楮树叶；3. 竹叶；4. 雌构树叶；5. 雄构树叶

品质不凡的书写用纸。他研发出一套完整的工艺流程：先把原料洗涤、浸泡、切碎，用草木灰水蒸煮，经过清水漂洗，去掉杂质，再由石臼捣碎，配成浆液，放在槽里，用抄帘工具将浆液打捞，滤去水分，晾干压平，帋就制成了。原料和工艺过程都证明，此帋非彼纸，以前粗绢也好，粗麻也好，与蔡侯帋完全不同——这是一种从材料至工艺流程的全新革命。从此造纸术开始推广至全国，因他后来被封为龙亭侯，所以由他监制的帋被称为“蔡侯帋”。

丝纸蔡帋

今天，好多中国人都不曾用过这个汉字——“帋”，它成了一个生僻字，等于是被“纸”字合并了。实际上，这个字正是因蔡伦而生的专用字，特指蔡侯之植物（破麻布、不值钱的“巾”）纤维纸。当时造字本义是为了与前世的“纸”字相区别，可以说是时代的产物和蔡伦伟大发明的见证。前文范晔《后汉书·蔡伦传》的那段记载中，有 3 个“纸”字，事实上，这 3 个“纸”字从造字的角度是能够区别的。第一个“用缣帛者谓之为纸”之纸确为古“纸”，第二个和第三个都应是“帋”，均指“蔡侯帋”。

张揖《古今字诂》成书于 232 年，距蔡伦献纸和帝仅晚了 127 年，正是蔡伦造纸从皇家至民间，互传互鉴，不断推广，创造出“帋”字，而后“帋”“纸”并用，混淆不堪的这一段时间。张揖所处的时代特别需要将两个字有所区分，所以他将“帋”字编入书内，并做详细客观的阐释，强调“不得言古纸即今帋”。但随着蔡伦帋的普及、工艺的推广，渐渐地，没有人再使用那种最初的纸，于是“帋”与“纸”便傻傻分不清楚了。经过岁月的洗礼，原始纸无影无踪，“纸”和“帋”合并成了一个字，再没有人会去区分它们。本书也一样，以“纸”代“帋”了。久而久之，蔡侯帋反倒被质疑了。

自文字产生以来，人类就一直在寻找轻便易得、能大量生产的廉价书写材料。人们使用过泥版、石版书写，也曾用羊皮、丝绸记事，还有在木版上涂蜡，然后用针刻蜡记事。古埃及人用莎

世界现存最早的莎草纸，埃及出土，距今4500余年

公元前13世纪古埃及《死者之书》，莎草纸写绘本

英国上议院档案库里的羊皮纸羊皮卷法案。按照英国的古老传统，所有保存在上议院的法令和令状，都是印刷在羊皮纸上的，确切地说，是印刷在小山羊皮制造的皮纸上的

草片编排后经重压而成的莎草纸，是当时最好的也是最先进的书写材料。而南亚印度人用贝多罗树叶写字，较之用树皮、竹简、木牍写字轻便得多。但所有这些书写材料，不是非常笨重、易碎、易溶，就是价格昂贵，一般人用不起。再就是难得，不能大量生产，使用保管都极不方便，使文明的进程受到制约。只有蔡伦发明的纸，克服了所有书写材料的缺点，是最轻便、廉价易得、能批量制造的文字载体。

发明并不是说不需要任何基础，如果没有竹帛，没有西汉麻纸，那么蔡伦很难发明蔡侯纸。一项发明是否伟大，并不取决于发明本身是不是没有借鉴和参考。蔡伦的伟大在于他的发明攻克了批量生产和廉价供应这两个历史难题。而解决这两大难题，一是依赖于蔡伦对于造纸原材料的一系列重大发现，二是依赖于工艺技术创新。因此，蔡侯纸是1900多年来流传至今，与现代造纸技术原理相通的，真正意义上的纸张。蔡伦的发明是对于整个人类文化传播有着特殊贡献的发明。

蔡伦的功绩在于，自他之后，纸张成为可持续生产，可批量制造，可贵可廉，适用于书写、拓印和印刷的产品。纸的出现，使得记录知识、传播知识的工具实现了根本性的变革，对图书出版事业的发展和社会的进步起了巨大的推动作用。

历代纸艺

魏晋南北朝时期：蔡伦以后，人们又不断将他的方法加以改进。蔡伦去世约80年之后，山东东莱（今莱州）人左伯又对造纸方法做了改进，进一步提高了纸张质量，成为名垂青史的造纸能手。他所造的纸细腻柔软，色泽光亮，世称“左伯纸”。

在魏晋南北朝时期，纸张的产量、质量和加工等方面都有提高。原料范围不断扩大，造纸设备不断更新，新的工艺技术不断出现，产纸区域和纸的传播范围也越来越广，造纸名工辈出。这一时期的纸流传到现在的较多，出土物也相当丰富，文献记载也不少。

魏晋南北朝时造纸术的进步及纸的质量的提高，还可从当时文人咏纸的诗赋中看出。

傅咸在 3 世纪写下《纸赋》，赞美道："盖世有质文，则治有损益。故礼随时变，而器与事易。既作契以代绳兮，又造纸以当策。犹纯俭之从宜，亦惟变而是适。夫其为物，厥美可珍，廉方有则，体洁性贞。含章蕴藻，实好斯文。取彼之弊，以为此新。揽之则舒，舍之则卷。可屈可伸，能幽能显。若乃六亲乖方，离群索居。鳞鸿附便，援笔飞书。写情于万里，精思于一隅。"这是说，麻纸由破布做成，但洁白受墨，物美价廉，写成书后可以舒卷。

与傅咸同时代的洛阳才子左思，由于写下了千古传诵的名篇《三都赋》，而成就了流传至今的"洛阳纸贵"的典故。南朝梁萧绎《咏纸》诗云："皎白犹霜雪，方正若布棋。宣情且记事，宁同渔网时。"

考古发掘表明，西晋墓葬或遗址中所出文书虽多用纸，然仍时有简出土，而东晋以降，便不再出现简牍文书，而全是用纸了。过去用简牍书写时是将一片片简用皮条或绳扎起，连成一长串（册），然后再卷成一大捆。用纸书写时则是将一张张纸用糨糊粘接起来，用小木轴卷起成为书卷。这样一卷纸本书籍就可容下几大捆简册所容之字，轻便实用，从而引发书籍形式的进化。过去用简册写成的一部书需两个人抬起，现在可以轻松地放在衣袋中随手展卷。

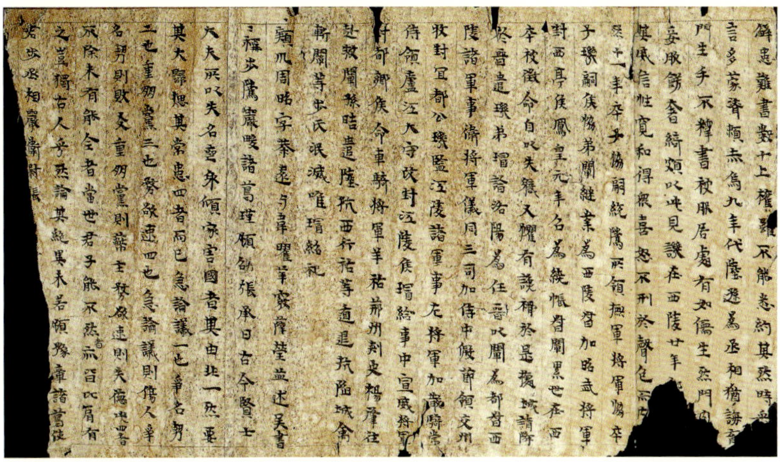

东晋时期纸写本残卷《三国志》

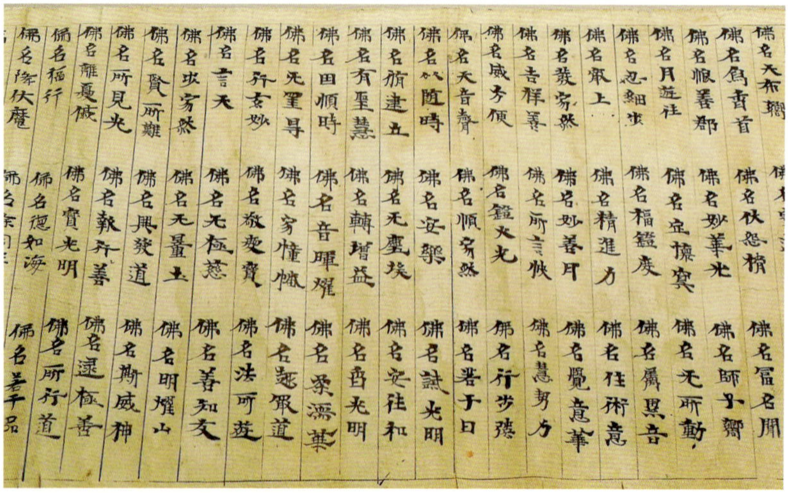

北京白麻纸

纸开始在中国社会普遍使用，促进了书籍文献资料的急速增长和科学文化的传播。除了宫廷藏书用纸书写之外，私人藏书也逐渐多了起来。抄书之风盛行，又促进了书法艺术的发展及汉字字体的变迁。

在一片窄而坚硬的简牍上写字，笔锋受书写材料质地及空间限制而不能充分施展。而在平滑又柔韧受墨的大张纸上挥毫，情况就可根本改变。东晋能出现像王羲之、王献之这样杰出的书法家，在很大程度上应归因于纸的普遍使用。晋以后由汉隶过渡到楷隶，最后形成现在通行的楷书，草书也因而得到发展，汉字字体的变迁也因用纸而引发——在纸上可随心所欲地挥毫泼墨，没有任何限制。同样，在纸上作画也会收到良好的艺术效果，所以，在官私藏书中，除大量书籍外，还包括舆图及书法、绘画作品，因而古代将“图籍”“图书”并称。

魏晋南北朝时，南北各地都建立了官私纸坊，就地取材造纸。北方以西安、洛阳、山西、山东、河北等地为中心，生产麻纸、楮皮纸、桑皮纸。晋室南渡后，江南也发展起造纸业，今浙江绍兴、安徽南部、南京、扬州、广州等地成了南方造纸中心。由于纸工在生产中积累了先进经验，名纸屡现，南朝时期的“张永纸”名噪一时。为了改善纸的性能，晋代已有施胶技术。早期施胶剂是植物淀粉剂，或刷在纸面上，或掺入纸浆中。西凉建初十二年（417）写本《律藏初分》即用纸内施胶术处理过。新疆出土的后秦白雀元年（384）墓葬物清单用纸便是在表面施以淀粉剂，再经磨光，是迄今发现的年代最早的施胶纸。

384年，深谙造纸技术的东晋和尚摩罗难陀从山东乘船渡海至百济国，带去各种书籍献给百济国王，并在朝鲜传播造纸技术。这是中国纸向东传播的最早记载。

隋唐时期：由于造纸原料范围扩大，成本降低，纸的价格下降，隋唐时期纸的应用更为普遍。除书籍用纸外，许多日常用品也采用纸制品或纸制代用品，如用纸糊灯笼、糊窗户。唐代涌现出一批名纸，这些名纸被赋予了美好的称谓和寓意，代代流传。举要如下：

硬黄纸。是原纸经过染黄、涂蜡、烫平等加工而成的加工纸。硬黄纸的主要用途是摹临古字帖或佛经，防虫、耐磨、可长久保藏。经过染黄、涂蜡，硬黄纸面有了光泽，而蜡渗在纸内，即便空气潮湿也不容易吸收水分。在这种工艺纸上写字，墨渗不进去，不扩散，浮于表面，干了之后有着漆一般的光泽。南宋诗人陆游有“名书硬黄纸，古砚熨焦纹”之赞。

薛涛笺。又名浣花笺、松花笺、减样笺、红笺。薛涛是唐代女诗人、书法家，她创意、设计、制作了精美笺纸，用以作诗与元稹、白居易、杜牧、刘禹锡等人相唱和，因而名著于文坛。薛涛笺不仅名噪一时，而且成为后世文人墨客的一种情怀，许多传世的古诗词中都有薛涛笺的身影。唐代诗人李商隐《送崔珏往西川》云：“浣花笺纸桃花色，好好题诗咏玉钩。”北宋石介诗曰：“名得只从嘉郡树，样传仍自薛涛时。”唐代诗人韦庄为求薛涛笺纸还专门写了一首长诗《乞彩笺歌》，道出“一纸万金”的盛况：“浣花溪上如花客，绿暗红藏人不识。留得溪头瑟瑟波，泼成纸上猩猩色。手把金刀擘彩云，有时剪破秋天碧。不使红霓段段飞，一时驱上丹霞壁。蜀客才多染不供，卓文醉后开无力。孔雀衔来向日飞，翩翩压折黄金翼。我有歌诗一千首，磨砻山岳罗星斗。开卷长疑雷电惊，挥毫只怕龙蛇走。班班布在时人口，满袖松花都未有。人间无处买烟霞，须知得自神仙手。也知价重连城璧，一纸万金犹不惜。薛涛昨夜梦中来，殷勤劝向君边觅。”

鱼子笺。一般认为唐时产于四川地区。纸面呈霜粒，如鱼子，故名“鱼子笺”，是唐宋时期文人偏爱的笺纸之一。北宋苏易简在《文房四谱·纸谱》中记载：“又以细布先以面浆胶令劲挺，隐出其文者，谓之鱼子笺，又谓之罗笺。”唐代羊士谔诗云：“蜀国鱼笺数行字，忆君秋梦过南塘。”

剡纸。亦称剡藤、溪藤，浙江传统名纸，主要特色是薄、韧、白、滑。唐时越中多古藤，当地以古藤制纸，故又名“藤纸”。唐代陆龟蒙赞剡纸“宣毫利若风，剡纸光如月”。北宋梅尧臣有诗“花笺脆蠹不经久，剡楮薄慢还可怡”；欧阳修诗曰“剡藤莹滑如玻璃”。苏轼特别喜爱剡藤纸，在多首诗中都有表达——《和人求笔迹》“从此剡藤真可吊”，《孙莘老求墨抄亭》“书来乞诗要自写，为把栗尾书溪藤”，《孙莘老寄墨》“溪石琢马肝，剡藤开玉版”。由于古藤生长缓慢，产量有限，无法持续性造纸，剡纸很快便从市场上消失，故后代出现了许多凭吊剡纸的文学作品。

五代两宋时期：五代造纸技术精益求精，已能生产出长达二丈、

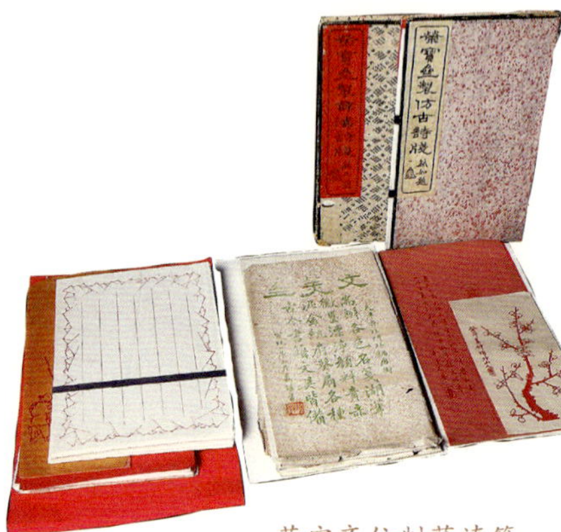

荣宝斋仿制薛涛笺

唐代硬黄纸

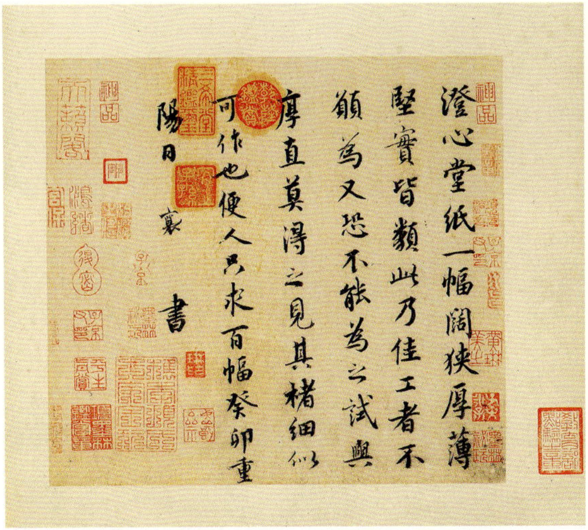
澄心堂紙一幅闊狹厚薄
堅實皆類此乃佳工者不
願為又恐不能為之試與
厚直莫得之見其楮細似
可作也便人只求百幅癸卯重
陽日
襄書

蔡襄论及澄心堂纸信札，署有“癸卯”（1063）年款

金粟山藏经纸

宽达一丈的超大幅面纸张。宋代造纸术更加成熟。北宋时，已开始日晒夜收，漂白纤维以制纸，抄出的生纸光滑莹白，耐久性好。宋代造纸原料范围进一步扩大，出现了麦茎纸和稻秆纸，竹子也应用于造纸，纸张的价格进一步下降，知识传播载体的普适性进一步增强，民间造纸能力大幅提升。北宋苏易简专门著《文房四谱》一书，原书五卷，按笔、砚、纸、墨的顺序，分为叙事、制造、杂说、辞赋四项加以述说。其中卷四为《纸谱》，专门论纸。

五代两宋时期的名纸主要有：

澄心堂纸。澄心堂为南唐后主李煜读书、批阅奏章的处所，澄心堂纸就是南唐宫廷专用纸的别名。该纸“滑如春冰密如茧”，坚洁如玉，细薄光润，质量极高，工艺复杂。澄心堂纸制作的艰辛和价值可以从北宋梅尧臣诗中体会到：“寒溪浸楮春夜月，敲冰举帘匀割脂。焙干坚滑若铺玉，一幅百金曾不疑。”

金粟笺纸。金粟山在浙江省海盐县西南，山下有金粟寺。因寺内抄经需纸特多，为适应这种需要，专门生产了一种具有浓淡斑纹的抄经硬黄纸大量存放，因而得名“金粟笺”，纸上通常有朱印“金粟山藏经纸”。它的特点是质地硬密，光亮呈半透明，防蛀抗水，颜色高雅，寿命很长，虽历千年，犹如新制。

清乾隆时期仿金粟山藏经纸，纸外加蜡，砑光（用光石碾磨纸张、皮革、布帛等物，使紧密光亮）使纸显硬，加黄檗濡染而发黄。该仿金粟山藏经纸为清官纸局制作，纸张须经过监督官员抽验，合格者在纸角盖上朱印

《御书大佛顶如来密因修证了义诸菩萨万行首楞严经》，清乾隆内府朱墨套印本乾隆仿金粟山藏经纸印

还魂纸。纸的再利用开始于南宋，以废纸为原料再造新纸，称“还魂纸”或“熟还魂纸”，具有省料、省时的特点——中国不仅是发明造纸术的国度，还是世界上最早使用废纸造纸的国家。明代宋应星在《天工开物》中写道：“废纸洗去朱墨污秽，浸烂入槽再造，全省从前煮浸之力，依然成纸……名曰‘还魂纸’。”

元明时期：元纸值得一提的是明仁殿纸，是一种专供宫廷内府使用的加工纸。明仁殿是皇帝看书的地方，这种纸供皇帝御用，所以叫“明仁殿纸”。元末人费著撰《蜀笺谱》（原名《纸笺谱》），顾名思义，该书专讲蜀笺，旁及苏州笺、广州笺。书中详细介绍了北宋谢景初十色笺、薛涛小红笺，还谈及蜀笺的沿革、种类。元代书法家鲜于枢抄有古籍中关于纸的纪事《纸笺谱》一卷。

元代黄色写经纸，以黄檗汁浸染，原料为麻，品质硬韧。纸表涂有黄蜡，防潮而有光泽，纸边穿孔，以纸绳将诸纸串联在一起，可分可合，犹如活页簿册

明代注重加工纸的创新。明代宣德年间始造的“羊脑笺”是一种很特别的纸，用羊脑和顶烟墨，窑藏之后取出涂于瓷青纸上，砑光成笺。该纸黑如漆，明如镜，用泥金写经，虫不蛀，历久不坏，而且外观富丽堂皇。砑

花加工纸在宋代就已出现，而明代应用较广。明代砑花纸制作考究，用上等皮纸，逐幅在刻有花纹图案的文版上砑之，其上隐现出暗纹，有山水、花鸟、鱼虫、龙凤、云纹等纹饰。明代，用竹子造纸的技术臻于完善。《天工开物》系统叙述了用竹子造纸的生产过程，并附有生产设备与操作过程的插图。该书是中国系统记述造纸工艺的最早著作，后被译成日、法、英等国文字传入日本与欧洲。

清代：清代加工纸呈现出百花齐放的态势。“梅花玉版笺”是康熙年间制造的一种高级笺纸，以皮纸为原料，在其上施粉加蜡，砑光，再以泥金绘制冰梅花图案制成，纸右下角印有“梅花玉版笺”小长方形朱记。“撒金银五色书画纸”也受时人青睐。清代介绍造纸的著作较多，如黄兴三（约 1850—1910）撰《造纸说》，记录了当时浙江常山一带造竹纸的技术。再如刊于同治十年（1871）的《格物中法》，撰者刘岳云（1848—1917）长于格致天算之学，兼通西法。全书 24 卷，卷六木部中有一栏《纸属》，专谈造纸，除引用一些前人著作外，还引用一些地方志中有关造纸的资料。

宣纸虽然历史悠久，声名远扬则始自清代。清末胡韫玉（1879—1947）撰《纸说》一书，记载了安徽泾县等地出产的宣纸的制法。自此，宣纸不仅成为中国名纸，在民间甚至逐渐成为中国传统纸的代名词。

清乾隆仿明仁殿画金如意云纹粉纸，属黄色蜡笺纸。以桑皮为原料，纸两面用黄粉加蜡，再以泥金绘以如意云纹，纸背撒金片，右下角钤印“乾隆年仿明仁殿纸”

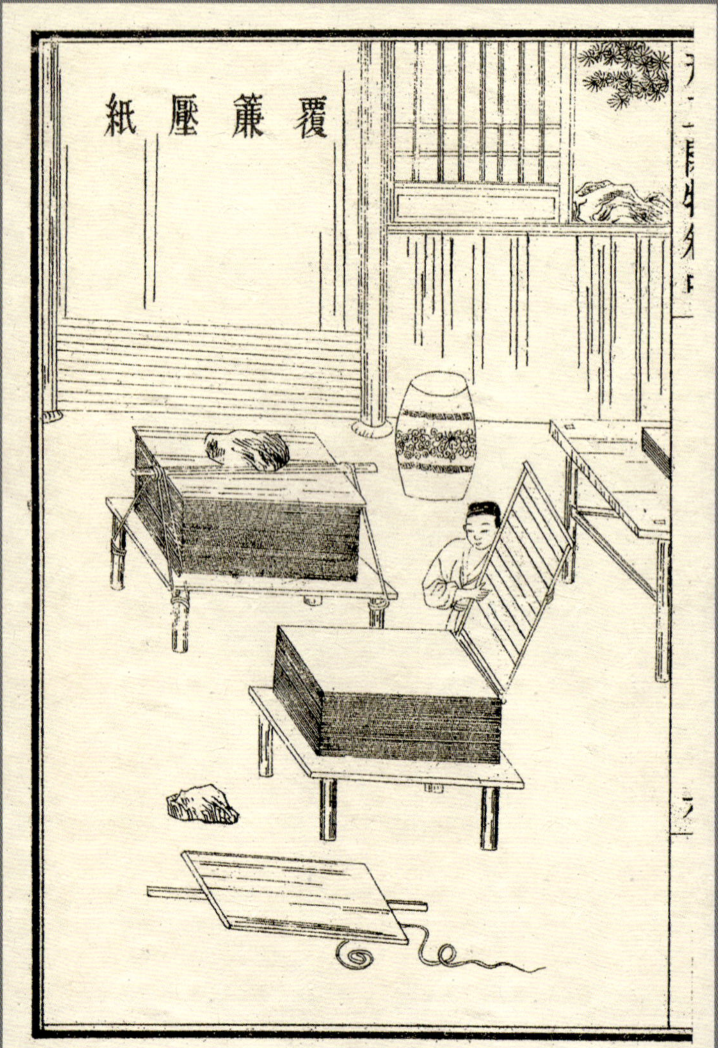

明代科学家宋应星著《天工开物》所载之造纸术，共五步

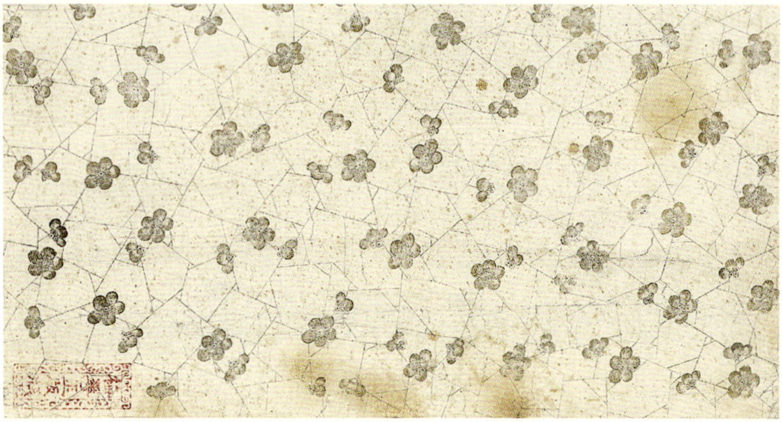

清代名纸“梅花玉版笺”

在此特别指出，宣纸是专指安徽宣城生产的以檀皮为主要原料的书画纸，是泾县特产。2002 年 8 月，宣纸成功获批国家地理标志保护产品称号。2009 年 9 月，宣纸传统制作技艺被列入人类非物质文化遗产名录。因此，在知识产权保护意识全民普及的今天，人们应当知道并不是什么传统手工纸都叫宣纸。就全国范围而言，宣纸产量不大，而且相对来说极为昂贵。绝大多数人使用的书法、绘画、印书纸张都不是宣纸，而是书画用纸——有些还是用机器制浆的书画纸。

那么，对于叫惯了“宣纸”的普罗大众，应当将由发明于中国的造纸术工艺抄造而成的纸张叫什么纸呢？似乎可以叫书画纸，不过书画纸又包括机器纸，这势必遭到造纸业非物质文化遗产传承人们的反对。因为从专业的角度，与宣纸对应的，还有连史纸、连四纸、元书纸……很多很多。当然，普罗大众无法将它们区分开来。因此，给中国古纸正名是一件必须要做的正经事。应当重新对传统手工纸进行规范且公允的定义、分类和命名。对于大众来说，要“抛弃”宣纸这个老概念，应该有一个更好记、更有说服力，体现传承和内涵的称谓。那么，或者叫“汉纸”？或者叫“华纸”？抑或国际化一点儿，就叫“中国纸”？

当古寺窟中几个世纪前的壁画已经龟裂脱落，图书馆内机器制作的古旧图书开始“集体自毁”时，800 多年前的南宋世彩堂印本《昌黎先生集》依然光滑洁白，完好如初；历经时光浸泡的珍贵资料和书画作品依然惊艳四射——这就是中国纸的永恒魅力。是什么力量孕育了中国书籍、古画的一树繁花？是中国纸，是墨韵万变、纸寿千年的汉纸。是它让王羲之笔下生辉，让汉字书法飘若浮云、矫若惊龙；是它让《富春山居图》清水出芙蓉，天然去雕饰；是它让唐诗宋词千年流芳，传遗子孙。

第三章

书之传

书籍是人类进步的阶梯。

对于人类个体而言，书籍是思想记录的形式，是读者学习的工具；对于人类文明而言，书籍则是传承的载体，是传播的媒介。正是借由知识的传承和传播，人类文明才得以不断发展进步。

古代没有电脑，没有手机，没有电视，没有电台。如果有追求、有理想的你生活在古代，那么获得信息、获取知识、探究过去、畅想未来，是不是都得依靠书籍?

人类知识的传播分为四个阶段：一是语言传播，二是书写传播，三是印刷传播，四是电网传播。语言传播阶段主要是指在文字诞生之前，人脑作为记录载体，通过语言交流进行传播，是为“活书”。随着广播、电视、电脑的诞生，特别是互联网的构建，人类迎来了声、光、电、网的立体传播。而书写传播和印刷传播都是以书籍为媒介的。其中，书写传播又分两个阶段：第一个阶段是在文字诞生之后，纸张诞生之前。人们在石头、骨片、竹木、兽皮、叶片上刻痕书写。第二个阶段是在造纸术发明之后，印刷术发明以前。纸张迅速取代其他载体，纸写本成为书写传播的主要媒介。印刷传播则是指印刷术发明之后，纸质的书籍得以大量生产，成为影响最为深远、传播范围最为广泛的媒介。狭义的书籍，就是指用书写或印刷方式传播的纸媒体：写本和印本。

第一节　抄写书籍

就版本学而言，写本时代的书籍包括了稿本、抄本、写本这三种狭义的版本。稿本是指作者亲笔书写的自己著作的底本，抄本则是以某一传本为底本抄写而成的书籍，写本是指缮写而成的书籍。习惯上，宋代及宋代以前缮写、宋代以后著名学者及名家缮写、历代缮写的佛道经卷等均称写本；历代中央政府组织编纂缮写的巨帙原本，如明辑《永乐大典》、清修《四库全书》等，亦称写本。就三种版本而言，写本的概念最为重要，一般被视为正式出版物。

哪些书籍谈得上缮写呢？约定俗成的，写本的概念常常被赋予这么三点内涵：一是时代早。唐代以前，书籍生产都靠手写传抄，

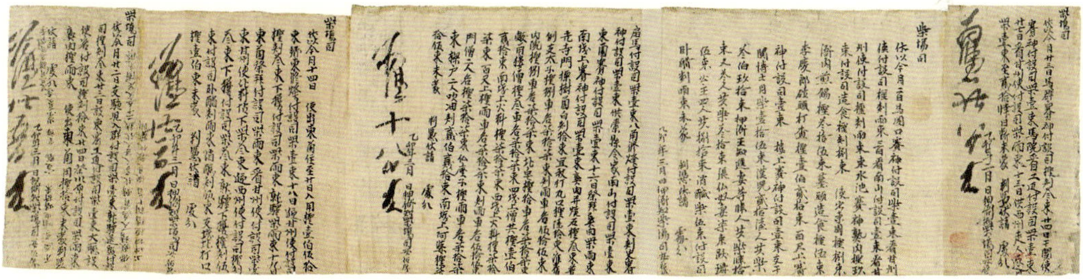

《故圆鉴大师二十四孝押座文》抄本，敦煌出土

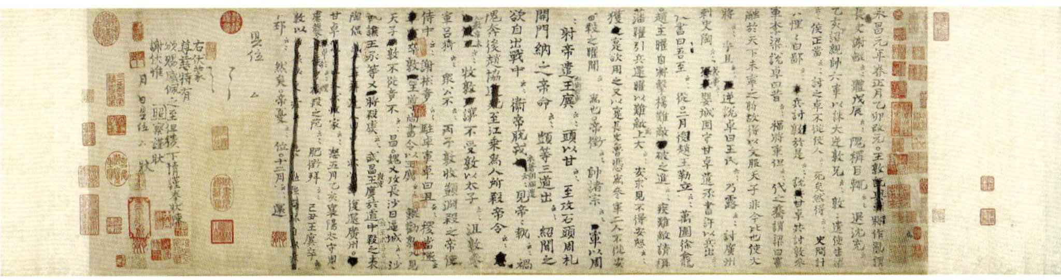

司马光《资治通鉴》手稿（局部）

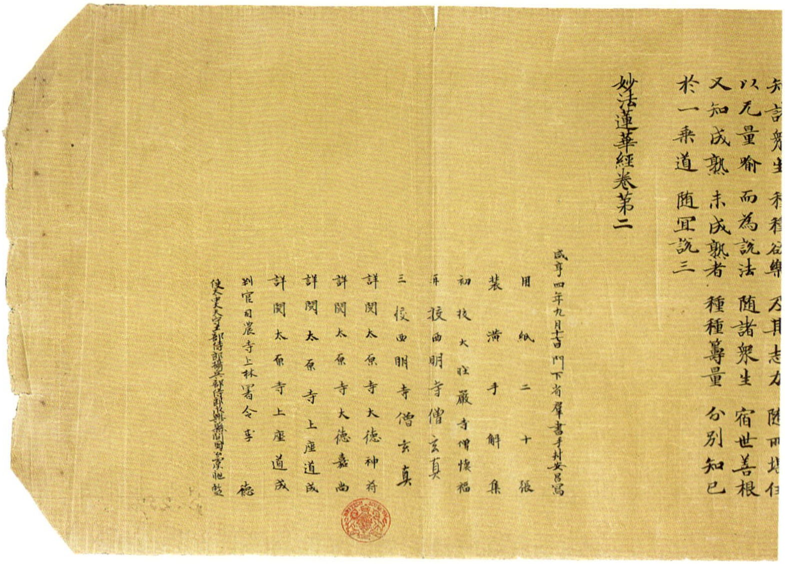

敦煌出土唐咸亨四年（673）门下省群书手封安昌抄写的《妙法莲华经卷第二》，抄经的时间、抄经者、详阅者、监制者等一一罗列于卷尾。这是所有官抄经书的规制——这件官方抄经显示，唐初已经形成严格的三校三审的出版制度

故统称为写本。唐代以后，印本渐行，至宋代而盛，但唐宋时期手写传抄的书籍，仍称为写本。二是地位高。书籍手写传抄出自名流学者之手，往往也称写本，而不称抄本。三是内容多涉及宗教，如佛经、道经。抄写者常是为了还愿或做功德，有对宗教的崇信和虔诚蕴含其中，故也常称为写经，而不称抄经。

中国书籍史上，魏晋南北朝隋唐五代一般被称为“写本时代”。这一时期造纸术已经成熟，雕版印刷尚未全面流行，书籍大多以纸质写本形式传播。只不过，这一时期流传下来的书籍和文书数量很少，幸好有敦煌遗书、吐鲁番文书及其他少量传世或出土的文献，因而弥足珍贵。这些写本时代的遗珍之中，官私文书是中古历史与文化研究无可代替的珍贵文献，四部典籍则因其抄写年代更为接近原著时代而备受重视，而古佚书籍为学术研究带来了新的资料和新的问题，大量的佛经更是当时社会佛教兴盛的写照。

应该说，自纸张出现以后，纸写本就存在了。结合考古发现，现存最早的写本当包括前文介绍过的西汉麻纸写本。笔者依然认

甘肃伏龙坪东汉纸书信

唐人写本《灵飞经》中的小楷“书”字

为，写本时代的真正开启，乃是在蔡伦纸发明之后，因为蔡伦之后，纸张才真正有了区别于帛书、麻布、莎草纸的制造能力与书写属性。

因此，这里从现存最早的东汉写本说起，然后再赏析几件有特点的早期写本。

早期写本

1987 年 9 月，甘肃兰州文物部门的工作人员清理城关区龙尾山伏龙坪东汉砖墓时，在一块铜镜的镜囊中发现了 3 块作为衬垫物的圆形墨迹纸张，后被称为“伏龙坪纸”。这是中国所发现的最早墨迹纸之一，同时也是蔡伦纸的实物证据。这 3 块圆形纸张直径都是 17 厘米。除一块破碎外，另外两块保存基本完整，最完整的一块有墨书 40 余字，字迹异常清晰。另一块稍有霉烂，有墨书 60 余字，但已模糊不清。这 3 块纸原是叠放在一面铜镜之上，为镜囊的衬垫物。专家认为，这 3 块东汉纸很有可能就是“蔡伦纸”，是中国考古界的一次重要发现，对研究兰州历史沿革，特别是对研究中国古代四大发明中的造纸术提供了宝贵的第一手实物资料。

那块书写着40余字的纸片上，可辨识者有“妇悉履……奈何当奈何……”八字。伏龙坪纸书墨迹可能是信件，为求医问药、嘘寒问暖之辞。专家认为，该内容与死者身份、经历无直接联系，可能是作为垫衬物而被剪成圆形留在铜镜囊中。

除东汉文书之外，楼兰文书也比较早。

由于沙漠干燥这一得天独厚的地理因素，楼兰文书虽在地下埋了1700余年，仍然墨色如新，宛若昨日书写的一样。前后出土的楼兰文书共有700余件。其中不仅仅有日常琐碎的文书、仓廪之事、兵器认领、屯戍之类，还有一批涉及古典著作的文书，反映了楼兰古国国人的古典情怀。

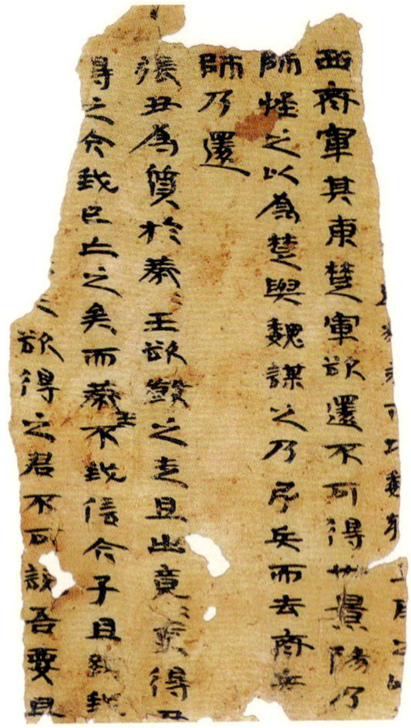

楼兰文书残纸，内容为“齐韩魏共攻燕”

楼兰抄本中有《战国策·燕策》残书，其中有两幅残纸文书能看到“齐韩魏共攻燕”和“张丑为质于燕”的部分内容。这些笔墨呈现在纸上，似一位多情的故人，娓娓诉说着《战国策》的魅力、书法的魅力、汉字的魅力。

楼兰残书中《急就章》有近400残片，现分散在世界各地。《急就章》原名《急就篇》，是西汉元帝命黄门令史游编写的识字课本，因篇首“急就奇觚”四字中有“急就”二字得名，也有“很快学成”的意思。《急就章》也是流传下来的中国古代最早的儿童识字、增长知识、开阔眼界的启蒙读物。《急就章》编文时用的是三言、四言或七言的韵文，便于朗读记诵。该书从汉至唐一直是社会流传的主要识字教材。楼兰残纸中的《急就章》墨迹多是楼兰人练字的习字本。这些书体包括隶书体和章草体两种，隶书体虽有波磔，但也有楷化的迹象，反映出魏晋时期书体演变的过程。楼兰人对古代经典的青睐和《急就章》的书法临摹，无不透露出他们对中原文化的崇敬与追求。

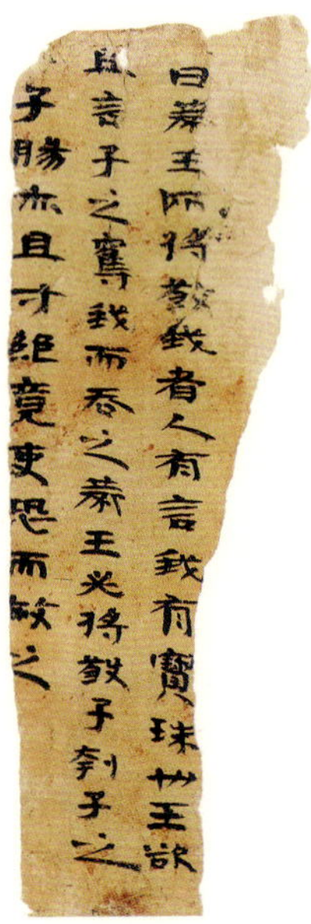

楼兰文书残纸，内容为“张丑为质于燕”

另外，楼兰残书中有一部分文书是《左传·昭公》。昭公指的是鲁昭公。该书以编年体按照《春秋》中鲁国十二公的顺序记录了当时各方面的历史，其中昭公是第十位，在位 32 年(前 542—前 510)。这部先秦经典在西域边陲的楼兰抄书中出现，可见当时儒学的影响是多么广泛而深刻。

今天，安然保存在世界各地博物馆中的楼兰残书，透露出 1700 多年前中原文化沿着丝绸之路畅达西域。楼兰人的古典情怀和崇尚儒学，更是反映出古楼兰追求古贤遗风，与中原文化的相互联系、相互融合。

写本大典

《永乐大典》赫赫有名，但它既不是雕版印刷品，也不是活字印刷品，而是手写本，是近 4 亿字的手写本。

《永乐大典》是迄今为止世界上出版成纸书的最大百科全书。它由解缙领衔主持，历时 6 年（1403—1408）编修完成，保存了 14 世纪以前的中国历史地理、文学艺术、哲学宗教和其他百科文献。《永乐大典》全书约 3 亿 7000 万字，规模远远超过了前代编纂的所有类书。《大英百科全书》于 1768 年至 1771 年在英国爱丁堡面世，至其 20 卷本时，为 4350 万字。与《大英百科全书》相比，《永乐大典》要早 300 余年，堪称世界文化遗产中的珍品。

今天人们看到的每一册完整的《永乐大典》都是精美的工艺品。它高 50.3 厘米，宽 30 厘米，开本宏大，很有皇家的威仪和气魄。每册《永乐大典》有 50 页左右，书页采用雪白、厚实的传统皮纸，翻开来有淡淡书香，考究美观。

现代书籍的封面在古籍中叫“书衣”。《永乐大典》的书衣用多层纸硬裱，最外面用一层黄绢包裹，格外庄重。书衣正面的左上方粘有长方形的书签，框内题“永乐大典”四字，字下方还有双行小字，说明这册书的卷数。书衣正面的右上方还粘有一个框，里面用墨笔题写这一册所属的韵目，又低一字注明这一册是该韵目的第几册。按图索骥，就能十分方便地从 10000 多册《永乐大典》中检索到自己需要的内容。《永乐大典》中的插图，所绘山川器物全用白描手法，精丽工致。

每一册的最后一页，记载抄写者、圈点者和校验者的职名。永乐年间抄写《永乐大典》有严格的责任制度，抄写人早进晚出，不允许雇人代写。官府每天供应砚台、水罐、笔墨、饭食，冬天还供应木炭等。某页如有抄写差错，发纸另写，不论抄多少遍，只算一页。消极怠工者，按罪论处。传至今日的《永乐大典》，页面干干净净，一点儿涂改、挖补、添加的痕迹都没有，说明了当时责任制度的严格，保证了《永乐大典》的图书质量。

《永乐大典》抄完装潢之后，被放置在南京文渊阁的东阁。永乐十九年（1421）明成祖迁都北京，挑选了一部分藏书带到新都。正统年间被放置在文楼中。嘉靖四十一年（1562），深爱《永乐大典》的明世宗决定重录这一巨著，是为副本。副本至1567年四月完成，被放置在新建的皇史宬。

《永乐大典》被重录后，有关《永乐大典》的记载就很少见了，永乐正本更是杳无音信，变得扑朔迷离，令后人如堕五里雾中。有人认为正本毁于战乱或火灾，早已荡然无存。有人却认定是被殉葬了。以历史记载翔实著称的中国，为何连这样大的一部重要典籍的下落都没有记载？实在匪夷所思。正本究竟遭遇了何等命运？如何亡佚的？至今仍是一大历史悬案。

副本到了清代也开始散佚，至光绪二十年（1894），《永乐大典》副本仅存800余册。光绪二十六年（1900），清军和义和团围攻东交民巷的使馆区时，珍藏《永乐大典》的敬一亭也被焚毁，《永乐大典》几乎遭灭顶之灾，幸存的残本也被外国人肆意抢掠，甚至代替砖块构筑工事。其后，被劫掠的《永乐大典》副本运往英、美、法、日、俄等国，

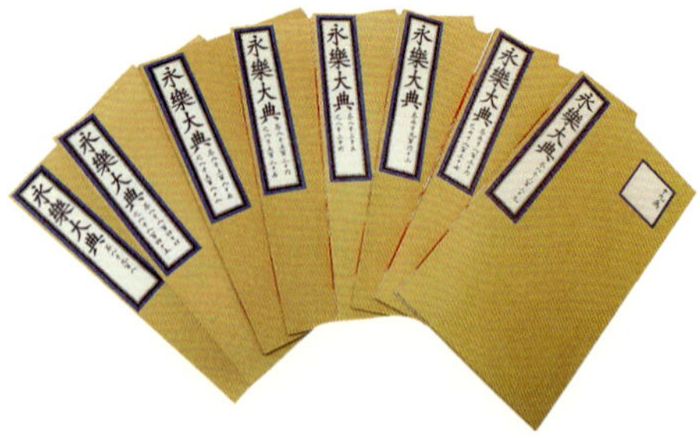

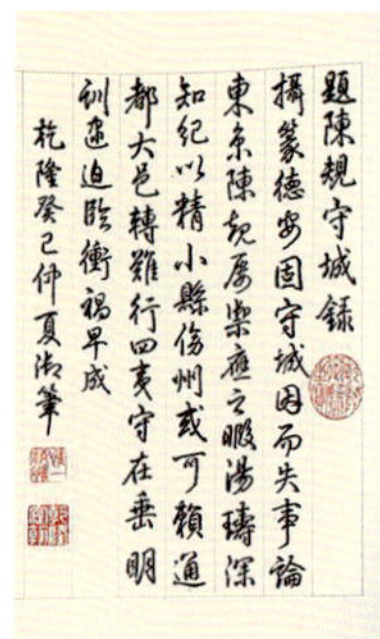

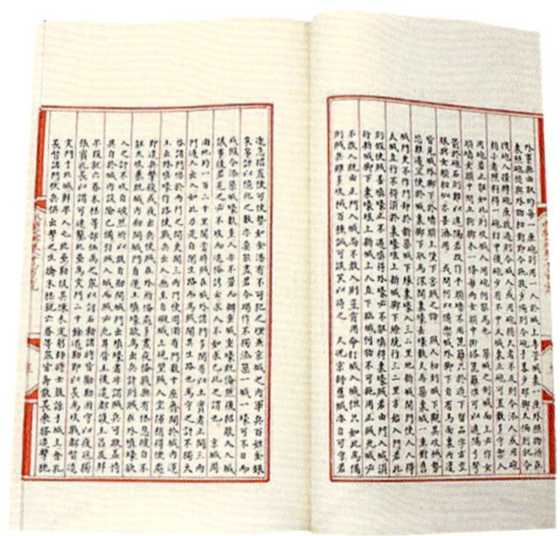

《永乐大典》

流散世界各地。

皇皇巨著，集中华文化之大成的10000多册大书，竟然落得如此下场。到今天仅存不到原书的4%，令人唏嘘叹息、痛心疾首。《永乐大典》目前存世的仅有400余册，散落在8个国家和地区的30多个收藏机构。截至2016年，中国国家图书馆收藏有222册，台北“故宫博物院”存有62册。

彩绘手抄

著名的元代山水画《富春山居图》因为作品精美、流转传奇而为大众所熟知。画作背后更是蕴含着中华儿女对于两岸统一的期盼。古代书籍中，有一件与《富春山居图》有相似身世的珍宝。

中国诗歌的历史源远流长，在社会生活中发挥着重要作用。2500多年前出现的第一部诗歌总集《诗经》，通常被看作中国古代诗歌的光辉起点。唐代开始以诗取士，读诗成为儿童必修内容。为适应这种需要，于是出现了诗歌的启蒙读物。《千家诗》便是带有启蒙性质的诗歌选本。

最早以《千家诗》为书名的著作人是南宋刘克庄。他遴选唐宋名家名篇诗作1200余首，编成《千家诗》。书中所选的诗歌易学好懂，题材多样：山水田园、赠友送别、思乡怀人、吊古伤今、咏物题画、侍宴应制，较为广泛地反映了唐宋时代的社会现实，所以在民间流传非常广泛，影响也非常深远。不过，传世的《千家诗》不止一种版本，最通行的《千家诗》是由南宋谢枋得《重订千家诗》和明代王相所选《五言千家诗》合并而成的，版本多为坊间所编刻——像这种脍炙人口又大量行销的蒙学读物，是坊间用以牟利的绝佳选题。

中国国家图书馆藏明代彩绘插图本《明解增和千家诗注》与众不同，它明艳动人、美不胜收。国家图书馆专家李致忠将该书定为明代中后期宫中供太子所读之书。北京图书馆出版社在《影印明解增和千家诗注说明》中介绍：“这部《千家诗》系明代内府彩绘插图本，是专供太子或小皇帝使用的，它表明《千家诗》不

賈至朝帝

也九重天子尊居九重仙桃漢武帝時有青鳥集於承華殿前帝問東方朔朔曰今日王母必降是夕母至以桃七枚母自啖其二枚以五枚與帝龍蛇動旌旗上雉尾也綵綸禮記云王言如絲其出如綸池謂鳳凰池賈至曽之子曽嘗為中書舍人掌制誥從明皇幸蜀為中書舍人帝即位賈譔策既進稾帝曰昔先帝誥命乃父為之今玆冊命又汝為之兩朝盛典出卿家父子可謂繼美矣此詩首言五更之漏催曉天尚未明天子初視朝其時和氣滿容如食仙桃而有醉色少焉天明見日映旌旗上龍蛇之動風微吹殿閣燕雀之高飛初聯早朝之事次聯大明宮之景物三聯退朝有詩而兩句就美其詩結聯即舍人之事而歸美之也

中国国家图书馆藏明彩绘插图本《明解增和千家诗注》内页

仅是宋元明清时期民间流传甚广的通俗读物，也是皇家课业的基本教材。”

该书黄绫封面，彩绘精抄，开本宏朗，其边栏界行、版口鱼尾（有关版式规制，后文有详细介绍）为朱笔手绘。书中收有七律 36 首，每首有依原韵的和诗。版式为上图下文，注文小字双行，释义与通行本大同小异。画幅以天然矿物质颜料绘制，色彩鲜艳，精美绝伦，具有很强的层次感。构图秉诗意而表现，独具匠心，使读者可以借图解诗。所绘人物刻画细致入微，背景衬托自然流畅，历经数百年颜色不褪，令人赞叹。

为什么说它是古籍中的《富春山居图》呢？因为此《千家诗》共 2 卷 2 册，遗憾的是，中国国家图书馆仅存卷二，而在台北“故宫博物院”存有卷一，与该书为一部散出，两册“同根生”。好在，自 2010 年始，已经有两岸多次二卷同函合璧影印出版。

一部古籍，历经辗转，在战火中颠沛流离，分隔两岸。时隔多年，终成合璧出版，乃书之幸事。

手抄《四库》

79337 卷、36304 册、10 亿字的《四库全书》是迄今为止世界上卷帙最为浩大的丛书。这部书不仅字数庞大，而且内容丰富，几乎囊括了乾隆之前的所有图书，包括文、史、哲、理、工、农、医等所有学科内容。

历史上很多皇帝都喜欢修书，因为一方面修书能扫除“异端邪说”，起到巩固统治的作用，另一方面能让皇帝的文治武功得以流之后世——中国史上留下了许多鸿篇巨制，像《册府元龟》《太平御览》《文苑英华》《永乐大典》《古今图书集成》《四库全书》等。其中以《四库全书》规模最大、保存最完整。

清乾隆三十七年（1772）正月初四，朝廷向全国发出第一道购访民间图书的谕旨，广征天下遗书。三十八年（1773）闰三月，由皇帝直接过问的“钦定四库全书处”在翰林院设立。各省督抚、盐政购进、借抄遗书和私家进呈原书，加上《永乐大典》等部分

中国台湾收藏的文渊阁本《四库全书》风貌

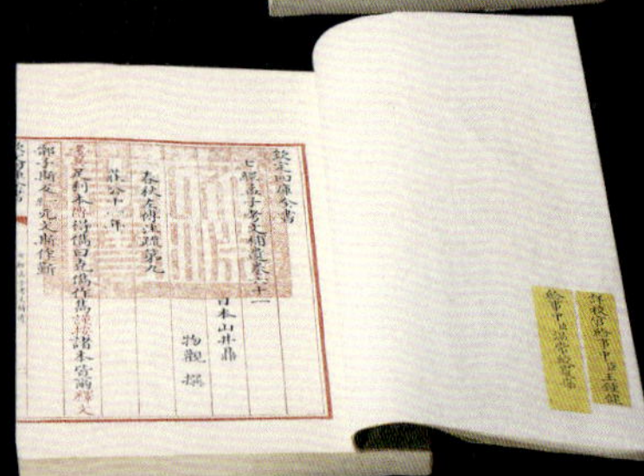

甘肃省图书馆藏文溯阁本《四库全书》
首页风貌，上方钤印“文溯阁宝”

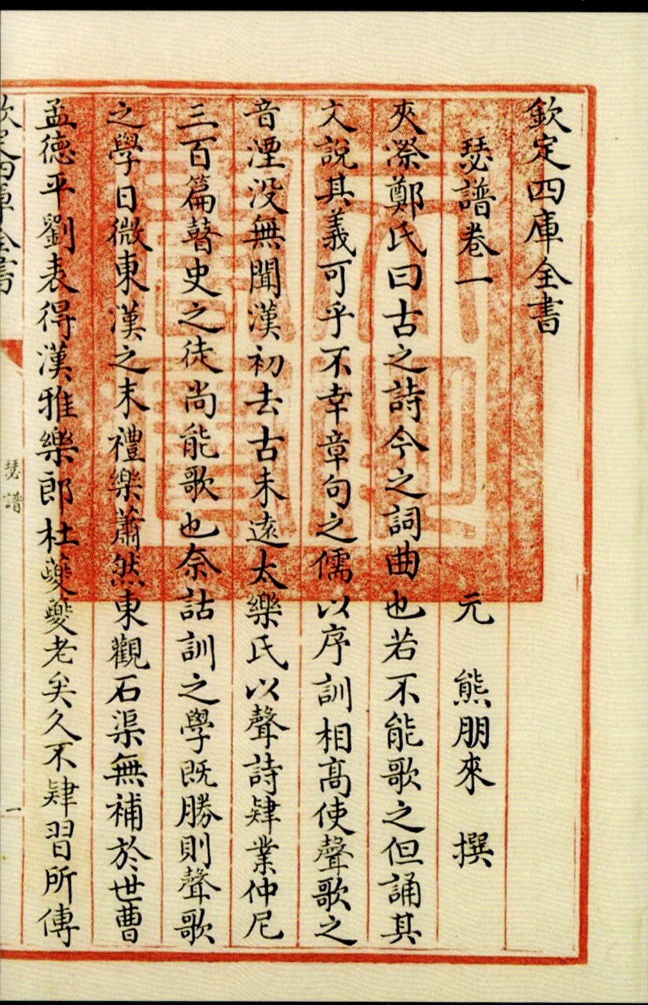

欽定四庫全書

瑟譜卷一

元 熊朋來 撰

夾漈鄭氏曰古之詩今之詞曲也若不能歌之但誦其文說其義可乎不幸章句之儒以序訓相高使聲歌之音湮沒無聞漢初去古未遠太樂氏以聲詩肄業仲尼三百篇瞽史之徒尚能歌也奈詁訓之學既勝則聲歌之學日微東漢之末禮樂蕭然東觀石渠無補於世曹孟德平劉表得漢雅樂郎杜夔夔老矣久不肄習所傳

原贮翰林院的皇家藏书和武英殿所印书，成为纂修《四库全书》的原本。由此，举全国上下数千人之力，花费库银千万，前前后后历时 10 年才编成《四库全书》初稿。

《四库全书》为抄写而成。抄写人员最初由保举而来，后来，改为考查的办法，最后又改为从乡试落榜生徒中挑选，择其试卷字迹匀净者予以录用。这样，为保证抄写《四库全书》的需要，先后选拔了 3826 人担任抄写工作。为保证进度，还规定了抄写定额：每人每天抄写 1000 字，每年抄写 33 万字，5 年限抄 180 万字。5 年期满，抄写 200 万字者，列为一等；抄写 165 万字者，列为二等。按照等级，分别授予州同、州判、县丞、主簿四项官职。发现字体不工整者，记过一次，罚多写 1 万字。由于措施得力，赏罚分明，所以《四库全书》的抄写工作进展顺利，每天都有 600 余人从事抄写工作，至少可抄 60 余万字。为了保证校订工作的顺利进行，四库全书馆制订了《功过处分条例》，其中规定：所错之字如系原本讹误者，免其记过；如原本无讹，确系誊录致误者，每错一字记过一次；如能查出原本错误，签请改正者，每一处记功一次。各册之后，一律开列校订人员衔名，以明其责。一书经分校、复校两关之后，再经总裁抽阅，最后装潢进呈。分校、复校、总裁等各司其职，对于保证《四库全书》的质量确实起到了重要作用。

《四库全书》一共抄写了 7 部，分别藏于全国各地。先抄好的 4 部分别珍藏于紫禁城文渊阁、辽宁沈阳文溯阁、圆明园文源阁、河北承德文津阁，这就是所谓的“北四阁”。后抄好的 3 部分别珍藏于扬州文汇阁、镇江文宗阁和杭州文澜阁，这就是所谓的“南三阁”。200 多年后的今天，7 部之中，文源阁本、文宗阁本和文汇阁本已荡然无存，只有文渊阁本、文津阁本、文溯阁本和文澜阁本传世。文渊阁本今藏台湾省，文津阁本今藏中国国家图书馆，文溯阁本今藏甘肃省图书馆。文澜阁本在战火中多有残缺，后来递经补抄，基本补齐，今藏浙江省图书馆。《四库全书》采用木书函盒收装，木书函盒不用一枚钉子，完全用传统的卯榫结构制成，盒子上刻有“钦定四库全书”字样。

第二节 传拓印本

拓印技艺于2011年被列为第三批国家级非物质文化遗产。

拓印术被列为国家级非物质文化遗产是无可厚非的。在当代，拓印术的价值在学界远远被低估。事实上，拓印术是中国独特的具有唯一性的重大发明，它上承造纸术，下启印刷术，可以说，没有拓印术就没有印刷术的发明。它是纸张发明之后，印刷术发明前，中国人复制书籍的方法，是最早的印书术。

拓印是中国一项古老的传统技艺，是使用手工纸和墨汁，将碑文、器皿上的文字或图案清晰地复制下来的一种技术。经过拓印，中国的许多传统文化和历史场景得以跃然纸上。拓印工艺连细部痕迹都能分毫毕现，具有强烈的艺术表现力。宋代黄沃曾说："虽埋石幽壤，陵谷难迁，而石之隐秘，初不可睹，孰若以未干之墨寄之纸上，传十为百，传百为千乎。"拓片的复制、传递、传播，使得很多损毁、漫漶不清的碑刻的历史风貌得到还原，并被世人欣赏。自宋代以来，拓印作品就成为收藏界区别于书画与印本的特殊专项，在收藏界被称为"黑老虎"。同一时期的拓本与印本相比较，前者的价值会略胜一筹，行话叫"路份高"，民国时期甚至于有"一张好拓片，一座四合院"的说法。

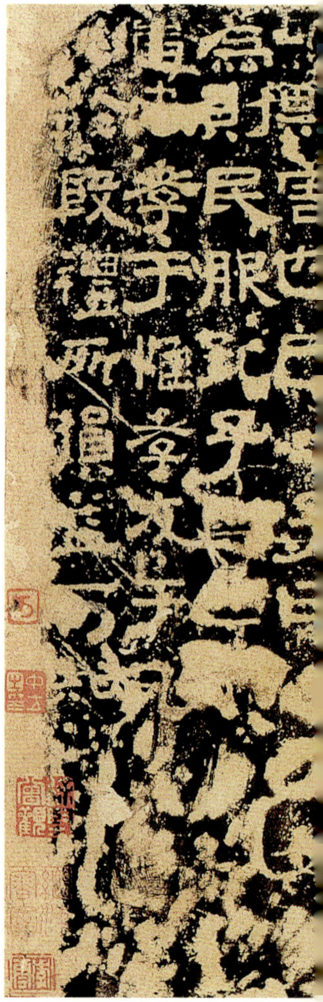

《熹平石经》拓片，北京故宫博物院藏

拓印起源

拓印，又称椎拓、捶拓、传拓。其工艺主要有4步：第一步是先将拓纸折叠浸泡，使之含水均匀，备用；第二步是将浸泡好的宣纸展开敷在印版上面，用棕刷反复刷扫，使纸与图文的凹凸紧密贴合；第三步是待纸干燥后，用着墨的拓包通过擦拓、扑拓等技法，使拓纸由浅入深均匀着墨，最后达到黑白分明、字口清晰的效果；第四步是将纸揭下来，完成一张复制件拓片、拓本，最后统一整理或装裱。

关于拓印技术发明的时间，现在还没有找到确切的答案，不过，从《隋书·经籍志》中能找到一些这方面的线索。《隋书·经籍志》卷三十二中著录了《秦皇东巡会稽刻石》1卷、东汉碑刻《熹平石经》34卷、三国魏《正始石经》17卷。其注曰："后汉镌刻七经，著于石碑，皆蔡邕所书。魏正始中，又立三字石经，相承以为七经正字……贞观初，秘书监臣魏征始收聚之，十不存一。其相承拓印之本，犹在秘府。"这里的"相承拓印之本"说的都是拓本。

需求是"发明之母"。刺激拓印的最早事件有可能就是在东汉洛阳树立熹平石经。关于熹平石经，前文已详细介绍，不过，将经文刻在石碑上的"初心"是什么呢？回顾一下，《后汉书·蔡邕传》里记载："邕以经籍去圣久远，文字多谬，俗儒穿凿，疑误后学，熹平四年，乃与五官中郎将堂溪典等奏求正定六经文字，灵帝许之。"蔡邕向汉灵帝提出校正经书、刊刻于石的请求，获批准。

此时，造纸术恰好经历了革命，日渐成熟，拓印术的诞生可谓是水到渠成。可以想象，当时的文人们为了应付考试，不受诸多错误版本的误导，必须准确地记录下六经。靠手抄显然并不靠谱。就在这种迫切而功利的需求下，有人最终探索出了拓印这项可以快捷地完全准确地复制原本的技术。尽管没有找到拓印术的确切发明人和时间地点，不过有一点是可以确定的，拓印方法起源虽古，也是在纸张发明之后，但应该比雕版印刷早。可以推测，拓印技术最早在汉魏之间，最晚在南北朝时期就已经出现了。

拓印技艺最早用于复制石刻经典，然后发展到拓印其他材料，比如石碣、石碑、摩崖、墓志，还扩展到拓印石质的浮雕与花纹，如画像石，甚至各种形状、大小、材质的器形——甲骨、陶器、玉器、青铜器、雕像，生活中可见的钱币、铜镜、砖瓦、砚、墨锭……

拓印艺人还在实践中探索出能表现器形全貌的全角拓技术。即便是照相影印技术如此发达的今天，对器物内部铭文和层次复杂的花纹，尤其是斑驳不清的古代文物和残破不全的石刻，黑白分明的拓片依旧是最为清晰合适的表现形式，也是研究金石考古不可或缺的手段，其他技术无法取代。

拓印术因复制儒家经典而起，因研究金石古物而兴，因热爱汉字书法而盛。

中国人对书法的热爱是深入骨髓的。尤其是在古代，书法是古代文人生命中的一部分。因此，书法家的作品、学习书法范本成为专门的书籍门类，最早就称为“法书”。由于书法作品独一幅，要流传、临摹、学习必须要复制，而拓印术是最为精准的复制手段。所以，中国古代历代有石印书法作品的传统，而后演进至木印——先将书法作品雕刻在石版或木版上，制成印版，再铺纸拓印，经装裱，制成法书。杜甫有一首诗《李潮八分小篆歌》：“仓颉鸟迹既茫昧，字体变化如浮云。陈仓石鼓又已讹，大小二篆生八分。秦有李斯汉蔡邕，中间作者寂不闻。峄山之碑野火焚，枣木传刻肥失真……”由于“峄山之碑野火焚”，加上石碑有笨重、难刻等缺点，后人以木代之，继续摹拓。正如唐窦臮《述书赋》注所云：“（李斯）作小篆书《峄山碑》，后具名衔。碑既毁失，土人刻木代之，与斯石上本差稀。”这里“刻木”的时间当在杜甫《李潮八分小篆歌》所述的盛唐之前，是指隋朝和初唐。“枣木传刻肥失真”，已非原汁原味，不过，以木代石的方法，解决了石碑笨重、难刻等弊病。

无论是石刻还是木刻，它们本身既是书法艺术品，同时也成为拓印法书的印版。只不过，此拓印版与印刷版不同的地方在于：一个是正字阴刻，即文字正向而凹陷；一个是反字阳刻，即文字反向而凸起。所以，拓印法书与印刷书籍最大的不同，一个为黑底白字，一个为白底黑字。

直到唐初，印刷术广泛应用之前，还有拓书手这一职业。拓书手个个都是书法家，既负责描摹名家书法，也负责拓本法书的拓印。据《大唐六典》卷八，弘文馆有搨（拓）书手三人，李林甫注："贞观二十三年置，龙朔三年，馆内法书九百四十九卷并装进，其搨书停。神龙元年又置。"东宫所属崇文馆亦设置拓书手二人。《新唐书》记载，开元六年（718），集贤殿书院有六人专门从事拓印工作。

初唐时期，拓印法书还有生动的事例。《隋书·卢太翼传》中记载："卢太翼……博综群书，爰及佛道，皆得其精微……其后目盲，以手摸书，而知其字。"卢太翼是一个博学多才的人，因与太子杨勇关系密切，在隋文帝废长（杨勇）立幼（杨广）之时遭受牵连。后来他双目失明，隐居五台山，便"以手摸书，而知其字"。历代很多学者认为，纸上写的字他必定摸不出来，因此他手摸的是雕刻的印版。而且在他生活的时代，既可能有正字的拓版，也可能有反字的雕版。笔者认为，结合他所处时代书籍的形态，他摸的应该是拓印法书。拓印术是于平面展现立体的艺术，是神奇的立体书。经凹版拓印而来的拓书，文字是凹陷的，而且是正字，与今天的盲文书籍异曲同工。所以，"以手摸书，而知其字"并不算太难。

专门汇集历代名家书法墨迹，刻为印版，拓印后装裱成卷或册的法书作为学习书法的范本，又称为"法帖"，多卷数本成套的称"丛贴"。现存最早的法帖是北宋的《淳化阁帖》。到了明清，刻帖更是蔚然成风。历代所刻丛帖达数百种，为后人留下了无数的书法精品。

总之，拓印术是最早的印书术，拓印而成的书籍，是最早的印本，它时而被称为"拓本"，时而被称为"拓书"。但它与后来被称为"文明之母"的印刷术相比，主要有两个缺点：一是黑底白字，不利于长篇文字的阅读，也颇为费墨；二是费时费力，速度相对缓慢，而且工序较多。而自拓印术应用之日起，印刷术的诞生已是"万事俱备，只欠东风"的事情。

装裱成册的拓印书籍

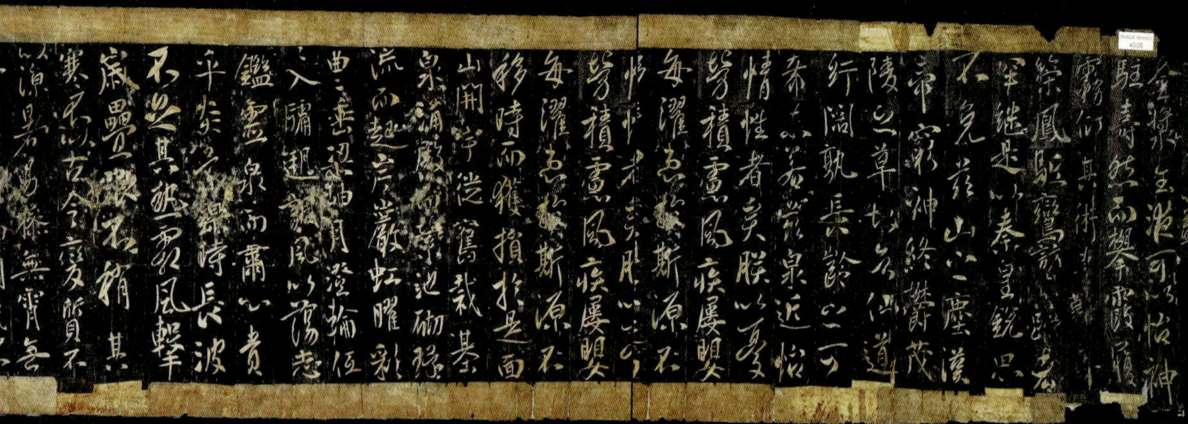

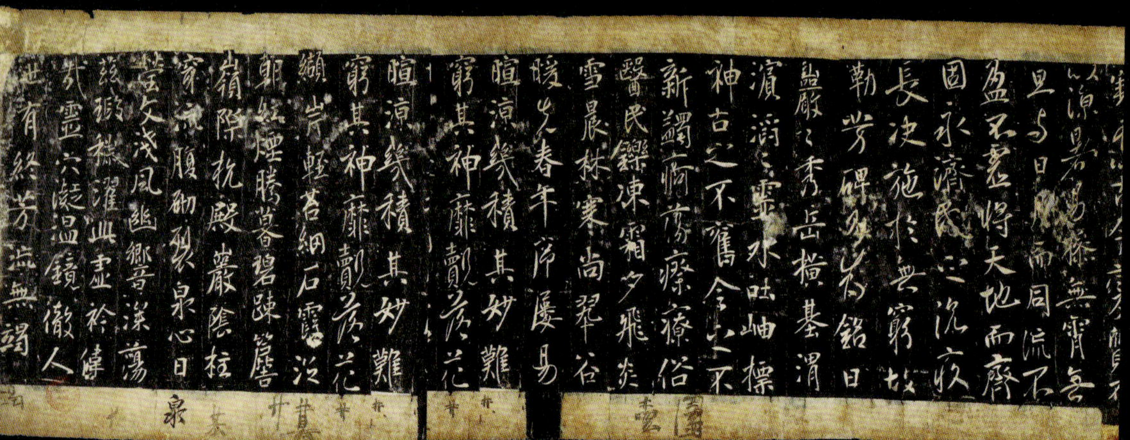

拓本遗珍

拓版消失，旧拓犹存。以石刻为例，随着风雨的侵蚀，其上的字迹会日渐斑驳，日渐变形。因为越早的拓本越接近初刻原貌，所以历代收藏家们都很重视旧拓本。目前存留的唐拓本极少，楷书仅有柳公权的《神策军碑》《金刚经》，以及欧阳询的《化度寺故僧邕禅师舍利塔铭》（简称《化度寺塔铭》）。已知现存最早的拓本是出土于敦煌藏经洞的《温泉铭》。该铭为唐代行书碑文，由唐太宗李世民为骊山温泉撰并书写，是中国历史上首座行书碑刻，唐太宗因此成为以行书刻碑的第一人。可以遥想，书法爱好者李世民挥毫写就《温泉铭》后，当年的拓书手们有多么忙碌。这份敦煌拓本究竟出自何人之手呢？或者是弘文馆摹拓名家冯承素，或者是赵模，或者是诸葛贞……或者应该是他们团队的结晶。因为，从太宗泼墨到制成法书有着繁复的工序：第一，太宗的书法不能破坏，需要高手摹描出副本；第二，根据副本刻石版或刻木版，当然皇帝的御笔必须勒石；第三，御用拓书手按照拓印工艺进行墨拓；第四，裁切装裱装订。对，还有第五步，就是由李世民赏赐给皇亲国戚和群臣。

该碑文辞优美且书法艺术上乘，其字雍容和雅，圆劲道丽，丰满润朗，跌宕流美，为历代所称。《温泉铭》碑立于贞观二十二年（648）。原石久佚，仅这份唐拓孤本存世。清光绪二十六年（1900），拓本被发现于敦煌鸣沙山藏经洞，今藏于法国巴黎图书馆。

唐代之后，宋拓碑帖遗存较丰，拓工十分讲究，纸墨十分精良。宋代本来就是手工纸技艺的高峰。宋纸品种多样，纸质精良，能为拓印提供延展性、坚韧性、吸墨性都适宜的纸张。拓印方法也有各种创新，有擦墨拓，有扑墨拓。宋代也涌现出一批技艺精湛的拓工，故宋拓特别珍贵：用重墨拓出的拓本，沉静黝黑，锋棱毕露；用轻墨拓出来的拓本，清淡雅洁，毫发皆现。宋代精工拓法始终为后人效仿，历来就有唐摹、宋拓一代绝艺之美称。精美的宋拓本可谓价值连城。宋黄庭坚云："孔庙虞碑贞观刻，千两黄

《汉莱子侯刻石》初拓本

金那购得。”清代孙承泽《庚子销夏记》云：“宋拓《大观帖》有黄、白纸二种，所见不一……按此帖在宋时莆田方楷曾以百万购之不得。”

拓印无疆

古老的楔形文字在沉睡了近 2000 年以后，终于遇到了识者。

1616 年，罗马人彼德罗·德拉·瓦勒将一块楔形文字泥版带回欧洲，这是欧洲人最早见到的楔形文字。此前欧洲无人知道有这么一种奇怪的文字。

19 世纪，欧洲出现了一股考古热。丹麦、法国、英国、德国等国的考古队源源不断地去到亚洲争分夺秒地挖掘文物，美索不达米亚成为探险热土。楔形文字泥版被不断地运回欧洲，掀起了破译大竞赛，但效果甚微。

1835 年，25 岁的英国军官罗林森来到波斯一个名为“众神的居住地”的破落小镇（位于现伊朗克尔曼沙汗省）。他对这里悬崖

伊朗国家博物馆里收藏的楔形文字石版，其上浓重的墨色表明几经拓印

伊朗克尔曼沙汗省贝希斯敦铭文

上的石刻发生了兴趣。悬崖上的铭文是用古波斯语、埃兰语和阿卡德语三种语言的楔形文字刻写而成的，记录了波斯国王大流士一世平定叛乱的详细经过。这就是著名的贝希斯敦石刻。但由于悬崖又高又陡，人们无法接近它、阅读它，更没法临摹它、了解它。

罗林森是一名运动健将，他先是设法爬到了岩刻的最底部临摹铭文，然后又在边缘架起了梯子，最后他从崖顶放下一条绳子，捆好自己，悬空摹绘岩壁上的符号。但临摹既考验美术功底，又实在耗时。第一次他仅描摹出数十行。9 年之后，他带着两名助手重返波斯，完成了两种文字的描摹。3 年后的 1847 年，他第三次来到贝希斯敦悬崖，准备描摹第三种楔形文字。第三次他带着最为得力的助手，一位库尔德族少年。他用了起源于中国的拓印术，用墨水和纸张，在铭文上逐字逐行拓印，最终将“天书”全部拓印完成。拓本的写实性和立体感，是摹本无法企及的。这些拓印本带到欧洲，被复制传播。通过对比，两河流域苏美尔人创立的楔形文字最终释读成功。

贝希斯敦铭文的故事只是中国造纸术、拓印术、印刷术造福人类众多案例中的一例。实际上，这样生动的案例比比皆是。《汉谟拉比法典》上古埃及象形文字的破译，古希腊浮雕和碑铭文的保存和研究，背后都有中国拓印术的推动。中国人发明的拓印术，不仅使中华文化得到传承，也为世界其他文明的传播和传承做出了巨大贡献。

拓本传香

有许多与拓印相关的诗歌流传至今。

唐代诗人韦应物所作的《石鼓歌》说："今人濡纸脱其文，既击既扫白黑分。"濡、击、扫，三个步骤，形象生动地描述了拓碑的过程。唐代另一位诗人王建在《原上新居》（其一）中说："近来年纪到，世事总无心。古碣凭人拓，闲诗任客吟。"这首诗反映出唐人拓碑已经相当普遍。

宋拓也在宋诗宋词里。

南宋诗人高翥在《恭跋思陵宕翰拓本卷后》诗中写道："淡黄越纸打残碑，尽是先皇御赐诗。白发内人和泪读，为曾亲见写诗时。"

尽管今天影像技术日新月异，数码摄影已经普及，其中静物拍摄，黑白、彩色随心所欲。但拓印仍有其独到之处——拓印高手能将器物的精致，将器物的精、气、神，在一张拓片上充分地体现。拓片的立体效果、水墨韵味，依然为人们雅玩赏读。

当代，在陕西碑林等地，拓印技艺传承人们延续着这门古老的技艺，鬃刷、打刷、墨板、大小不一的扑子等专业工具一应俱全。无论是画作还是碑文，经他们娴熟的捶拓后，一张张精美之作飘然而下，向世人揭示着中华民族久远的历史，曾经发生过的重大的事件是怎样的轰轰烈烈。一件件拓片艺术作品，流传或被收藏于世界各地。拓片向人们传达着一个信息——5000多年来，在东方大地上，在黄河流域、长江流域，人类的繁衍和流动将他们的文化和文字像种子一样播撒开来。

将朱砂细研成粉，用植物或动物胶调和成墨状，俗称朱墨，用朱墨拓印的拓本叫作“朱拓本”

不论是金石传拓或是枣木传拓，拓印是基于书法和艺术品的图文复制技术，由于技术和成本所限，它无法满足大众获得知识的需要、阅读学习的需求。最早为普通大众阅读而生的图文复制技术为雕版印刷术，正是由拓印的直接启示而产生的。雕版印刷的“反文阳刻”技术是基于拓印本反向启示而产生的，解决了拓印黑底白字、阅读体验差的问题。比之拓印术，印刷术具有与抄写本如出一辙的效果，并且高效快速，具备批量复制的能力。可以说，中华民族独步世界的拓印实践，揭开了雕版印刷术诞生的序幕。

第三节　雕版印本

印刷术是中国古代的四大发明之一，被称为人类的文明之母，是中华优秀传统文化的杰出代表。

世界上最早的印刷术是雕版印刷术。雕版印刷术这个名称只是后来发明的印刷术种类多了，为了与新技术区分，而增加了定语。最早它就叫印刷术，古文里，它叫版印、刻印、印行等。在近1000年前的《梦溪笔谈》一书中，它就叫简简单单的“印刷”。活字印刷术、凹版印刷术、铜版印刷术等，都是在雕版印刷的基础上的技术创新。印刷术的发明与发展，使得中华民族博大精深的文化得以传承，还使中华文化得以同全球交流、向世界传播，并极大地推动了世界文明的进程。20世纪荷裔美国学者房龙指出，印刷术“同中国绵延不绝的山峰一样古老而久远”，“在几百年前，当我们的祖先连做梦也无法想到印刷的可能性，依旧使用笨拙的鹅毛笔和漏水的牛角墨水瓶辛苦地抄写书本的时候，中国人早已发明了印刷术”。

罗马尼亚国家图书馆复古鹅毛笔墨水瓶抄写体验活动

伟大发明

雕版印刷技艺简称“雕版”。在古代文献中，

四川甘孜德格印经院印经场景，活态化传承着古老的雕版印刷术

四川甘孜德格印经院老印版

往往“版”“板”通用。雕版印刷术是指将文字、图像反向雕刻于木板上，再于印版上刷墨、铺纸、施压，使印版上的图文转印于纸张的工艺技术。雕版印刷通常指单色印刷。多色雕版印刷一般被称为“套版印刷”，现代叫“木版水印”。

雕版印刷术发明于隋唐时期（7—9 世纪）。它的发明和推广应用，降低了书籍的成本，提高了书籍的生产效率，加速了知识的传播，推动了文明的进程。中国笔墨纸张的应用，印花、拓印技艺的积淀，以及社会大众的阅读需求，都为雕版印刷术的发明提供了必要的条件。明代学者胡应麟说“雕本肇自隋时，行于唐世，扩于五代，精于宋人”，概述了雕版印刷的起源和发展。

为什么是中国发明了印刷术？为什么彼时的其他国家都没有印刷的萌芽？难道这项发明是一次偶然和巧合？这都是印刷术故乡的人们鲜少思考的问题。

印刷术是一项集大成的工艺技术，它是社会的政治、经济、文化等发展到一定水平的必然产物。从发明的角度来讲，文字的产生是印刷术发明的前提，纸、笔、墨等材料工具是印刷术发明的基础。技艺上，也经历了盖印、拓印的准备。很多学者认为，印刷术起源于印章，甚至有学者据此认为印刷术起源于印度。笔者不这么看。世界上很多国家都有印章，但都没有从印章过渡到印刷术，甚至都没有过渡到拓印术。只有中国，因为有了纸的发明，才有了印刷的基础。其他的文字载体，如丝帛、莎草纸、羊皮纸、贝叶纸，它们都可以加盖印章，但它们都不适用于拓印和印刷。特别是拓印，对纸张的韧性和薄度要求极高。从拓印演进至印刷术是水到渠成的事情。

雕版印刷术的发明，使得中国在长达6个世纪的时间内一直是世界上唯一能广泛复制书面文字、拥有最丰富藏书的国家，中华文化由此达到了举世瞩目的高峰。雕版印刷术还有一个很重要的贡献——它为汉字、书籍，甚至可以说文化的传承确立了标准。从此，知识的传播和传承相对规范而统一，形成了中华民族的文化特色。

中国历代文人学者对印刷术的贡献有赞誉、有总结。比如，953年，国子监祭酒田敏刻“九经”并献雕版给后周皇帝，赞叹道：“播文德于有载，传世教以无穷。”前蜀任知玄赞印刷术有“不烦染翰之劳，可遍普天之内，使人皆持诵”的优点。孙中山指出：“此项工业（印刷工业）为以知识供给人民，是为近世社会之一需要，人类非此无由进步。”

从中国文化角度来看，雕版印刷术作为传播文化的手段，主宰了古代中国1000多年的印刷史。即使从世界印刷史的角度来看，中国以外，雕版印刷术也主宰世界印刷史近1000年之久。因此，它是迄今为止，人类文化传播技术手段中占据主流技术地位时间最长、生命力最强的一种文化传播技术。

2006年5月20日，雕版印刷技艺经国务院批准被列入第一批国家级非物质文化遗产名录。2009年9月30日，雕版印刷技艺正式入选《世界人类非物质文化遗产代表作名录》。作为人类非物质文化遗产，雕版印刷术不仅是中国的，也是世界的。

历代印本

“雕版印刷术”这个词是今人为了区分活字排版、照相制版等

《传家宝》木雕印版

技术革新而赋予的称谓，给人一种厚重、笨拙的感觉。其实纯粹就印版而言，它是相对最轻、最好看的印版。在雕版印本时代，没人叫它雕版印刷术，就叫版刻或版印，雕版印刷出来的书籍一般称为印本。古代印本一般按照内容分为经、史、子、集四类，也有按照刻印系统分为官刻、私刻、坊刻、院刻等的。不过习惯上，特别是在版本学中，通常还是按照时代顺序，分为唐印本、宋印本、元印本、明印本、清印本，或简称为唐版、宋版、元版、明版、清版。

唐代印本：唐代至今日，已逾千年。千年的时光对于纸质印本近于保存极限，故而尽管有唐印本流行于世，然代代相传至今者，寥若晨星。所幸有甘肃敦煌藏经洞及个别墓室秘藏，今天的人们才能得见数纸，这已经算是不幸中之大幸。而敦煌藏经洞地处大唐边陲，尽管当时喧嚣繁华，但所出土的藏品也难以反映大唐盛世雕版印刷术发展的全貌。今天，人们还是只能从存世的几种珍贵印品中来初步研究当时的工艺情况。期待着将来有更多早期的

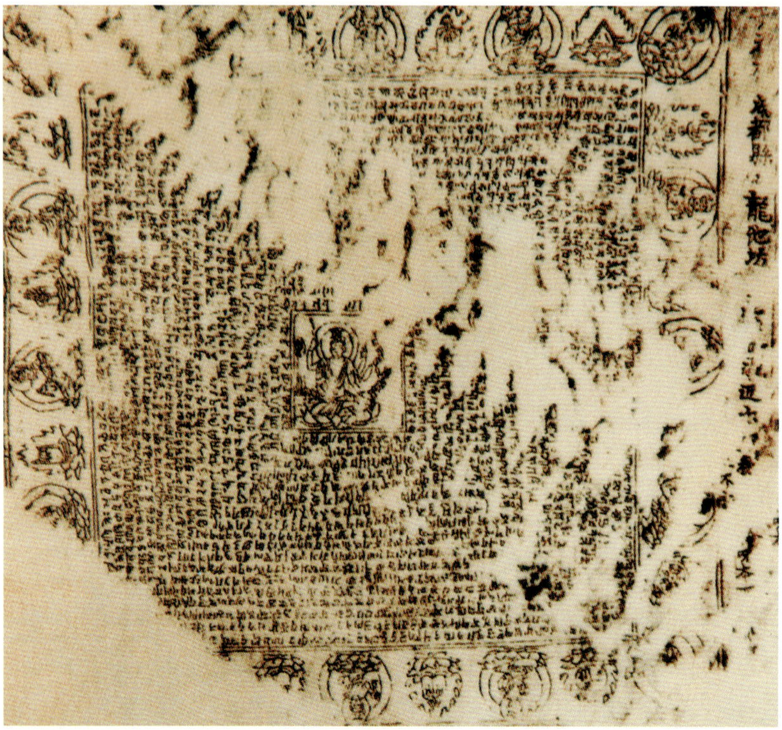

成都府成都县龙池坊卞家印本陀罗尼经咒

唐咸通九年（868）印本《金刚般若波罗蜜经》扉画

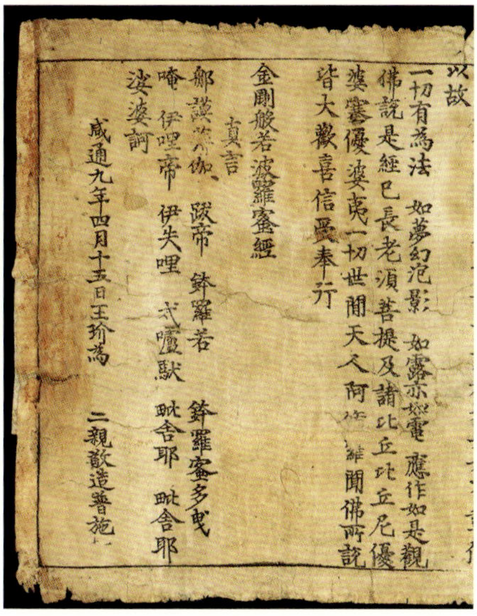

以故
一切有為法 如夢幻泡影 如露亦如電 應作如是觀
佛說是經已長老須菩提及諸比丘比丘尼優
婆塞優婆夷一切世間天人阿修羅聞佛所說
皆大歡喜信受奉行
金剛般若波羅蜜經
真言
那謨薄伽跋帝 鉢囉若 鉢囉蜜多曳
唵 伊哩底 伊失哩 戍嚧馱 毗舍耶 毗舍耶
莎婆訶
咸通九年四月十五日王玠為 二親敬造普施

唐咸通九年（868）印本《金刚般若波罗蜜经》尾题

印刷书重见天日，让中华民族光辉灿烂的文明内容更加丰富翔实。

雕印经咒——雕版印刷术最早大量用于佛经佛画的刻印已是一条比较清晰的脉络。国内现存的雕版印刷早期产品，以佛教经像为多。佛教密宗咒语印本从唐初开始流传，到8世纪形成了一个出版高潮，其数量以数十百万计。

1900年，英国人斯坦因在敦煌莫高窟藏经洞挑出来一卷印本《金刚般若波罗蜜经》，编号SP.2（英国小翟理斯编号为G.8083号）。1907年，斯坦因将它连同其他数箱文物带到英国，藏于大英图书馆。此后这个卷子成为举世闻名的珍宝。该印本首尾完整，卷轴装，全长491.5厘米，宽30.5厘米，全卷由7张纸连接而成。卷首第一纸为扉画，即版画《祇树给孤独园图》，描绘释迦牟尼于孤独园莲花座上对弟子须菩提说法的情景。接下来为6张印有经文的印纸。其经文内容，大致可分为3个部分：经文前是净口业真言，之后是八大金刚祈请文，共5行；经文包括首尾题名，共287行；正文后是真言，共4行；卷尾刊有“咸通九年四月十五日王玠为二亲敬造普施”，明确了该卷雕刻的年代为868年5月11日。经文总共296行，每行19字、20字不等，约镌刻5000字。它是迄今所知的世界上最早的有明确刊印时间的印本。这本《金刚经》卷子一度被世界印刷史学界公认为世界上最早的书。斯坦因发现《金刚经》后曾语：“从其扉页上图画所表现之完美技术观之，可见印刷术在此前，已经过一长时期。”

历日印本——在唐代中期以前，民间已广泛

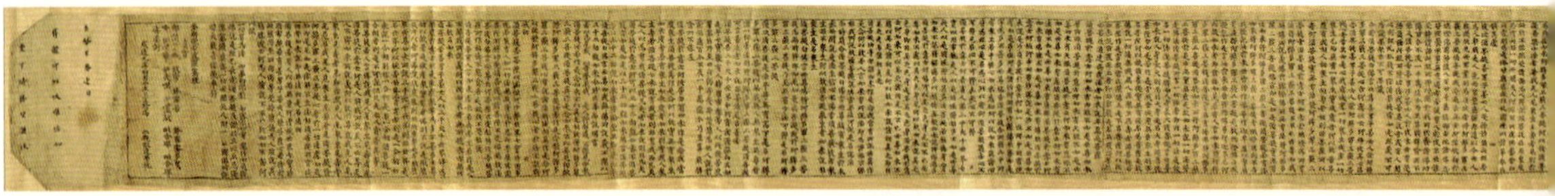

唐咸通九年（868）印本《金刚般若波罗蜜经》

使用雕版印刷历书，而且分布地域很广。虽然朝廷下令禁止，但实际上是禁而不止。因为历书是民间需求量很大的书籍，是不可缺少的工具书，所以一直未停止印刷。特别是到了唐代末期，民间印刷历书更从四川、淮南等地扩展到江东一带。

敦煌遗书中也保存有不少历日文献，目前所知的敦煌历日文献有 50 余件，其中最早的一件是《北魏太平真君十一年（450）、十二年（451）历日》,最晚的一件是《北宋淳化四年（993）历日》,前后跨度达 544 年，经历 6 个世纪之久。这些历日大体上可分为简本、繁本两种类型。简本历书内容简单。繁本历书“序言有年九宫图、年神方位图、推七曜直日吉凶法及各种杂忌法等；月序中有月大小、月建干支、月九宫图、得节之日、天道行向、月神日期方位、四大吉时和日出入方位”，内容几乎无所不包，科学与迷信都集中于此。另外，敦煌历书主要来源于两个方面：一是官历，即由中央政府颁布实行的历书。敦煌研究院所藏的《北魏太平真君十一年（450）、十二年（451）历日》就是一部由北魏官方颁布的历日；二是小历，就是相对于官历来说，由地方自编的历日。在这 50 余件敦煌历日中，来自中原的历日为数寥寥，绝大部分是敦煌地方自编的历日。究其原因，可能与吐蕃于唐德宗贞元二年（786）占领敦煌有关。吐蕃占领敦煌后，敦煌与中原王朝的联系被切断，象征王权的中原历书无法颁行到敦煌。而与中原使用的干支纪年不同，吐蕃使用的是地支和十二生肖纪年法。

敦煌历书中最为详细、版式最讲究的印本《唐乾符四年（877）丁酉岁具注历日》在前文已经述及。这里再介绍一件现存英国国家图书馆、编号为 8101 的历书残片。这份历书仅从残片就能看出，与那份 877 年的历史内容如出一辙。历书旗帜鲜明地打出了印刷

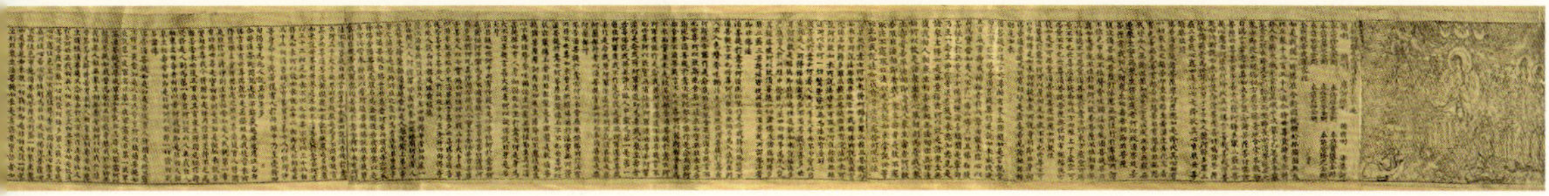

商标“大刁家”——要知道，印刷发行历书可是皇家专属特权，民间制造和销售是违法行为。这“大刁家”居然就在皇帝居住的上都长安公然贩卖，匪夷所思。“大刁家大印”，这第二个“大”字是什么意思？有两种可能，一是历书的印制时间在唐文宗“敕诸道府不得私置历日板”的835年前；二是这东市大刁家只是个噱头，是为了在偏远地区售卖显得有权威，毕竟这份历书出土于大唐边陲敦煌。

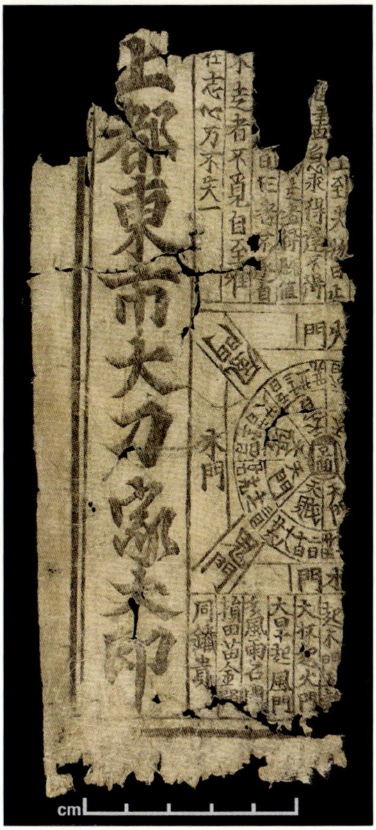

上都东市大刁家印具注历日，高17厘米，宽7厘米。上都即为唐都长安

雕版韵书——隋唐五代时期除了佛经和历日外，另一个特点是文学书籍开始有了印刷版本。敦煌遗书中除发现经文、历书之外，也有唐代文学书籍，其中就有印本。

韵书是古人为规定、分辨文字的正确读音，而将汉字按照字音分韵编排的一种书籍，属于音韵学的范畴。同时它有字义的解释和字体的记载，也能起辞书、字典的作用。隋仁寿元年（601），陆法言编撰的《切韵》是中国早期韵书的代表之一，可惜原书没有流传下来。敦煌吐鲁番发现的韵书目前所知的有20余种，其中陆法言《切韵》抄传本就有P.2055、P.2019、P.2129、P.2638等6种。这不仅使人们得以窥见其原貌，而且由此也可见韵书在敦煌当地的巨大需求。

敦煌所出的印本韵书只有王仁昫《大唐刊谬补缺切韵》一种版本，分别编为P.2014、P.2015、

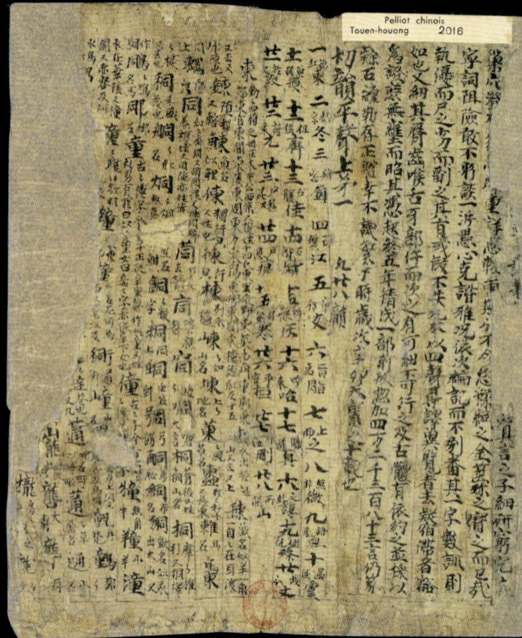

《刊谬补缺切韵》抄本。取自“丝绸之路在线”网站。“丝绸之路在线”国际敦煌项目的目标，是敦煌及丝绸之路东段其他考古遗址出土的写本等的信息与图像能在互联网上自由地获取，并通过教育与研究项目鼓励研究者利用这些资源

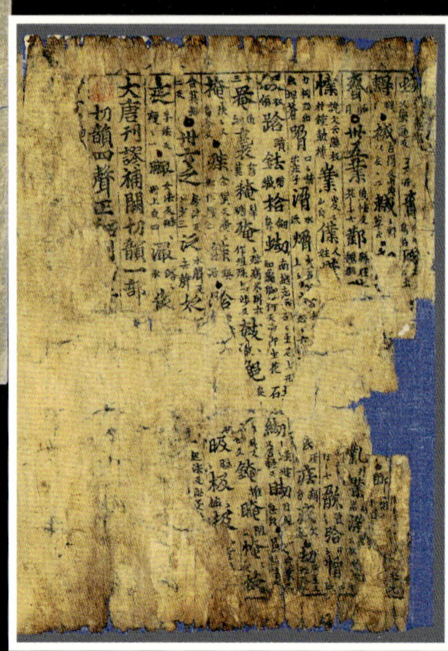

印本《切韵》。取自“丝绸之路在线”网站

P.4747、P.5531 四个编号。同样由法国国家图书馆收藏的还有编号为 P.2011 的写本《刊谬补缺切韵》，保存相对完整些，有二十二纸，双面抄写。P.2016、P.2017 也同样是写本。与现在所发现的写本韵书不同的是，印本韵书的雕印每行字数和每页行数较多。

在出版史、印刷史的研究中，“刊”字十分值得研讨。无论是在古代还是现代，“刊”字常常与出版、印刷相关。《说文解字》中“刊”字注释为“刊谓斫去次地之皮也。按凡有所削去谓之刊。故刻石谓之刊石”。“汉典”中，“刊”字有四种基本字义——斫：消除，修改，刊误（勘误）、校刊；刻：刊石、刊印、刊本；排版印刷：刊行、创刊、刊登、刊载；出版物：刊物、报刊、书刊。

本书反复强调印本时代的印本对于文化的传播具有规范和定型的作用。《切韵》这类的字书、韵书版式相当复杂，内容相对较多，文字相对生僻。结合对敦煌抄本、印本《大唐刊谬补缺切韵》的研究，比较容易想象平民阶层对于这类字书、韵书抄写的困难和获得之不易。《大唐刊谬补缺切韵》的“刊”字除了修改的意思之外，有了向校刊、刊登、刊行过渡的含义，再次延伸了本书强调的这一印刷术的珍贵属性。平民阶层正是依赖印刷术，才有了阅读、传抄、学习的范本。

儒家经典——在今天，佛经、佛像类的早期印刷品较为常见。那么，雕版印刷术从何时开始与儒学传播相结合？现存最早的儒家印本是哪件？早期的印刷术对于儒学传播所起到的推动作用具体体现在哪些方面？这些都是意义重大，而印刷史学界却很少涉及的研究领域。

今天人们能见到的早期雕版印品大多来自敦煌藏经洞。人们必须对这些珍稀印品开展深入研究，才有可能拨云见日，还原雕版印刷术早期的应用情况。这样的研究成果越多，与雕版印刷术起源和发明的真相便越接近。敦煌印本《故圆鉴大师二十四孝押座文》正是这样一件“待字闺中”、值得深入研究的早期雕版印刷珍品。根据英国国家图书馆标注的说明，这卷押座文编号为

Or.8210/P.1，尺寸为长91厘米，宽26厘米，而且印刷精美。它可以说是中国“二十四孝”文化的鼻祖，它既是早期儒家经典印本的代表，也是佛教传入中国后落地生根，并实现中国化的生动例证。

所谓押座文，类似于后世小说、戏曲的楔子、引子等，是一种开场前引导观众专心听讲的方法。押座文内容通常精练简洁，寥寥数十行便能概括出一经大义。唐时佛教开始世俗化，出现各种佛教变文。而《故圆鉴大师二十四孝押座文》更是开创了佛经

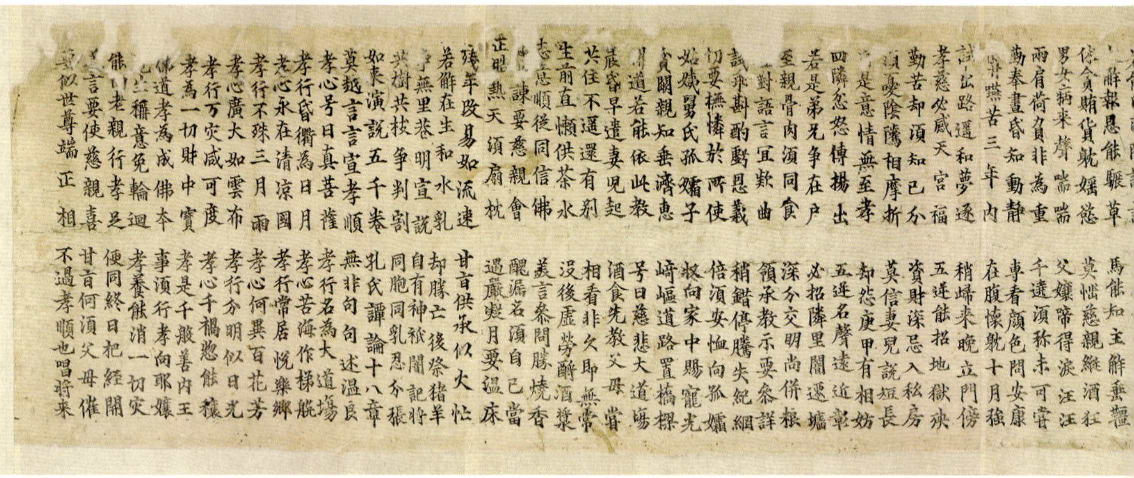

《故圆鉴大师二十四孝押座文》敦煌印本

故事与儒家典故结合的典范，引人入胜，发人深省。

敦煌留传下来的《故圆鉴大师二十四孝押座文》不止一卷，目前还发现有英国国家图书馆藏编号为S.3728的抄本《押座文右街僧禄圆鉴大师赐紫云辩述》、法国P.3361之《押座文左街僧禄圆鉴大师赐紫云辩述》。这两卷抄录都相对完整，但都有漏抄和错字现象。如法藏本中第一联“世间福惠，莫越如来。相好端严，神通自在”就漏抄了“在”字，其后有明显的补写墨迹。法藏卷题名中“左街”也应当是“右街”的抄写错误。另外，俄罗斯科学院东方研究院圣彼得堡分所还藏有一件《二十四孝押座文》，编

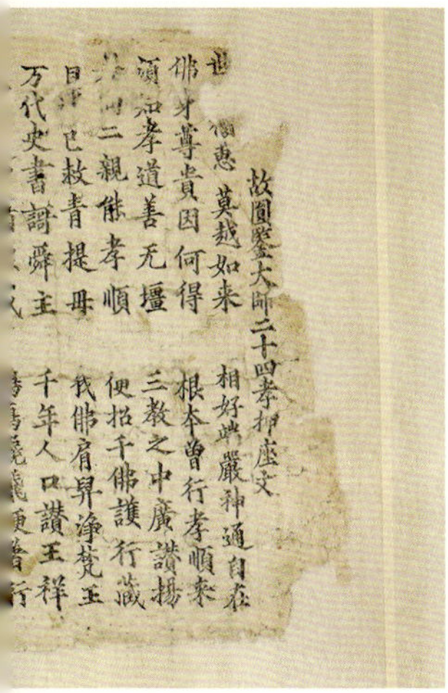

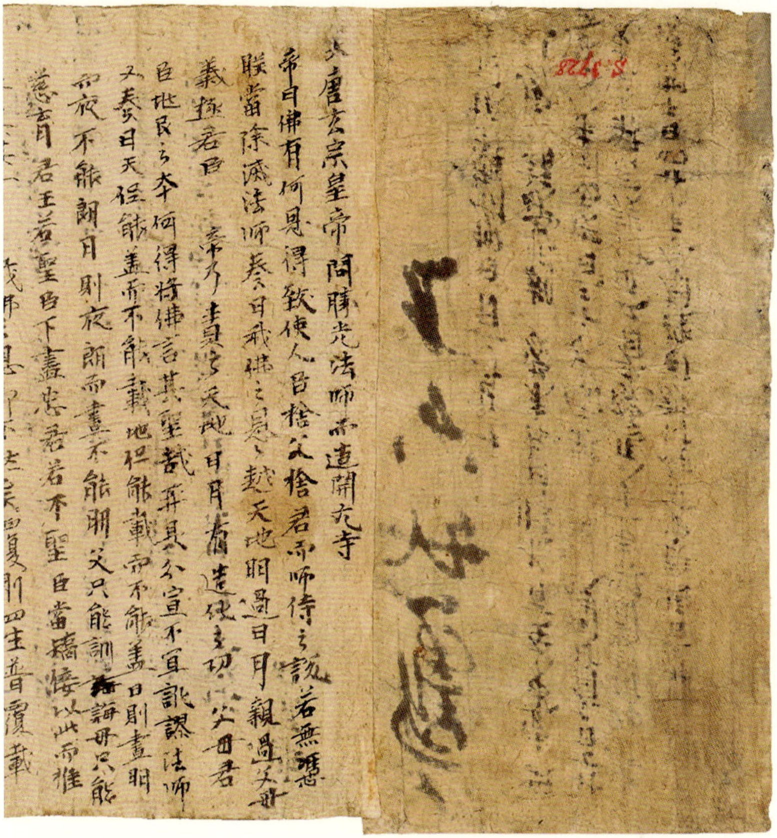

英国藏 S.3728 的抄本《押座文右街僧禄圆鉴大师赐紫云辩述》局部

号为 1703，为无题名残片，只存全文结尾的三联六句，但也并不是准确的最后三联，有漏抄。通过对这 3 件抄本押座文分析可知，印本《故圆鉴大师二十四孝押座文》是各抄本的母本。当是先有印本，后有传抄本。印本很有可能刻印于圆鉴大师坐化后不久的晚唐五代时期，刻印地点应为其所在的长安右街千福寺。

仅敦煌出土的《二十四孝押座文》就有印本和多件抄本，可见圆鉴大师及其《二十四孝押座文》影响很大，同时也折射出其时中原文化的核心地位和辐射作用。

唐代以前的佛教传播以满足上层社会的需求为主，抄经活动大都由政府组织或者由寺院进行。当时平民阶层的文化程度十分

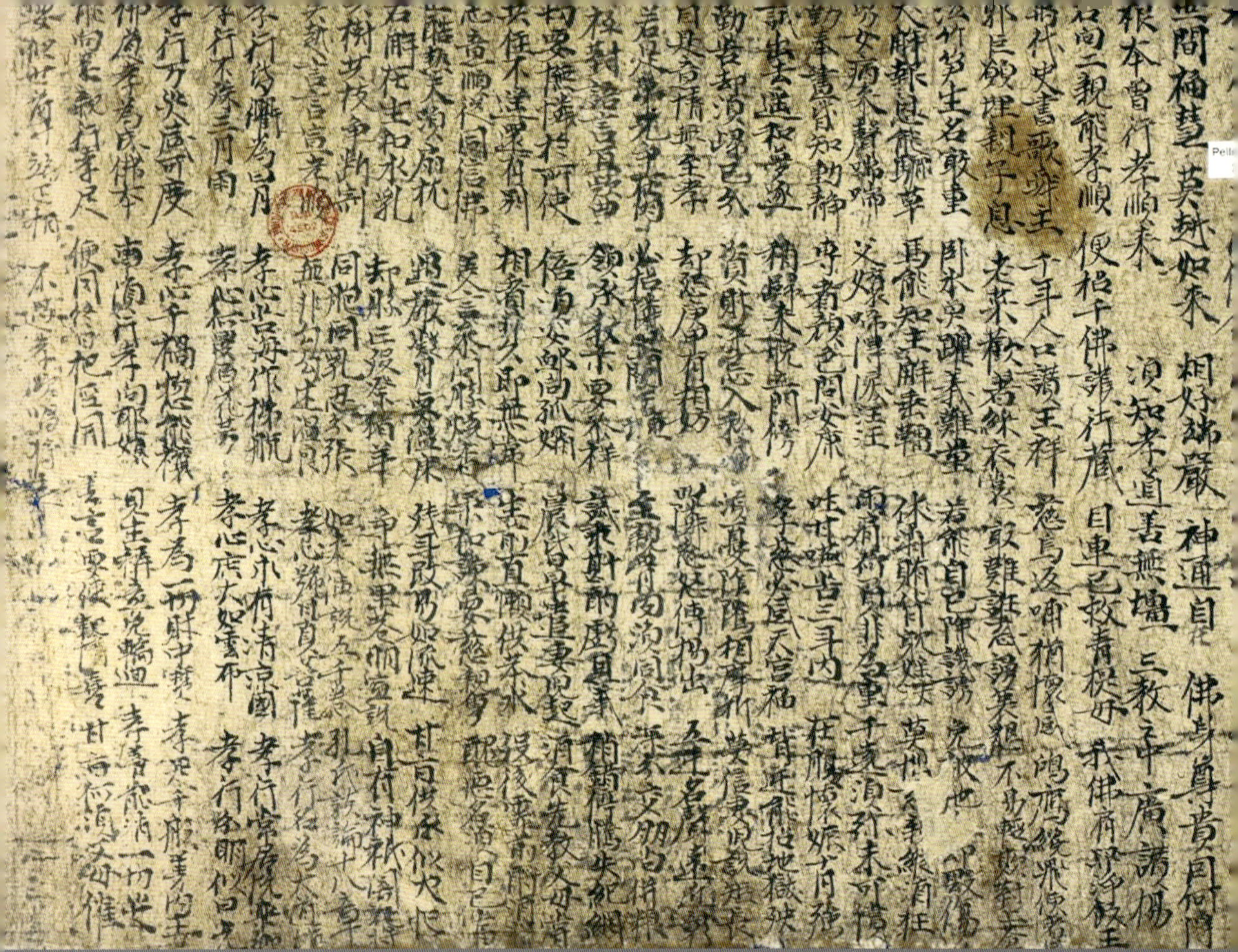

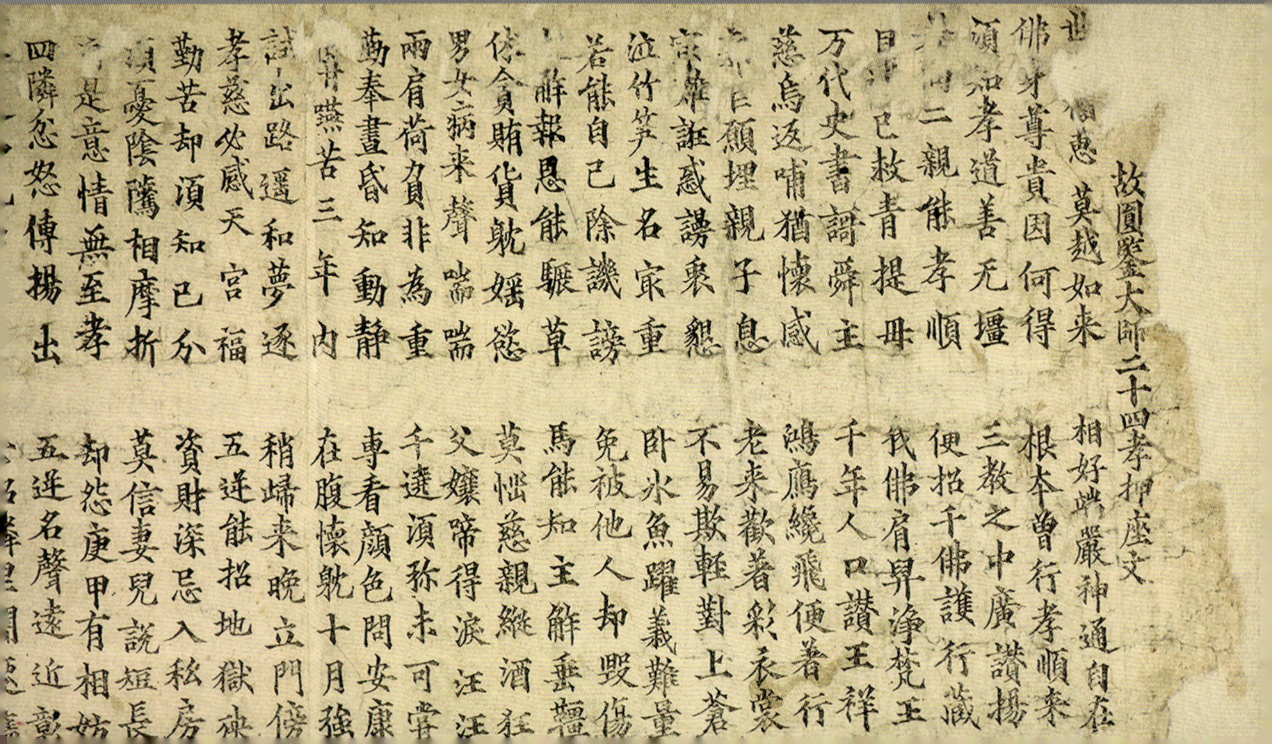

上图：法国藏 P.3361《押座文左街僧禄圆鉴大师赐紫云辩述》

下图：《故圆鉴大师二十四孝押座文》印本第一纸

有限，识字能力和书法水平都难以满足抄书的需求。甚至大多数人书写困难，特别是在位于西北的敦煌。因此，来自中原的印本被尊奉为学习、抄写、流传的法式和规范。毕竟在雕版印刷时代，印本也要经过编辑、抄写、校对、刷印、装帧的规范流程，体现出一定程度的专业性。对于权贵阶层而言，尽管抄本彰显专属和稀有，更加珍贵，但对于平民阶层而言，规范的文本也十分珍贵。在人们传抄的过程中，印本对于汉字书法字体，特别是楷体起到了定型的作用，对于作品起到了规范的作用。

五代印本：五代时期，中央政府接纳了印刷术，参与到雕版活动中，儒家经典得以进行规模化的印刷出版。最为著名的是冯道（882—954）主持刻印了儒家的《九经》，这是印刷史上划时代的创举，也是历史上由政府主管的第一次大规模儒家经典的刻印。这次刻印工程是在国子监进行的，刻印的《九经》也称监本《九经》，它开创了国子监印书的历史，对以后历代国子监印书有很大的影响。

五代时期，由私人出资的印刷活动，以蜀相毋昭裔最为著名。他自幼好学，博学多才，但家境贫寒，无力购买更多的书籍，常在朋友间借书阅读。“毋昭裔贫贱时，尝借《文选》于交游间，其人有难色，发愤：‘异日若贵，当板以镂之遗学者。’后仕王蜀为宰相，遂践其言刊之”。毋昭裔所处的时代，是抄本与印本并存的时代，书籍生产量很小，十分昂贵。毋昭裔早年的借书经历，正是促使他日后大力推广印本书籍的主要动机。后蜀广政十六年（953），他“出私财百万营学馆，且请镂版印九经，以颁郡县，蜀主从之”。他堪称中国历史上第一位私家刻印书籍者。

五代时期流传至今的印本书籍寥寥，几乎只见出自敦煌的一批。五代时敦煌地区称为瓜州、沙州。曹氏三代统治瓜、沙二州140余年，曹氏家族的升官晋爵在敦煌石窟的壁画上都有反映。曹氏家族是十分虔诚的佛教信徒，他们刻印了大量的佛像广泛散发。敦煌藏经洞出土的五代时期雕版单页愿文中的造像内容主要有毗沙门天王像、救苦观世音菩萨像、文殊菩萨骑狮像、阿弥陀

五代阮郜绘《阆苑女仙图》局部，图中有贵妇双手展开书卷。似乎正在举办配乐朗读会

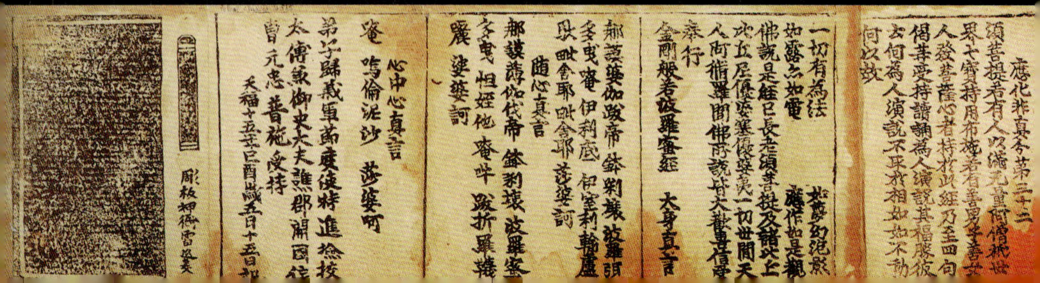

佛如来像、圣观自在菩萨像、地藏菩萨像、普贤菩萨骑象像、四金刚像、大随求陀罗尼轮曼荼罗图、观世音千转陀罗尼曼荼罗图、无量寿佛诸陀罗尼轮图、观世音菩萨像、净土变相图，以及各类“印佛”式千佛像和《千佛名经》插图式印佛小像。

《勘书图》，五代南唐画家王齐翰绘。图中一文士勘书之暇挑耳自娱，书几上有摊开的书卷，旁边有一摞成册的书籍。南京大学图书馆藏

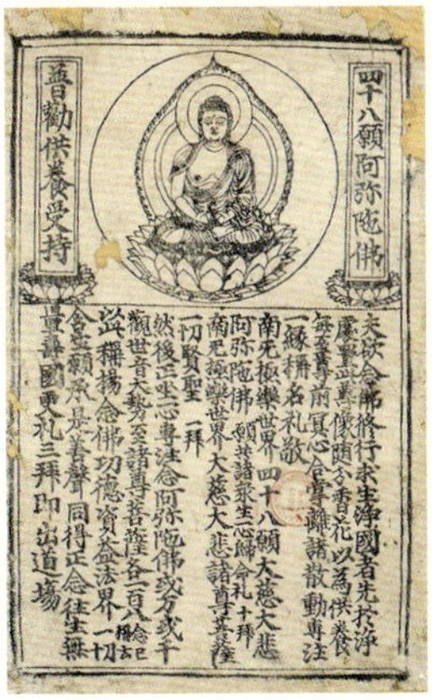

英法藏10世纪敦煌木雕版印画《四十八愿阿弥陀佛》，印面略歪斜

宋版印书：清代藏书家顾千里说过，宋版书，无字的地方都是美的。宋版书即宋代印刷、出版的书籍，内容包括法律、儒学、宗教、史学、医学、文学等。宋版书有着很高的文献价值、文物价值。宋版书在艺术上的成就更是前无古人、后无来者，以至于后世一直以“景宋”“影宋”“覆宋”为行业规范。在收藏界，素来有“一页宋版，一两黄金”的说法。回头看千年前先贤们一笔一刀的辛勤，宋版印刻的巧艺真是令人击节赞赏。

宋版书纸墨考究。宋版书纸质洁白光滑、质地柔软细腻，用墨质料精良、墨色如漆。宋代造纸技术较为发达，印刷用纸品类繁多，大致有竹纸、皮纸和麻纸。竹纸，色黄而薄；皮纸是以桑

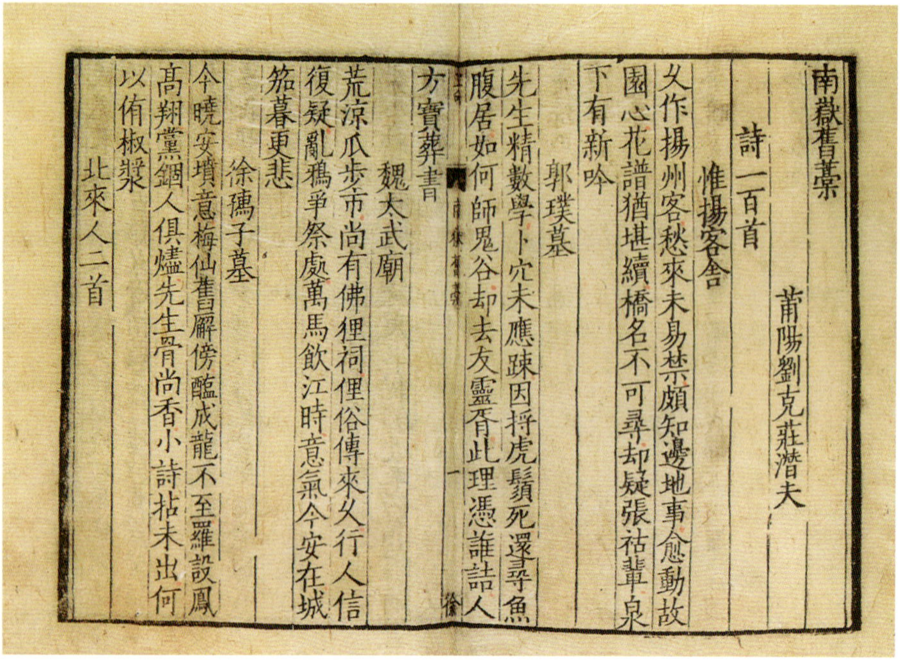

南嶽舊稾

詩一百首

莆陽劉克莊潛夫

淮揚客舍

久作揚州客愁來未易禁頗知邊地事愈動故園心花譜猶堪續橋名不可尋却疑張祜輩泉下有新吟

郭璞墓

先生精數學卜穴未應疎因捋虎鬚死還尋魚腹居如何師鬼谷却去友靈胥此理憑誰詰人方實葬書

魏太武廟

荒涼瓜步市尚有佛貍祠俚俗傳來久行人信復疑亂鴉爭祭處萬馬飲江時意氣今安在城笳暮更悲

徐孺子墓

今曉安墳意梅仙舊廨傍醞成龍不至羅設鳳高翔黨錮人俱燼先生骨尚香小詩拈未出何以侑椒漿

北來人二首

南宋浙印本《南岳旧稿》

树皮和楮树皮为原料制成的纸张，色白而厚，两面光洁；麻纸则厚而色偏黄。较为高档的宋版多用皮纸。

宋版书装帧精美。宋版书版式设计简洁、美观、大方，不少传世的宋版书讲究字大悦目、行格疏朗。宋版书的装帧艺术真实体现了宋人“尚简”的精神，简约、实用，成本低廉，色彩单调，版式设计以横竖线为主，少有或没有烦冗的图饰。宋版书集中卷轴装、经折装、旋风装这三种装帧形制的优点，开创了蝴蝶装，书籍翻阅起来，宛如振翅翩飞的蝴蝶。

宋版书雕刻精工。宋人崇尚欧阳询、颜真卿、柳公权的书法。风气所尚，也影响到刊刻事业。宋版书多由善书者书写上版，字体常用名家书体。北宋初期盛行欧体，后期逐渐盛行颜体和柳体，但各地区印书时又有区别：川本颜体居多，间架开阔，字形丰满；建本柳体居多，笔画刚劲，字硬如骨；浙本则多欧体，纤细秀雅，字形略瘦；江西印本既有柳体，也有欧体。

宋版书勘校严谨。宋代善本图书谬误甚少，这与宋代的校对体系是分不开的。宋代对校对工作量有规定，称为校雠日课，每个人每日校对多少要按时间上报给各个部门。宋代还规定了勘校条例："诸字有误者，以雌黄涂讫，别书。或多字，以雌黄圈之。"宋代的勘校条例不仅保证了图书质量，而且责任分明、便于管理。

宋版书如此珍美，那么，当时图书卖什么价钱呢？据文献记载，北宋嘉祐四年（1059），一册书大概卖 100 文。南宋时期，书价飞涨。如宋绍兴十七年（1147）沈虞卿刻印王黄州《小畜集》牌记云："今具雕造《小畜集》一部，共八册。计四百三十二版……见成出卖，每部价钱五贯文省。"按宋时用钱省陌制度，一贯文省合钱 770 文，则"五贯文省"合钱 3850 文，而该书 8 册 432 页，则计每册 480 文。南宋淳熙十年（1183）象山县学刊《汉隽》牌记云："每部二册，见卖钱六百文足。印造用纸一百六十幅，碧纸二幅，赁板钱一百文足，工墨装背钱一百六十文足。"该书 2 册，则计每册 300 文。

这里通过一册宋版书，来管窥宋版书之美。中国国家图书馆的藏品中，有一册宋代陈宅书籍铺印本《唐女郎鱼玄机诗集》，是唐代著名的浪漫主义女诗人鱼玄机诗文集现存最早的印本。鱼玄机是"名媛"，她同当时的许多文人名士有交往，与温庭筠为师友，互相以诗篇赠答。她在《赠邻女》诗中一句"易求无价宝，难得有心郎"，成为千古女人心事。

这册《唐女郎鱼玄机诗集》皮纸印造，刀法精到，墨色晶莹，欧体，刻印极佳，反映了宋代杭州地区的版刻风貌，是难得一见的版刻精品。该书卷尾镌"临安府棚北睦亲坊南陈宅书籍铺印"尾记一行。陈宅印书在宋代负有盛名，是历代藏书家倾力追求的善本。自明代起，该书先后由著名藏书家朱承爵、项元、何焯、兰陵缪氏、黄丕烈、徐紫珊、袁克文等收藏，后辗转收归国家图书馆。该书不仅原刻弥足珍贵，另一半篇幅为众多藏书名家之亲笔题跋，愈发加重了它的分量。《唐女郎鱼玄机诗集》绝对是宋代甚至是中国古代最美书籍的代表。2008 年 3 月，国务院公布第一批《国家珍贵古籍名录》，该书列 01070 号。

元代印本：元代在文化上以承袭宋代为主。政权刚刚建立，

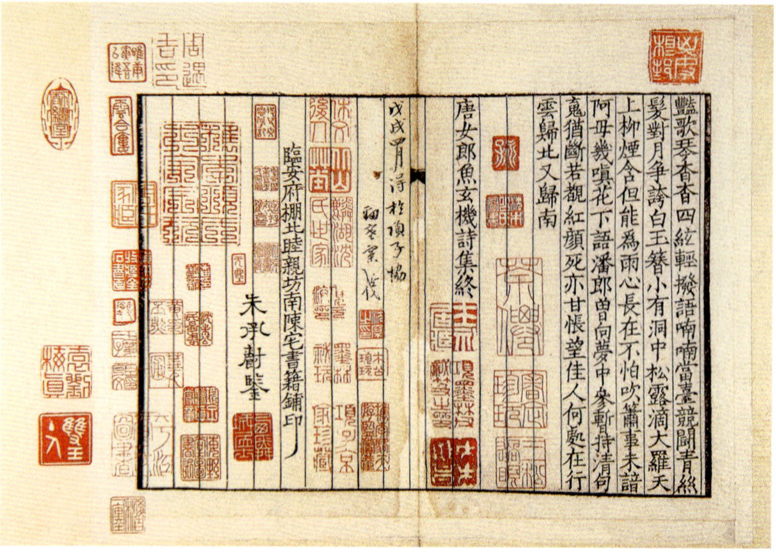

南宋临安府陈宅书籍铺印本《唐女郎鱼玄机诗集》，中国国家图书馆藏

就广收宋代府库的书版，又从南方招募了许多刻工，所以书籍事业是在南宋的基础上发展，没有多少根本性的变化。中央官刻由兴文署掌握，但元代皇家并不热爱读书，因此官方印书并不多，官方书籍印刷机构都不太有名。元代书籍生产事业乏善可陈的主要原因是当时读书人地位很低，低入尘埃。

历史上一般宋元本并称，说明元印本的质量不亚于宋印本。元代书籍较之前代主要表现在赵（赵孟頫）体字的广泛运用、版式的丰富、包背装的推广、话本的出现、牌记的变化等。这些进步或者说变化，主要力量来自离中央较远的南方地区，特别是福建地区印书事业异军突起。元代是建阳印书业持续发展的时期，也是建本版画插图制作的发展期。这一时期，建本版画的内容比宋代有所扩大，版画插图的技艺也有提高，出现了中国出版史、小说史，尤其在版画史上值得大书一笔的巨作——《全相平话五种》。

《全相平话五种》的版式为上图下文的连环画形式。插图占版面约三分之一，每一全页一图，每图均有小标题，主要人物标出

《孔氏祖庭广记》，金孔元措撰，蒙古乃马真后元年（1242）孔氏印本。中国国家图书馆藏

人名，计 288 幅插图，是近代连环画的鼻祖。这 5 种平话的封面版式也是上图下文式。如《全相三国志平话》的封面，上绘《三顾茅庐图》，图上端题"建安虞氏新刊"，图下题书名《至治新刊新全相三国志平话》。要在逼仄画面中表现重要的历史事件，对版面的设计与版画的绘制要求很高。《全相平话五种》的版画作者较好地处理了这一矛盾。如"赤壁鏖兵"的插图，仅用士兵五六人，战船一二只，加上岸边"孔明祭风"仗剑作法念念有词，江上"黄盖放火"，火借风势、势不可当，就把火烧赤壁波澜壮阔的战斗场面很好地表现出来了。可以说，《全相平话五种》的版画是建本图书的插图创作走向成熟期的力作，也是元代建本版画的代表性作品。

明代印本：明代是中国雕版印刷业的繁盛时期。明代印书多，印书机构比唐五代辽宋金元更多，印书地点众多，难以详述。无论在印书地区、印书形式、印书技术上，还是在印书范围、民间书坊数量上，明代都远胜于前代，是中国出版事业和印刷技术发展的极盛时代。明代在出版史上留下了浓墨重彩的数笔：书籍装帧方面，明代中期所形成的"线装书"如今是古籍的代名词；书

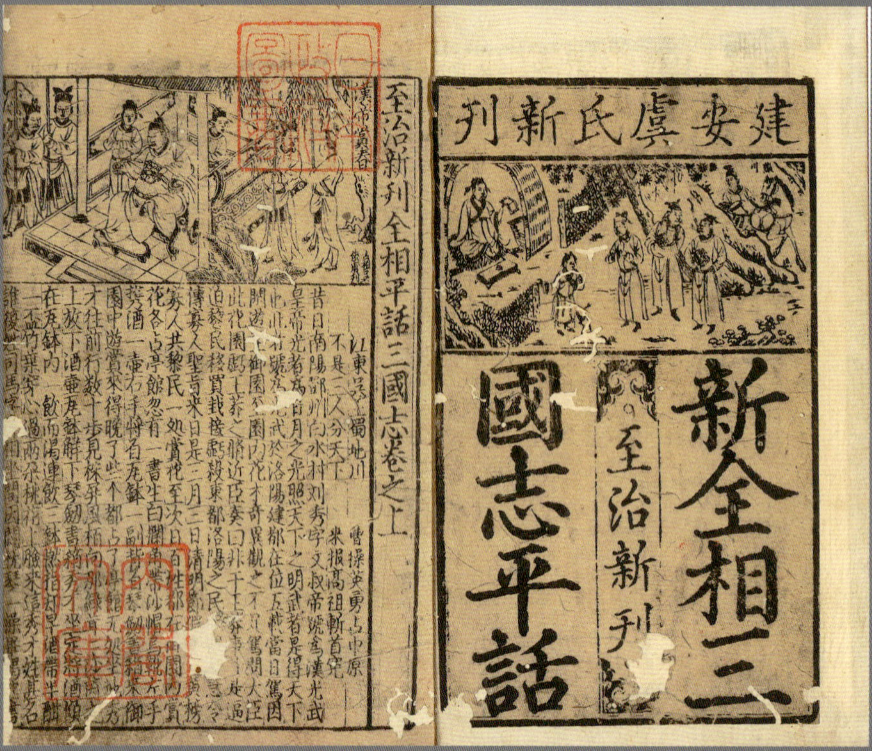

《至治新刊新全相三国志平话》，元至治间福建建安虞氏刊印本

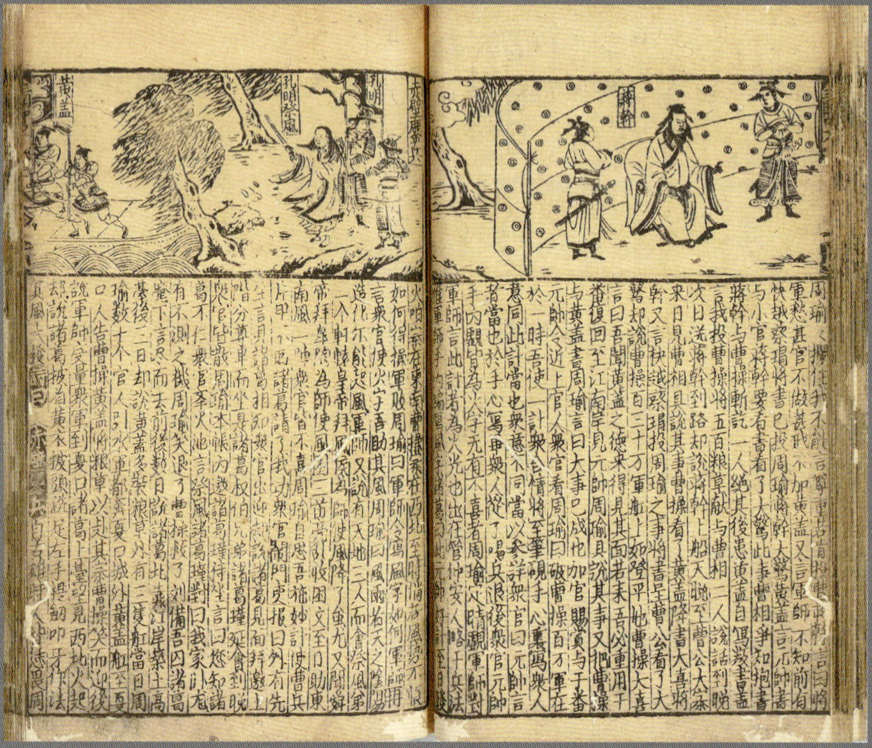

左为《至治新刊新全相三国志平话》之“赤壁鏖兵”插图

籍字体方面，明代形成了今天最常用、最规范的印刷体字体——宋体；在印刷技术方面，明代的彩色套印刷独辟蹊径，别具一格。

将书籍作为礼物，是当代人比较常见的事情，特别是长辈赠予晚辈。实际上礼品书古已有之。明代在士大夫阶层，一度盛行以书为礼的书籍之交。官员上任或奉旨归京，形成了一书一帕相馈赠的惯例，当时将这种礼品书称为“书帕本”。清初顾炎武《日知录》中说：“隆庆、万历间，承嘉靖余风，皆喜刻书。但大率刻而不校，甚或妄加删削。以之馈遗当道官员，附之一帕，故有一书一帕之称，是为书帕本。”可见书帕本是明代例行官样礼品，只注意表面装潢，不注重文字内容。实际上书帕本流传至今者极罕见，可能与历代藏家都不收藏该类书籍有关。从版本学角度来看，今日得者，亦是珍品。作为礼品功能的书帕本常常为了“面子”而装帧精美，收到书帕本的官员们拿到这些书籍很多是不看的，而是用来转送，或者直接送店铺换成银子。

这些书帕本只有个别是行贿官员自费刻印，而大多数是用公款印制的。海瑞就对这种挥霍民脂民膏的行为极为愤慨，他说：“访得各抚院按院临将复命，往往牌行府县印刷书籍，为入京封帕。

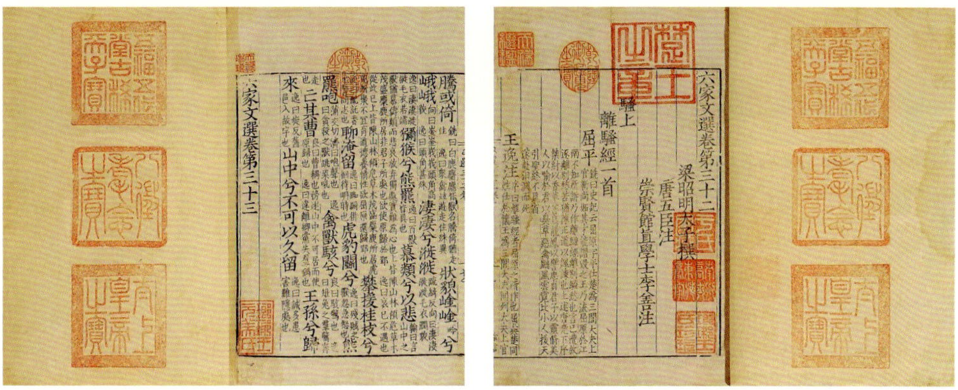

天禄琳琅旧藏，明嘉靖十三年至二十八年（1534—1549）《六家文选》，袁褧嘉趣堂印本

用费以数十两计，至百余两亦有之，合各府县算，不啻数百两矣。有假称动支本院赃罚，有不动赃罚，借称无碍官银者，此等皆是府县剥民充之。”而他的一番话，也说明当年书帕本泛滥成灾，给百姓增加了很大负担。明万历以后，政府曾明令禁止书帕本的流转。另有《明史》记载，有一位名叫韩一良的大臣，在两个月内收到的书帕本竟价值五百金之多，于是，他将这个情况上报给皇帝，说自己收到书后如数退还，有向皇帝表明自己清正廉洁之意。

清代印本：清代是中国传统印刷事业发展的最后阶段。书籍的雕版印刷仍沿袭明代，以官刻、私刻、坊刻三大系统继续向前发展。在清代初期，雕版印刷事业的发展达到顶峰。康熙、乾嘉时期出现了许多精写印本，由名家精心书写，字体秀美，笔力遒劲，刊印精工，纸墨版式亦无不精雅悦目。这种软体字精写印本无论是在官方还是民间都风行一时。

清中期也就是 18 世纪，是众多影响人类进步的技术纷纷出现的历史转折点。乾隆二十九年（1764），英国哈格里夫斯发明珍妮纺织机；乾隆三十四年（1769），瓦特发明蒸汽机。西方的科技革命带动的社会与文明的进步，可以说是一日千里、突飞猛进。也是从这一时期开始，西方新型印刷术传入中国，新的技术经过交叉、融汇、撞击，最后，传统的中国手工印刷技术终于被先进的新技术所替代。

纵观清代书籍印刷史，有两个方面可圈可点：一是印刷技术开始自西方引进，二是外国人文社科著作在中国的翻译出版。

中西交流互鉴。西方在全面接收中国发明的造纸术和印刷术之后，掀起了文艺复兴的浪潮，更是点燃了整个欧洲发明创造的激情。自 15 世纪中叶开始，在出版印刷上各种新工艺、新材料被应用，印刷出版进入高速稳定的机械化时代。相对于西方，总体上讲，中国仍在闭关锁国、孤芳自赏、不思进取。过去，国内一般研究较多的是印刷术的外传，而印刷术的东渐较少，仿佛东渐的印刷术就是谷登堡铅活字。实际上，最先震撼中国人的并不是铅活字，最先关注欧洲开启西学东渐的人也不是科学家。出人意料的是，第一个主动睁眼看世界，引入国外先进印刷技术的人居然是乾隆皇帝。

1762年，自称有“十全武功”的乾隆皇帝为了彰显自己平定西北的功绩，令郎世宁在内的4位宫廷西洋画师绘制《乾隆平定准部回部战图》。由于乾隆皇帝收藏有欧洲铜版画，他希望用风靡一时的欧洲印刷术来印制这套图画，便于在全国范围内赏赐或分发，最大范围、最为风雅地炫耀自己的盖世成就，于是下旨广东官员联系，并拨巨资委托欧洲印刷。经过各种商议，这笔订单最终交给了18世纪铜版画最为闻名之地——巴黎。1765年首批画作送达巴黎，一时成为轰动法国的国家事件。当时欧洲各国都想打开与中国的贸易大门，这个皇家委托的文化项目，受到法国官方重视。法兰西皇家艺术学院院长马里尼侯爵亲任项目负责人，并由著名雕版技师柯升主事，挑选一流雕工、印工。历时5年，1770年第一块铜雕版才运抵中国。直到乾隆三十九年（1774），法方才将所制16块铜印版全部制成，并各印制了200张铜版画，配上印制工具和专用纸张墨汁，送至北京。自1762年郎世宁等起草画稿计，前后共历时13年。这套中西结合的艺术品，成为18世纪世界铜版画的巅峰之作。自此，中国开启了进口印刷机、引进凹印技术、印刷铜版画的历史。中国历史上第一部“中西合璧”的铜版画，成为18世纪中西政治、技术、文化交流的历史见证。

当然，也有西方学艺中国的案例。

东学西渐的典型人物是曾任法国财政总监的著名经济学家安·罗伯特·雅克·杜尔哥（1727—1781）。请记住杜尔哥，他是18世纪热爱中国、对华友好的代表。他认识到，要大力发展法国印刷出版业，必须率先改进造纸业。

而发明造纸术后的1600年内，中国的造纸技术都是世界领先的。造纸术经中东传入欧洲以后，欧洲人学到的只是用旧麻布造纸，一直没有掌握产量更大的树皮和竹子造纸技术，数个世纪都是单靠旧麻布做原料，所以原料相当紧缺。欧洲人几乎把所有能收集的旧麻布、碎麻片和破麻头都送进纸坊了，以至于布料紧缺，

世界印刷历史上第一部“中西合璧”的印刷品:《乾隆平定准部回部战图》之《库陇癸之战》

发展到最后英国政府竟颁布法令禁止使用裹尸布，以节约布料。欧洲大陆各国之间也是开高价互抢破布，甚至出现破布走私现象。当时许多国家禁止个人收集“旧衣服、旧旗帜、破布和布料、皮毛和羊皮纸的碎料，及其他用于造纸的类似材料”，并严禁运出国外，违者处以重罚。而且，欧洲早期造纸技术不精，造出的纸张往往面积小，很厚实，不够光滑，低端的类似中国的草纸，高端的类似现代的卡纸。加之产量不高，价格很贵，印刷出版事业还难以推广至下层社会。一直到 17 世纪末，欧洲的造纸技术都停滞不前。18 世纪时，欧洲文艺中心的法国急于发展印刷出版业，进而必须在造纸技术上有所突破。

1765 年，北京留学生高类思、杨德望学成归国之际，杜尔哥在巴黎与之会面，面交 52 项有关中国问题，请他们返国后帮助弄清包括中国造纸、印刷、农艺、饲养、栽种等数十项产业奥秘——按现在的话说，就是弄清“核心技术”。为阐释他的目的，他还发表了题为《关于培训和教育的思考》的长文。52 项问题中有好几项与造纸有关，主要包括：中国编制纸帘的材料和技术，希望得到实物样品，以便仿制；造纸所用原料名称、实物标本及用诸种原料造的各种纸的纸样，希望寄往法国，以便试制；中国抄造大幅纸的方法，如何荡帘入槽并将湿纸从竹帘揭下而不破裂；希望得到 300—400 张适于铜版印刷的大尺幅面的皮纸纸样，以便仿制。这些问题都是欧洲急切要解决的，需向中国寻求解决办法。1766 年，高、杨返国后，购买了杜尔哥希望得到的纸帘、原料标本、纸样，连同法文技术说明材料，运到法国，促进了欧洲利用木材制纸浆技术的开发，降低了书籍的成本，推动法国文化和艺术事业上了新台阶。

现存法国国家图书馆的 *Art de faire le papier à la Chine*（《中华造纸艺术画谱》）便是这段中西技术交流历史的见证。在那个没有视频、没有直播的时代，要克服语言文字的障碍，清晰明了地介绍清中期中国竹纸的主要流程，包括原料、加工工艺和销售流程，供职于清朝宫廷的法国传教士蒋友仁组织完成了 27 幅细腻的绘画，组成了一本技术含量高、美不胜收的绘本。该书 1775 年在法国印刷出版，令当时的西方世界大开眼界。

人文社科著作的翻译出版。中国第一次翻译出版高潮是自东汉以后兴起的佛教典籍翻译，历代也都有国外宗教经典的翻译出版活动。不过，中国人始终对外国科学技术、文学作品兴趣不大。直到明代，利玛窦来华才开启了科学著作的翻译出版，但也没有引发热潮。直到清代晚期，积贫积弱的中国大门被坚船利炮打开，被迫睁眼看世界，终于开始了“师夷长技”的探索。

印刷出版是知识的先驱，“人类非此无由进步”，

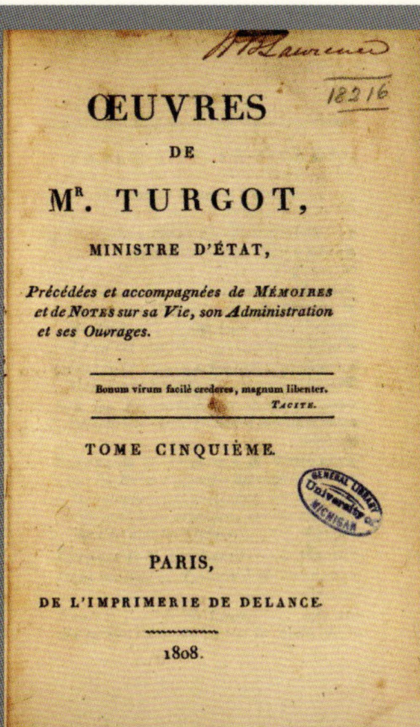

ŒUVRES

DE

M^R. TURGOT,

MINISTRE D'ÉTAT,

Précédées et accompagnées de Mémoires et de Notes sur sa Vie, son Administration et ses Ouvrages.

Bonum virum facilè crederes, magnum libenter.
TACITE.

TOME CINQUIÈME.

PARIS,

DE L'IMPRIMERIE DE DELANCE.

1808.

1808 年出版的法国著名经济学家安·罗伯特·雅克·杜尔哥作品集封面。美国密歇根大学藏书

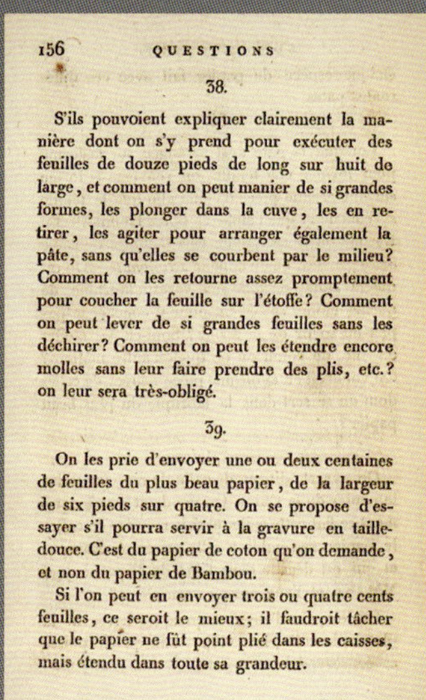

156 QUESTIONS

38.

S'ils pouvoient expliquer clairement la manière dont on s'y prend pour exécuter des feuilles de douze pieds de long sur huit de large, et comment on peut manier de si grandes formes, les plonger dans la cuve, les en retirer, les agiter pour arranger également la pâte, sans qu'elles se courbent par le milieu? Comment on les retourne assez promptement pour coucher la feuille sur l'étoffe? Comment on peut lever de si grandes feuilles sans les déchirer? Comment on peut les étendre encore molles sans leur faire prendre des plis, etc.? on leur sera très-obligé.

39.

On les prie d'envoyer une ou deux centaines de feuilles du plus beau papier, de la largeur de six pieds sur quatre. On se propose d'essayer s'il pourra servir à la gravure en taille-douce. C'est du papier de coton qu'on demande, et non du papier de Bambou.

Si l'on peut en envoyer trois ou quatre cents feuilles, ce seroit le mieux; il faudroit tâcher que le papier ne fût point plié dans les caisses, mais étendu dans toute sa grandeur.

安·罗伯特·雅克·杜尔哥的问题 38：请详细说明造一丈二尺长、八尺宽的大幅纸的工艺方法。如何在纸槽中荡帘使纸浆分布于帘上，又如何从槽中提起纸帘？如何将帘翻转过来使湿纸不发生卷曲，并将其摊放于布上，又如何将这样大幅纸揭下来再将其摊开而不破裂？最好加以详细说明

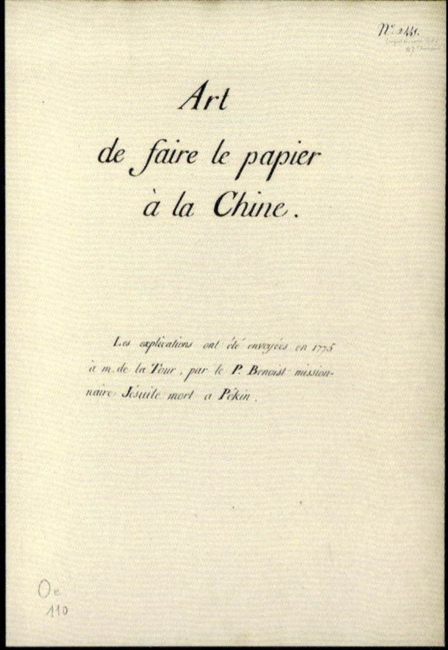

上左图：1775 年出版的《中华造纸艺术画谱》锦缎书封
上右图：1775 年出版的《中华造纸艺术画谱》书名页

下左图：1775 年出版的《中华造纸艺术画谱》第 1 幅图“查看竹子”
下右图：1775 年出版的《中华造纸艺术画谱》第 21 幅图“入纸店”

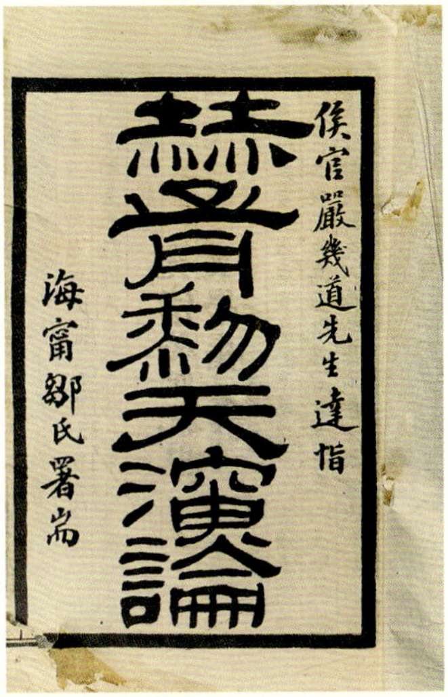

清末印刷出版的严复译著《天演论》

翻译出版印刷外国科技著作吹响了中国科技进步、强国富民的号角。中国出现了一批接受西方思想的知识分子，如魏源、王韬、李善兰、徐寿、华蘅芳、郑观应等，他们为译介西书，传播西方的政治体制、科学知识，发挥了很大的作用。洋务派创办的江南机器制造总局翻译馆译介出版了大量西方科技著作，在中国近代出版史上起到了不可低估的作用。1897 年 12 月，严复翻译的英国生物学家赫胥黎的《天演论》，在天津出版的《国闻汇编》刊出，宣传了“物竞天择，适者生存”的观点。该译著的问世产生了严复始料未及的巨大社会反响，严复因此被称为“中国西学第一者也”。清代大量西学著作的翻译出版及近代中国报刊和出版机构的出现，打破了中西文化的壁垒和传统文化的坚冰，大大促进了中西文化交流与融合。

版刻系统

在雕版印刷书籍的时代，印书系统主要包括 5 种主体：寺院、政府、坊铺、私人、书院。历代佛教寺院、道教宫观都有印经活动，这些宗教经典的刻印通常都有官方、民间的参与。书院是中国古代特有的文化教育基地。自唐宋以来，书院或官或私，林林总总，教而优则印书，所以多有书院印书。书院印书的主体大多能归属民间，有人将其列入坊刻类，有人将其列入私刻。总的来说，还是应将古代版刻系统分为坊刻、私刻与官刻三大类。这三大类的形成在时间上有先后顺序。最先出现的可能为坊刻，然后私刻兴起，最终走向官刻——这是印刷术在古代出版领域生根、发芽、壮大的脉络。

坊刻：坊刻即作坊书肆印书，指中国古代民间书商刻印的书籍，这些书籍也称为“坊印本”，以销售流通营利为目的。坊肆印书起源最早，始于唐代，盛于南宋。唐代300余年间，印刷业处于发展初期阶段。从文献与留存实物来看，当时印书活动只局限在寺院和民间作坊书肆，尚未出现官方印书。雕版印刷最早是用于刻印佛经，后来逐渐普及到民间，民间作坊开始私自刊印政府不许刊印的历书。唐代中后期出现了中国历史上第一次印刷高潮，寺院印刷和民间坊刻都很活跃，涌现出相当数量的以印卖诗文、历书、字书、占梦、阴阳杂记为业的手工印书作坊。宋代的坊肆印书遍布全国各地，特别是浙江、福建、江西、四川等地区，坊肆印书十分活跃，有些坊肆从事印书卖书甚至几代人传承。由于坊刻规模和财力不及官府，从刻印的精美程度来看，坊印本比官印本总的来说逊色一筹。不过经历唐、宋、元、明、清数朝的发展，坊刻是中国古代数量最多、范围最广、影响最大的一种出版形式，坊刻的繁荣曾促进了中国文化尤其是民间文化的发展。

坊刻是非常商业化的出版印刷行为，印书就是为了销售，所以所刻之书也自然以好卖为主要标准，其所刻内容可以简单分为三个方面：一是科考用书及教辅书，其中卖得最好的自然是《三字经》《弟子规》等童蒙读物，然后是传统儒家经典中最重要的那一部分及其解释读物，还有用于考试的工具书，以字典、文章写作和试卷分析等为主。二是“农园医卜”这些实用性书籍、日常生活中能用到的各种“锦囊妙计”书籍、“家庭必备”书籍。三是小说等通俗文学，到了清代，普罗大众识字率普遍提高，对通俗文学的需求非常大，通俗文学成为坊刻出版书籍的重头戏。

一家书坊便是一家集编、印、发于一体的出版社，坊刻家们便是古代的出版商，古代出版社及出版商的目的在于出售书籍和营利。为了达到深入人心、推广品牌、方便购买的目的，坊印本亦多有牌记，如宋刻《续幽怪录》，有“临安府太庙前尹家书籍铺刊行”的牌记。南宋临安钱塘人陈起，宁宗（1194—1224）时为

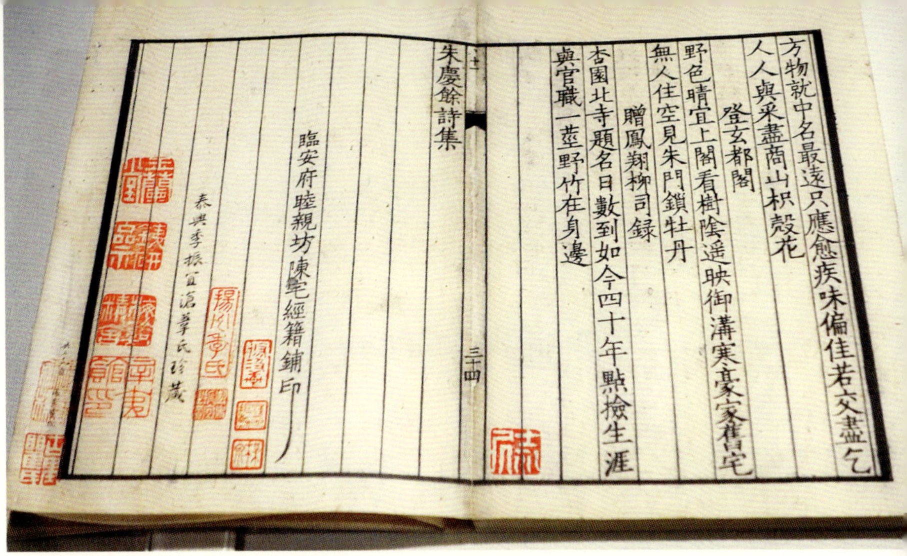

南宋坊印本《朱庆馀诗集》，“临安府睦亲坊陈宅经籍铺印”牌记

乡试第一名，后居杭城钱塘棚北大街睦亲坊，开书肆陈宅经籍铺，从事编著、出版、销售和藏书诸业，书铺所刻图书在当时负有盛名，流通古籍数万计。陈氏印书以刻技精湛、字体俊丽、工料上乘，成为坊刻精品，为后世珍重。至今所传宋本书籍，称临安陈道人家开雕者，均为其所刻。陈氏印书的卷末常有“临安府棚北睦亲坊南陈宅书籍铺印”的牌记。杭州陈氏和福建建安余氏，称宋代印书两大家。

清代的坊间印书更为兴盛，书坊遍及全国，印书数量很大。1956 年，文史专家郑振铎在厦门大学讲授《中国文学史研究》时，提出“北京、汉口、四堡、浒湾为清代四大印书基地”之说。其中福建长汀四堡、江西金溪浒湾都是清代才兴起的坊刻中心。

私刻：私刻是指官僚、富绅、文人学士等私人出资刻印的书籍。这种印本大都不以营利为目的。前文介绍过，五代蜀相毋昭裔是私印本先驱——宋平蜀，尽取蜀书入都，赵匡胤看到这些书卷尾皆刻有毋氏的名字，感到不解，臣僚回答：“此毋氏家钱自造。”说明毋昭裔所印之书，乃最早的私印本。南宋是私刻活动的昌盛时期，名家名刻不断出现，著名的有陆游儿子所刻的《渭南文集》、廖莹中所刻的《昌黎先生文集》和《河东先生文集》、周必大所刻

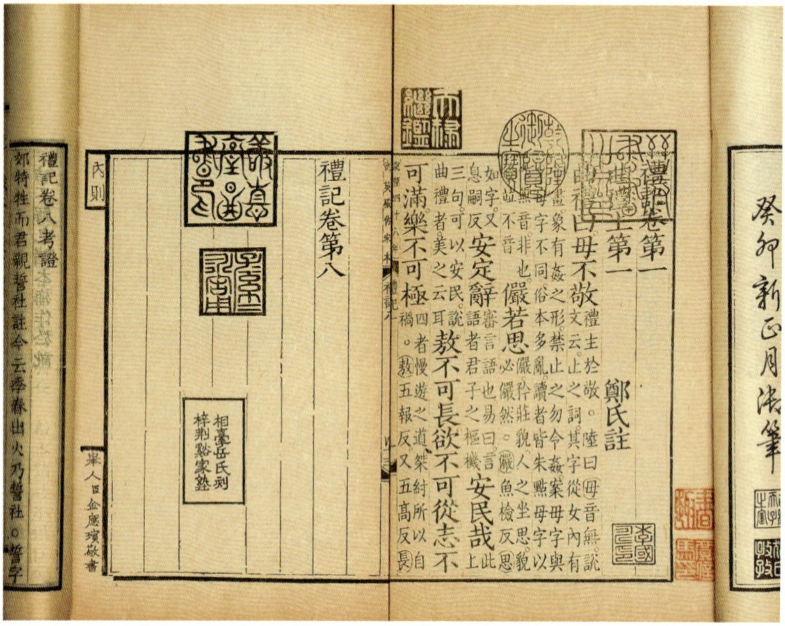

《礼记》，“相台岳氏刻梓荆谿家塾”牌记

的《欧阳文忠公集》等，对宋代文学的传播起到了巨大的推动作用。这些刻书的牌记多标记刻于家塾，如廖氏所刻署为“世・廖氏刻梓家塾”，岳氏则署为“相台岳氏刻梓荆谿家塾”，故私印本又称“家塾本”。家塾本多是刊刻文学作品。

毛晋创办的江苏常熟汲古阁是明清之际中国私刻的代表。印书家毛晋（1599—1659）少时考取了秀才，但毛氏并没有在仕途的路上进取，而是留在家中读书，搜集善本秘籍遗书。他经常不惜高价买书，颇丰的家资，为他的藏书事业提供了基础。毛晋在家门口贴出广告：“有宋椠本至者，门内主人计页酬钱，每页出二百；有以旧抄本至者，每页出四十；有以时下善本至者，别家出一千，主人出一千二百。”毛家的这则高价征书广告不胫而走，许多书商闻风而至，遂有乡谚云：“三百六十行，不如鬻书于毛氏。”这段故事被后人记述为“一页宋版，一两黄金”。

汲古阁共印书600多种，雕刻的书版就有近11万块。毛氏对宋版元椠，雇用高手，用最好的纸墨影抄，字体工整，如同原作。

为了保证印刷质量，汲古阁的印书纸都是在江西特制的。纸分两种，厚的称“毛边”，薄的称“毛太”——这两个称谓至今还在沿用。中国近现代藏书史上有一个专有名词，叫“毛抄”。在中国近现代古籍善本的评级标准中，只要是“毛抄”，均被视为一级善本。

汲古阁出版印刷的书主要有两种字体，一种是长方体的明朝体，但其最闻名于世的是具独特书写风格的扁平明朝体。这种扁方体的代表例子是毛氏汲古阁的《宋名家词》。后来，这一字体为众多印书家所好，沿用至清代。

毛氏印书不以营利为主要目的，具有较高的社会责任感，慎选底本。毛晋本人既是著述家，又是鉴赏家和版本学家，所刻之书必为宋版元刊，珍善秘帙，且经过亲手校雠和题评，觉得“无憾于心”了，才肯付梓。

许多书商订购《孔子家语》，利润看好。毛晋找来多种版本，参阅比勘，发现“经近代改篡，非复古本”，便断然搁置了印书计划。几年之后，毛晋到无锡访书，在一家小饭馆吃饭时，窗外有一后生以书遮阳而过，那书正是《孔子家语》。毛晋大呼：“后生留步！后生留步！”不料那后生是个浪子，那书是偷来的，听人疾呼，抛书而逃。毛晋捡起一看，正是北宋版的原本，便留一锭银子托饭店老板交予后生，携书而归。那后生后来知道此人就是大名鼎鼎的毛晋，居然辗转来七星桥找毛晋。毛晋留下后生，让他拜师学技，后来那后生成了一位相当优秀的刻版工。

为了印书，毛晋耗费巨大，仅《十三经》和《十七史》两部书籍耗银就达 15480 两。毛家有祖田数千亩，收益大多用于藏书和印书。明末清初，战火频仍，经济萧条，毛晋一次就卖掉祖田 300 亩。后来经费越来越紧张，数千亩田产几乎出卖殆尽。清顺治十六年，毛晋去世时《说文解字》一书尚未刻完，毛晋次子毛扆再次变卖家产勉力将书刻成。毛晋去世 20 余年后，子孙离散，汲古阁藏书先后被泰州季振宜等家购藏，且多为宋元善本，后又大多归于徐乾学“传是楼”，还有许多已作云烟之散。

官刻：官刻即官府监制雕刻印行的书籍，又称为“官版”或“监

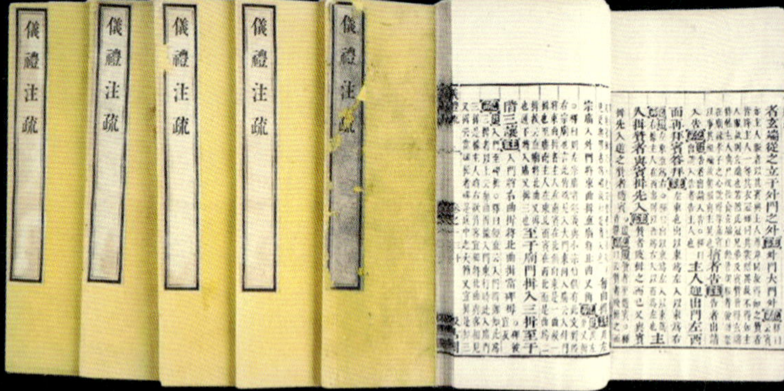

汲古阁本《十三经注疏》

本”，多为古代经史典籍。晚唐民间作坊的兴盛，直接刺激了五代官刻和私刻的出现。后唐长兴三年（932），唐明宗命令当时全国最高学府和教育主管机关国子监开雕“九经三传”，史称“五代监本”，开官刻之先河，为后世官府印书活动提供了典范。宋代“兴文教，抑武事”，重视官学，官学印书包括州学、府学、军学、郡学、郡庠、县学、县庠、学宫、学舍等版本。遍阅现存的南宋官印本，府州一级的地方政府和官学印书数量最多。

元代的中央印书机构是兴文署和广成局。到了明代，官印本中有内府本（包括经厂本）、国子监本，以及其他中央机构和地方官刻的书帕本，还有介于官刻和私刻之间的藩府本。因为明代有北京、南京两个国子监，因而北京国子监刊刻的书籍被称为“北监本”，而位于南京的国子监刊刻的书籍被称为“南监本”。北京国子监和南京国子监内都设有典籍厅，以便管理和刻印书籍。北京国子监收藏的书版远没有“南监”多，刻印的书籍也少于南京国子监，且北京国子监的书籍大多以南京国子监本为底本。

明代弘治年间刻印的《国子监续志》记载了北京国子监的印书情况：“本监特设典籍一员，以掌书籍，又设印刷匠四名，以给其役，可谓重矣。”北京国子监所刻的《十三经注疏》和《二十一史》，堪称“监本”中的双璧。它们印刷精良，所用的纸多为颜色略黄的竹纸，也有少部分韧性较好的白棉纸，字体则采用宋体字。一般认为，宋体字并不是宋代的字体，而是因明代复古之风而起，模仿宋印本的字体。在日本，宋体字被称为明体字。字体在古籍版本鉴定中是一个重要依据，因为时代不同，审美不同。明初洪武至正德年间刻印的书籍，多是手写上版的软体字，个别人印书虽有颜、柳、欧三家的余味，但仍以赵体字为主。明中叶多模仿南宋的浙本，改用欧体，比起南宋的浙本、欧体多了匠气。所以，明中期开始成熟定型的印刷体被称为匠体字，现在也被称为宋体字。明晚期，从万历时起，又出现了更长更瘦的长宋体，与方正的宋体并行。

明内府司礼监刻行的本子不叫监印本，而称“内府印本”，即皇家印本，也包括“经厂本”。经厂为司礼监下设机构，又分汉经厂、番经厂、道经厂，负责刻印汉文四部书籍和佛教、道教书籍。经厂内设有“中书房”，专司代写书籍敕文。中书房的人员，写字所临摹宗法的，大都以赵孟頫为准。所以今天要看比较标准的赵体字，明代的经厂本是典范。经厂规模随着司礼监的权限及规模的扩大而扩大。据不完全统计，明代司礼监经厂前后刻印的经、史、子、祖训、圣训以及《四书》《百家姓》《三字经》《千字文》《千家诗》《神童诗》等内书堂课本达 168 种。经厂本特点是版面宽大，字大如钱，多用赵体，行格疏朗，黑口双鱼尾，刻有句读，纸墨俱佳。但校勘不精，常有脱误。

清代在宫中武英殿设置修书处，专掌修书、印书之职。康熙十九年（1680）设立武英殿造办处，雍正七年（1729）更名为武英殿修书处。据《大清会典》记：修书处下分设监造处、校对书籍处。监造处专掌监印书籍，再分设铜字库、书作、刷印作。校对书籍处负责书籍付印前、印前之文字校正工作。康熙初，武英

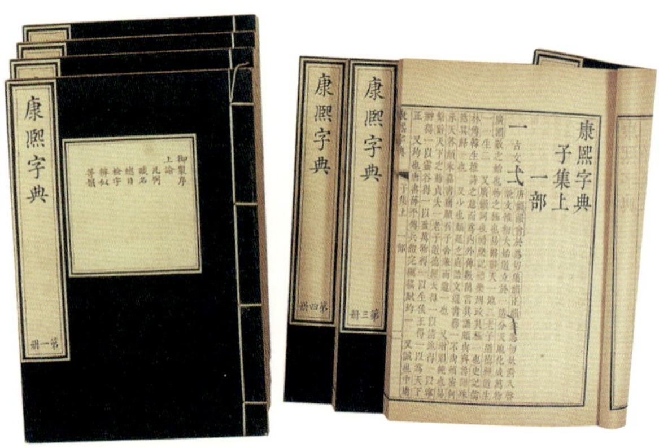

清康熙殿本《康熙字典》

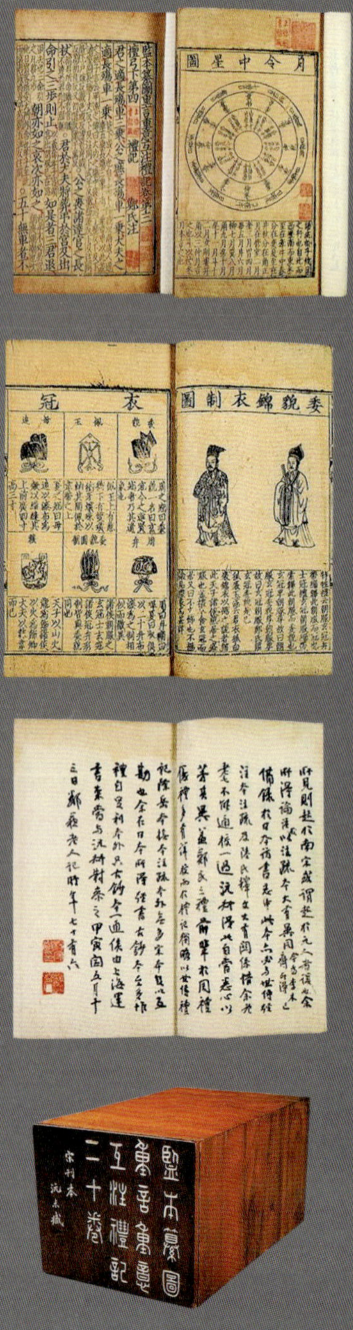

南宋监本《纂图重言重意互注礼记》

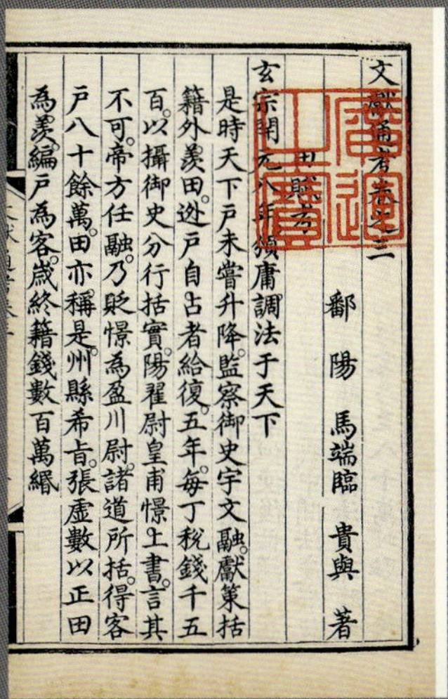

文獻通考卷之二
鄱陽 馬端臨 貴與 著
田賦二
玄宗開元八年頒庸調法于天下
是時天下戶未嘗升降監察御史宇文融獻策括籍外羨田逃戶自占者給復五年每丁稅錢千五百以攝御史分行括實陽翟尉皇甫憬上書言其不可帝方任融乃貶憬為盈川尉諸道所括得客戶八十餘萬田亦稱是州縣希旨張虛數以正田為羨編戶為客歲終籍錢數百萬緡

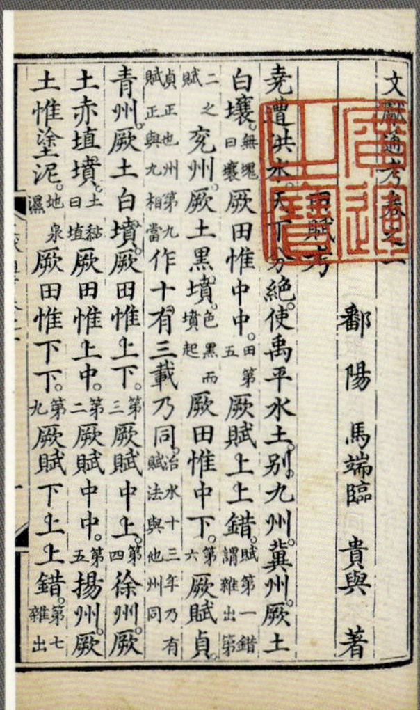

文獻通考卷之一
鄱陽 馬端臨 貴與 著
田賦考一
堯遭洪水天下分絕使禹平水土別九州冀州厥土白壤（無塊曰壤）厥田惟中中（田第五）厥賦上上錯（賦第一錯謂出第二之賦）兗州厥土黑墳（色黑而墳起）厥田惟中下（第六）厥賦貞（貞正也九州相當第九）作十有三載乃同（賦法與他州同）青州厥土白墳厥田惟上下（第三）厥賦中上（第四）徐州厥土赤埴墳（土黏曰埴）厥田惟上中（第二）厥賦中中（第五）揚州厥土惟塗泥（地泉濕）厥田惟下下（第九）厥賦下上上錯（第七雜出）

明代司礼监经厂刻印本《文献通考》

殿印书能力尚小，所以采取了宋元时期的做法，发到南方苏州、扬州一带刻版，然后运归武英殿。雍正、乾隆时期，武英殿印书力量日渐增强，开始大量刻印书籍，而且发展到顶峰。至嘉庆之后，逐渐走向衰落。

康熙四十九年，康熙召集张玉书、陈廷敬等30位学者，开始了《康熙字典》的编撰工作。在6年的时间里，他们对传统字书进行了大规模的集中整理，并于康熙五十五年完成编辑工作。《康熙字典》吸收了历代字书编纂的经验，全书共分为12集，从子集到亥集，每集又分为上、中、下三卷，分别排列214个部首，总共收录了47035个字。武英殿版本《康熙字典》多用于内廷赏赐之用，民间流传较少，包括有两种纸本：开化纸和太史连纸。康熙内府印本多是内廷赏赐用的，装订非常豪华，民间很少见到。自问世以来，《康熙字典》经多次翻刻、影印、排印出版。

彩色套印

书籍领域的彩色印刷只有不到1000年的历史。不过彩印技艺古已有之，在拙作《中国彩印二千年》中已详述其变迁。总的来说，彩色印刷走过了一条从美化生活的彩绘彩艺，再到纸上彩绘彩印的道路。书籍与图画一般用单色印刷，常用黑色。无论是谈及笔墨纸砚，还是形容文人墨客，只要“墨”这个字单独出现，它仿佛就是黑色的。如果要指别的“墨”，前面定要加上表示颜色的定语。每一块雕版都会被印上数十百千次，木印版经过不断的吸水墨膨胀和风干，加上不断地刷蹭，雕版的字口会逐渐磨损，因而字迹会越来越走样。因此，最先印的书籍字迹最清晰，也就最珍贵。最初印的本子就被称作“初印本”。那些漫漶不清的后印本被称为“花脸本”。明代兴起巾帕书以后，为了表示初印本的珍贵，也表示供被送者指教“斧正”，

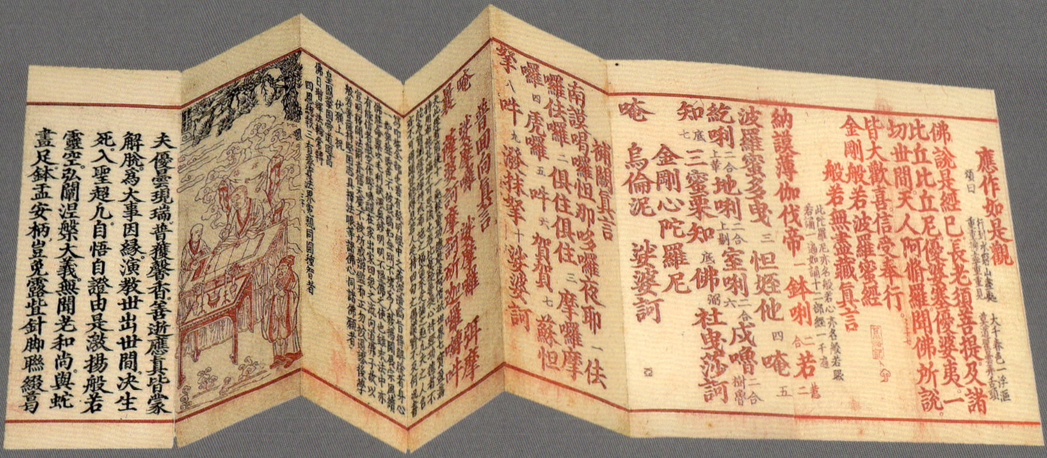

元至正元年（1341）中兴路资福寺刊朱墨套印本《金刚经注》

朱墨套印本《金刚经注》中无闻聪和尚注经生出四枝如意灵芝的故事绘图

先红色或蓝色印刷，称“朱印本”或“蓝印本”。词典中“蓝本”一词表示底本，就是这么来的。随着文化的发展，对印本的要求越来越高，便创造了在一张纸上印几种颜色的书籍，即多色套印。

多色套印有两种方法，一种是在一版上刷不同颜色一次印刷，另一种是每色分别刻版，再逐色套印。多色套印的方法起源于宋代，用于纸币的套印。元代出现书籍的朱墨套印。现存最早的套印书籍便是台湾省台北图书馆藏朱墨双色印本《金刚经注》。由中兴路资福寺（位于今天的湖北省江陵市资市镇先进村）禅师无闻注解，元至正元年（1341）刊印。

对该书是如何印成的，民国以来一直有争论。其实大多数人是没有见过“庐山真面目”的。该书就是红色和黑色分别雕刻印版，然后先印红色，再套印黑色，两次套印一个印张，再粘页、折叠、装帧而成。它确是现存最早的、独一无二的高颜值孤本，插图精美，朱墨粲然，妙不可言。

如果说宋代是雕版印书的黄金时代，那么明代便是彩色印书的黄金时代。明代书籍成为上层人士的伴手礼，因为对书籍的颜值有了更高的要求，于是彩印书籍成风。如果时光倒流，彩印书籍要是送到讲究高雅品位的宋代文人如苏轼、王安石手里，一定会被疯狂吐槽。我们现代书籍好像也不怎么使用彩色印刷文字，似乎说明出版社的编辑和美编审美还行。不过，彩色套印代表了印刷技术发展的新高峰，既是历史发展的规律，也是技术进一步创新的基础。套印本又可分为朱墨双色、朱墨蓝三色、朱墨蓝绿四色、朱墨蓝绿黄五色等品类。一般是用黑色印主要文字，刷印在先，红色印天头的批语和字行间的评语与圈点，刷印在后。朱墨两种颜色所代表的文字，有主从之别。

明代彩印书籍存世不少。流传以多广著称于世的，要算万历天启年间的闵家和凌家。闵氏家族中，万历时期闵齐伋所刻朱墨本《东坡易传》《东坡书传》《二经评传》《花间集》等十分有名。其他闵姓家族中刻朱墨套印本的，万历时有闵于忱刻《孙子参同》、闵日斯等刻《秦汉文钞》，天启时有闵齐华刻《九会元要》等。凌姓家族中刻套印本的以凌濛初为巨擘。他所刊刻的朱墨套印本更偏于文学方面，在万历年间刻得最多，有《诗经》《陶靖节集》《王右丞集》《韦苏州集》等。闵凌两家的套印本正文用万历流行的方体字或天启时使用的长方体字，都很工整。

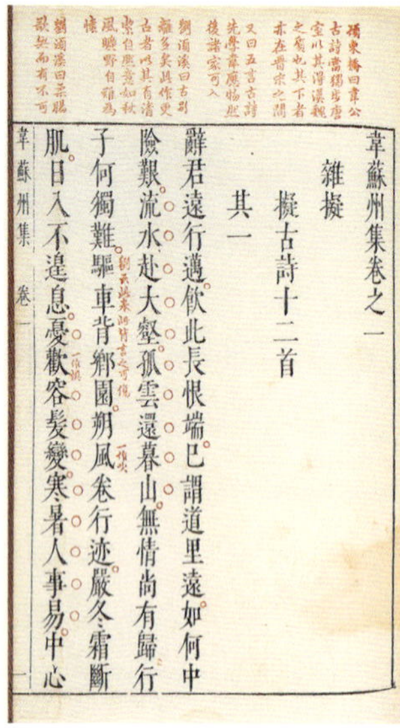
韋蘇州集卷之一

雜擬

擬古詩十二首

其一

辭君遠行邁飲此長恨端已謂道里遠如何中險艱流水赴大壑孤雲還暮山無情尚有歸行子何獨難驅車背鄉園朔風卷行迹嚴冬霜斷肌日入不遑息憂歡容髮變寒暑人事易中心

韋蘇州集 卷一

明万历吴兴凌濛初朱墨套印本韦应物撰《韦苏州集》

清代乾隆年间武英殿刊刻的《劝善金科》是一部穿插套印的杰作：卷端书名和行间的曲牌用黄印，书内各出戏名用绿印，演员表演的曲词和道白用墨印，角色及表示动作的说明文字用红印，此外曲词间韵、叠、句等文字表示用蓝印。各色文字还有大、小字的不同。五种颜色，真正的五彩斑斓，很是好看。

而能印出渐变层次的彩色印刷主要用于印刷图画。这种印刷技术的原理是根据原稿中的色彩不同深浅，分别刻成印版，然后再逐色套印，最后完成近似于原作的彩色印本。对彩色印刷做出突出贡献的有明代末期南京的吴发祥和胡正言。最初这种套色印刷工艺为区别与之前的简单套色，凸显技术含量，称为饾版印刷。为什么叫饾版呢？“饾”指堆砌，常作“饾饤”。饾饤是明清时期江南地区流行的一种点心，《升庵全集》之《食经》里讲：“五色小饼，作花卉珍宝形，按抑盛之盒中累积，名曰斗饤。”苏州人唐寅作《桃花坞祓禊》诗：“谷雨芳菲集丽人，当筵饾饤一时新。”饾版是将同一版面分成若干大小不同的版，每块版代表版面的一部分，分别刷上不同的颜色，逐个印到同一张纸上，拼集成为一个整体，与饾饤形似神似，异曲同工，故名。

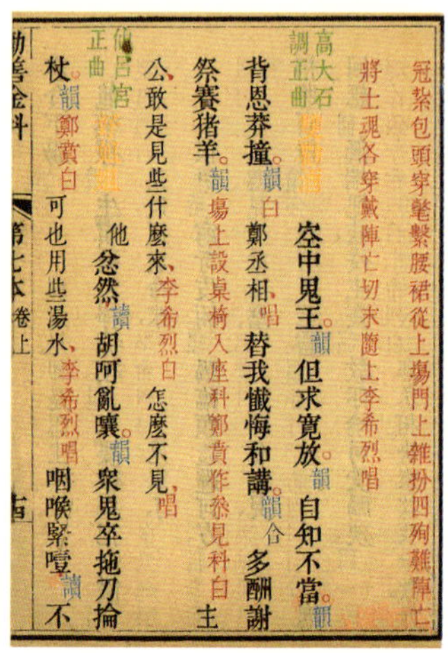
冠紮包頭穿髮繫腰裙從上場門上雜扮四列雜陣亡將士魂各穿戴陣亡切末隨上李希烈唱

高大石調正曲 空中鬼王 韻 但求寬放 韻 自知不當 韻 背恩莽撞 韻 白 鄭丞相 唱 替我懺悔和講 韻 合 多酬謝祭賽豬羊 韻 場上設桌椅入座科鄭貴作參見科白 主公敢是見些什麼來 李希烈白 怎麼不見 唱

仙呂宮正曲 他 忽然 讀 胡呵亂嚷 韻 衆鬼卒拖刀掄杖 韻 鄭貴白 可也用些湯水 李希烈唱 咽喉緊噎 讀 不

勸善金科 第七本 卷上

清乾隆年间内府刊五色套印本《劝善金科》

饾版是非常细致复杂的工艺。肉眼看出画面上有几种色彩，就要刻几块版。一幅颜色层次看来不很复杂的图画，常常要刻三四十块版。就是按照彩色绘画原稿的用色情况，经过勾描和分版，将每一种颜色都分别雕一块版，然后再依照“由浅到深，由淡到浓”的原则，逐色套印，最后完成一件近似于原作的彩色印本。用这种方法印出来的图画，颜色深浅浓淡跟原画完全一样。

《萝轩变古笺谱》是目前发现最早使用饾版印刷的书籍。该书由颜继祖辑稿，吴发祥刻版，刊印于明天启六年（1620）。笺谱的命名突出了“变古”。卷末颜继祖写的后记中阐明“我辈无趋今而畔古，亦不必是古而非今，今所有余，雕琢期返于朴”。除创新运用饾版变古之外，《萝轩变古笺谱》还首创了拱花技艺。拱花俗称凹凸版，是在木板上雕成图案纹线凹陷的阴版，砑印后使纸面拱起产生立体感的工艺。

饾版的代表作品是《十竹斋笺谱》，刊行于崇祯十七年（1644），由胡正言辑印。胡正言是明代末年书画篆刻家、出版家，字曰从。因家中庭院种竹十余株，所以他将居室名为“十竹斋”。他以自己的名望和经济实力，经常选雇刻印名手到他斋中工作，并与工匠们“朝夕研讨，十年如一日”，因此“诸良工技艺，亦日益加精”。《十竹斋笺谱》运用当时时髦的拱花和饾版工艺，将彩色套印木刻画艺术水平推向新的高峰。《十竹斋笺谱》被誉为“明末清初士大夫清玩文化之最高成就”。《十竹斋笺谱》全谱共4卷，所收录笺纸纹案题材有华石、博古、胜览、雅玩、折赠、寿征、灵瑞、文佩、杂稿等33组共计289幅。

1672年，北京荣宝斋前身“松竹斋”南纸店创立。1896年增设“帖套作”机构，为后来木版水印事业的发展奠定了基础。1933年，鲁迅、郑振铎搜集了《北平笺谱》委托荣宝斋出版，翌年又委托翻刻明代的《十竹斋笺谱》。这两部书在一定程度上拯救了濒于失传的饾版技艺。鲁迅很满意，曾在给郑振铎的信中说：“至三十世纪，必与唐版媲美矣。”1945年，荣宝斋成功试印张大千的《敦煌供养人》，开始了在继承古老传统基础上的创新之旅。之后将这门技艺提炼为通俗易懂的“木版水印”一词。“水印”即为水墨印刷，

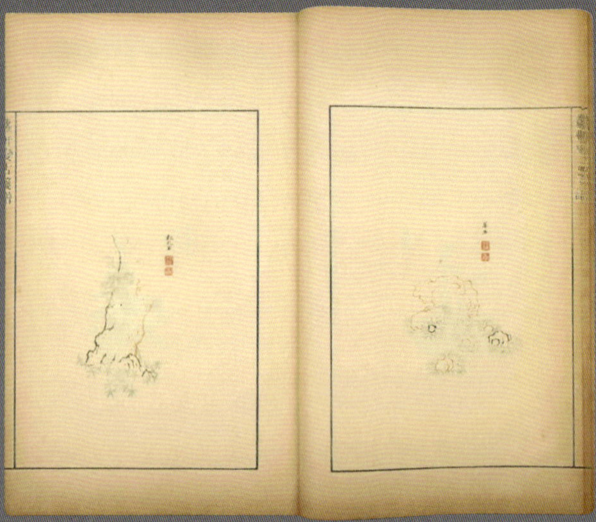

现存最早的饾版书籍《萝轩变古笺谱》

明末饾版代表印本《十竹斋笺谱》

区别于油墨印刷。1956 年，木版水印作品《簪花仕女图》印制成功，标志着绢本国画的复制艺术进入了成熟阶段。周恩来、陈毅曾将木版水印《簪花仕女图》赠送给缅甸总理吴努。五代顾闳中的《韩熙载夜宴图》由荣宝斋于 1979 年完成，制作历时 8 年，雕刻木版 1667 块，套印 6000 多次，使用了与原画完全相同的材料和珍贵颜料，标志雕版印刷术发展到了巅峰。它只印了 30 部。

“五色小饼”——饾版与花笺

第四节　活字印本

活字印刷术的发明是继雕版印刷术之后，中国古代印刷史上的第二个里程碑。沈括《梦溪笔谈》曾记载北宋庆历年间（1041—1048），布衣毕昇发明活字版，并详细介绍了毕昇的活字版工艺。此后的900多年里，又陆续出现了木活字、锡活字、铜活字、铅活字等不同材质的活字印刷技术。中国的锡活字也好，木活字也罢；韩国的铜活字也好，德国的谷登堡也罢，都是活字印刷术，就其印刷原理而言，它们只是材质不同而已。

2010年11月，中国的木活字印刷术被联合国教科文组织列入急需保护的非物质文化遗产名录。

木活字

活字发明

在雕版印刷技术日趋成熟的同时，宋代的平民毕昇找到了一种更价廉、更灵活的制版方法，就是人们耳熟能详的活字印刷术。与他同时代的政治家、博学多才的沈括在《梦溪笔谈》中将毕昇发明活字印刷术这一科技伟业详细地记载了下来，他的那段 328 字的古文成了现代初中生们的背诵课文。

根据沈括的记载，11 世纪时的活字印刷已经有着完整的工艺流程，主要包括：

制字。即用胶泥刻字。一字一印，用火烧结使其坚固，实际上已是陶质活字。

置范。先备一块铁板，上面放置一铁范框，框内铺上一层用松香、蜡和纸灰组成的混合物。

排版。在版上紧密排布字印，满铁范为一版。

固版。用火给铁板加热，使药末软化，再用一块平板压字面，保证字面平整，活字牢固。

印刷。固版后就可上墨铺纸印刷了。通常使用两块版，一块

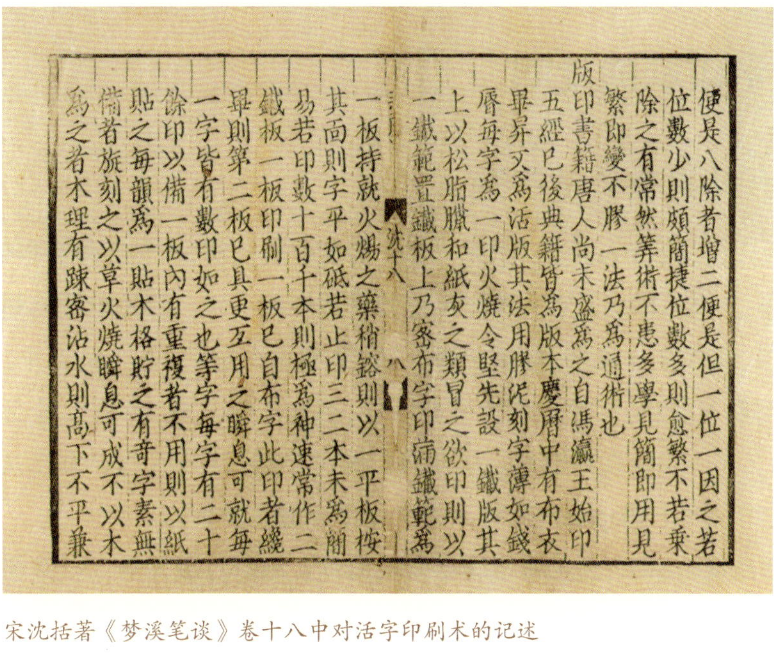
便是八除者增二便是但一位一因之若
位數少則頗簡捷位數多則愈繁不若乘
除之有常然算術不患多學見簡即用見
繁即變不膠一法乃爲通術也
版印書籍唐人尚未盛爲之自馮瀛王始印
五經已後典籍皆爲版本慶曆中有布衣
畢昇又爲活版其法用膠泥刻字薄如錢
脣每字爲一印火燒令堅先設一鐵版其
上以松脂臘和紙灰之類冒之欲印則以
一鐵範置鐵板上乃密布字印滿鐵範爲
沈十八　八
一板持就火煬之藥稍鎔則以一平板按
其面則字平如砥若止印三二本未爲簡
易若印數十百千本則極爲神速常作二
鐵板一板印刷一板已自布字此印者纔
畢則第二板已具更互用之瞬息可就每
一字皆有數印如之也等字每字有二十
餘印以備一板內有重複者不用則以紙
貼之每韻爲一貼木格貯之有奇字素無
備者旋刻之以草火燒瞬息可成不以木
爲之者木理有疏密沾水則高下不平兼

宋沈括著《梦溪笔谈》卷十八中对活字印刷术的记述

在印刷时，另一块在排版，一块印完时，另一块也已排好版，这样能提高效率。

拆版。印完后再次用火给铁板加热，使药变软，取下活字。

贮字。将取下的活字贮存于木格字库中，备下次再用。

活字印刷的发明，在印刷史上有着划时代的伟大意义。它开创了活字版印刷的新纪元，使印刷术从雕版印刷阶段进入活字版印刷阶段。毕昇发明的活字印刷工艺本身已相当成熟，后世出现的木活字、锡活字、铜活字、铅活字等，只是制作活字的材质上的改变，印刷工艺并无实质性变化。

必须要指出，在中国古代，活字印刷并不是主流的技术，这之中有诸多原因，主要的原因是汉字数量太多，排版是个难题——汉字这个特点从古代直到王选汉字激光照排系统发明之前，一直困扰着国人。当代北京国安资讯设备公司汉字字库收入有出处汉字 91251 个，日常所使用的汉字只有几千个。以中国计算机用字标准 1980 年的 GB—2312 字库一共收录了 6763 个汉字。然而，这个数字是不够用的，古汉语的用字要求更高，达到 20000 个以上。《康熙字典》共收录汉字 47035 个。古代典籍用字按照频率的高低排下来，排到 20000 以上的时候，古代典籍用字的覆盖率才能达到中国大陆现代汉语通用字的 7000 个的覆盖率。在这种情况下，要想当一名合格的排字工人，认得 10000 个汉字是起码的要求。在没有汉语拼音、教学落后的时代，认得 10000 个汉字得付出多少的时间、财力和精力？还有一个常识：认得 10000 个汉字的人，谁会选择做排字工人？

值得注意的是，正如北京大学教授辛德勇多次指出的，现行中学历史教材存在“严重谬误”，以“历史 3（必修）”为例，课本中关于“活字印刷术”“雕版印刷”的诸多论述均与历史事实相去甚远。其中一个最基本的错误，即将“活字印刷术”与“火药”“指南针”“造纸术”并列为中国古代“四大发明”。舍弃“印刷术”而取“活字印刷术”，不仅有违于经典论述，同样不符合历史事实。这样的谬误正是近代一度唯西学是瞻的学术思想所致。有些人总是有意无意地夸大活字印刷的历史贡献，其实是对中华文化、中国历史、汉字特点、印刷历史不够了解。有必要重申：铅活字印刷技术确实对西方文明起到了巨大的推动作用，但是，对于中华文化的传承和传播，其影响可以说十分有限。由于汉字与字母的印刷适性迥异，在中国，铅活字真正成为主流的历史不到 100 年。

泥活字本

比沈括稍晚一点儿的诗人邓肃在诗中写道："脱腕供人嗟不能，安得毕昇二板铁。"是说他的好友诗写得好，新诗出来以后争相传抄，手腕都抄脱臼了也还是供不应求，如果要是有毕昇的两块铁板该有多好。"二板铁"就是指毕昇的两块板托。因为《梦溪笔谈》里讲"常备二铁板，一板印刷，一板已自布字，此印者才毕，则第二板已备，更互用之，瞬息可就"。

邓肃之后，1193 年，江西人周必大在给友人的信中说"近日用沈存中法，以胶泥铜版，移换摹印，今日偶成《玉堂杂记》二十八事"，说明 12 世纪的《玉堂杂记》也是泥活字印本。

活字印刷术的发明意义重大。东西方都有国家声称自己是活字印刷术的发明国，中国文献记载虽言之凿凿，只是多年来苦无实物证据。1988 年，甘肃亥母洞寺遗址发现了西夏文佛经《维摩诘所说经》，经专家鉴定，它不仅是 12 世纪的活字印本，而且是泥活字印本。这件活字印本，在中国古代印刷发展史上具有重要意义。

《维摩诘所说经》：千古争议事，一纸定乾坤。1908 年至 1909 年，俄国探险家科兹洛夫在内蒙古额济纳旗黑城挖掘出大量文物，在一个"辉煌舍利塔"出土 2000 册印本和西夏时期的文献。中国社会科学院专家史金波 20 世纪 90 年代在中国社科院与俄罗斯科学院东方研究所圣彼得堡分所进行联合研究出版俄藏黑水城出土西夏文献工作过程中，曾 3 次到圣彼得堡，发现《维摩诘所说经》《大乘百法明镜诘集》《三代相照言文集》《德行集》等十几种活字印本。

俄藏《维摩诘所说经》有写本、雕版印本、活字印本。其中的活字印本有两个版本，活字印刷特征均十分典型，主要表现：一是活字印本同一页面中字形大小不一，字体肥瘦不同，笔画粗细不一。二是活字印刷有的字形歪斜，字与字之间距离不等、高低不平。三是字与字之间距离较大，不存在字与字有撇捺等笔画相连的现象。四是活字印刷版心的四边栏线，有的交角处不相接，有明显空缺；有的栏线过长，超出应该相交的栏线；有的栏线中间断开，上下粗细不一。

仔细观察《维摩诘所说经》的印面，可发现它还有一些与木活字不同的特征。如泥活字由于有烧制过程，容易出现的竖不垂直、横不连贯、中间断裂的特点；有一个单字字面半隐半现的特点；甚至还有明显掉边角、断笔画的特点，这种掉角和断笔特点与木活字比起来较圆润。因此，西夏文《维摩诘所说经》被认为是泥活字版本。

关于《维摩诘所说经》的印制时间，根据卷中印有西夏仁宗尊号题款“奉天显道耀武宣文神谋睿智制义去邪醇睦懿恭”，学者断定其印制年代为西夏仁宗大庆二年（1141）之后，为中国现存最早也是世界最早的泥活字印本实物。

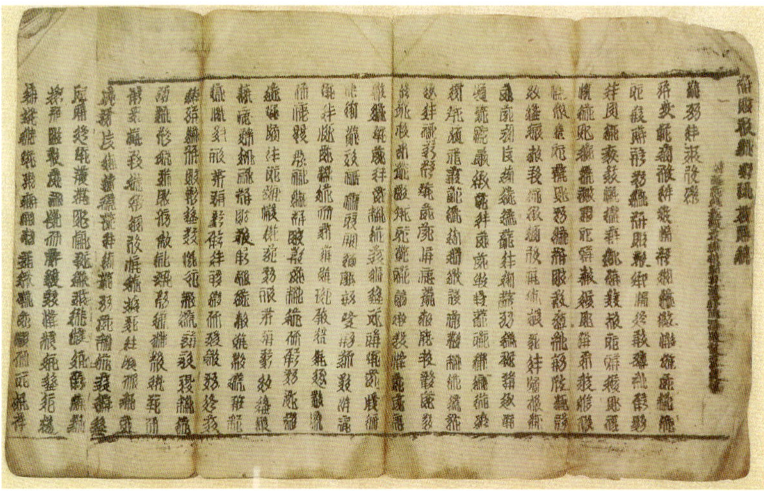

现存最早的泥活字本《维摩诘所说经》

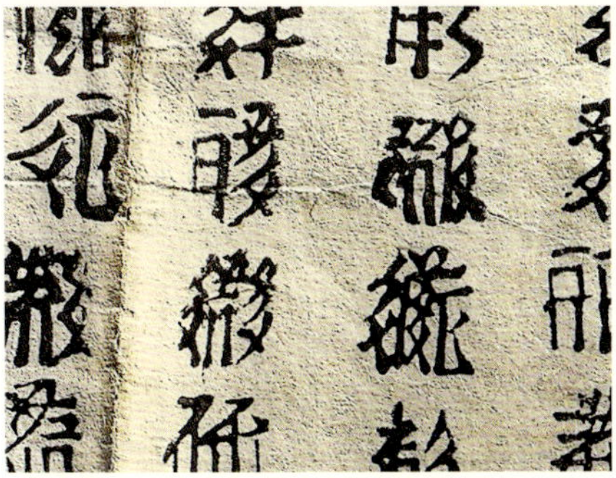

现存最早的泥活字本《维摩诘所说经》局部

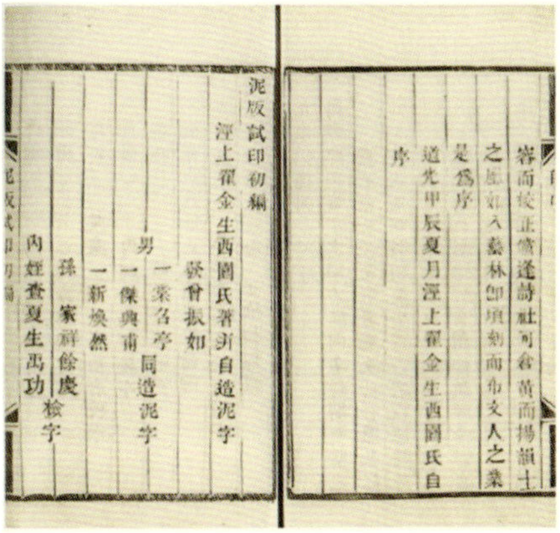

清代道光、咸丰年间，安徽泾县人翟金生制作泥活字印刷的书籍《泥版试印初编》

1988年，漂泊在俄罗斯黑城的《维摩诘所说经》又有了“亲人”问世。这一年，甘肃亥母洞寺遗址发现了西夏文佛经《维摩诘所说经》，经专家鉴定，它跟黑城的《维摩诘所说经》同族同宗。这件世界最早的泥活字印本终于解了印刷术故乡人1000年的“乡愁”——它被珍藏在中国印刷博物馆武威分馆。

《泥版试印初编》：清代道光、咸丰年间，安徽泾县人翟金生制作泥活字印刷书籍，让人们再次领略到泥活字印刷的神韵。

翟金生自幼聪颖，嘉庆年间考中秀才，后来开设塾馆以教书为生。他勤奋好学，但由于家境贫寒，囊中羞涩，故只能借书、抄书。翟金生在读书过程中发现不少抄本诗文由于没有条件印刷出版而渐渐湮灭，感到非常可惜。他看到沈括在《梦溪笔谈》中关于毕昇发明活字印刷术的记载后，便萌生了自己制作泥活字并以之印刷书籍的想法。翟金生白天教书，晚上进行泥活字研制，并动员亲戚和学生参与其中。他“调泥埏植，磨刮成章”，用黏土做成字坯，待晾干后刻字。他制作的泥活字分为特大、大、中、小、特小5种规格，类似现在一、二、三、四、五号的铅字。寒来暑往，经过30年的不懈努力，翟金生制作出泥活字10万多枚。

道光二十四年（1844），翟金生用制作出的泥活字首先印刷了自己的诗文联语《泥版试印初编》。书法家包世臣在对同乡翟金生历经艰辛制作泥活字的行为表示赞叹之余，欣然为该书作序。此后，翟金生用胶泥聚珍版印刷了《仙屏书屋初集》《水东翟氏宗谱》等书籍。用泥活字印刷出来的各种书籍，字迹清晰，工整美观，可与木版印刷媲美。功夫不负有心人，翟金生数十年心血终于结出了累累果实，青史留名。他在一篇诗文中表达了自己的心情："一生筹活版，半世作雕虫。珠玉千箱积，经营卅载功。"翟金生的泥活字本在国家图书馆、安徽省图书馆等均有收藏。

木活字本

中国古代印书最多、应用最广的活字为木活字。自 20 世纪以来，陆续出土了回鹘文木活字以及历代活字印本，最早的为 12 世纪实物。元代的王祯请工匠刻制了 3 万多个木活字，在大德二年（1298）印刷《旌德县志》，不到一个月百部齐备，效率很高。他还创造了活字板韵轮，将木活字按韵和型号排列在两个木制的大转盘里，排字工人可以坐着拣字，只需转动轮盘，就可以拣到所需要的字。王祯对他的活字印刷经验进行了总结，写成《造活字印书法》流传至今。清乾隆三十八年（1773）至乾隆五十九年（1794），官方刻制枣木活字 25 万个，先后印制了《武英殿聚珍版丛书》134 种 300 余部，是中国历史上规模最大的一项木活字印刷工程。

《吉祥遍至口和本续》：1991 年，宁夏贺兰县拜寺沟方塔中又发现了西夏文佛经《吉祥遍至口和本续》。经有关专家鉴定确认，为 12 世纪下半叶的木活字版印本。

《吉祥遍至口和本续》（以下简称《本续》），蝴蝶装，共计 9 册，共 220 余页，加上尚未能入册的零散残页，约 10 万字，是译自藏文的藏传佛教密宗经典。《本续》为白麻纸本，完整的册子还保留有封皮、扉页，封皮左上侧贴有刻印的长条书签，首页载有"集经""藏译""番译"者的名字，书名外环以边框。封皮纸略厚，呈土黄色，封皮里侧另背一纸，有的纸为佛经废页，背时字面向内。全页版框纵 30.7 厘米，横 38.0 厘米，四边有子母栏，栏距上下 23.5 厘米，无界格，半面左右 15.2 厘米。版心宽 1.2 厘米，无象鼻、鱼尾。上半为书名简称，下半为页码，页码有汉文、西夏文、汉夏合文三种形式。

据查，《本续》未见著录，可能藏文原本早已失传，该经目前成为《本续》唯一传本。该经书的内容在印刷中有版框栏线交角处缺口大，版心行线与上下栏线不相接，同一面同一字笔锋形态不一，栏线及版心行线漏排、省排，经名简称和页码用字混乱，有错排、漏排、数字倒置等活字版印本特征。《本续》是唯一经国家鉴定的西夏时期，也是辽、宋、金时期的木活字版印本，是现存世界最早的木活字版印本，它将木活字的发明和使用时间从元代提早到宋代。该文献对考古学、西夏学、佛学、藏学、图书史、文献学等都具有重要研究价值。

2002 年，因其珍贵且独有，《本续》被国家文物局定为首批“禁止出国展览”的 64 件文物之一。也是在这一年，它又被国家档案局列为《中国档案文献遗产名录》中的 48 件文献（第一批）之一。现在，人民教育出版社出版的初中《中国历史》下册在介绍了毕昇发明的泥活字印刷术后写道：“考古学家发现了西夏时期的木活字印本，这是已知最早的活字印本。”在人民教育出版社出版的教师教学用书中，还有更多的介绍：“1991 年，宁夏出土的《吉祥遍至口和本续》西夏文木活字印本，为我国现存最早的木活字印本。”

此外，黑水城文献中还有西夏文世俗著作《德行集》、佛教著作《三代相照言文集》等，它们也是现存最早的活字版本。

黑城出土的西夏文佛经《胜慧到彼岸要语学禁现前解庄严论显颂》是抄自印本的写本。

该印本印刷于光定六年（1216），已是西夏晚期。活字印刷的两个负责人云智有、王忠敬各有很高的官职，同时又有相同的官职：御前注补印活字都案头监。史金波经研究认为，这是朝廷管理活字印刷的官职。这时已是毕昇发明活字印刷 160 多年之后。西夏不仅大力吸收中原文化，同时崇佛礼佛，大量抄写印制散发佛经，到了令人惊叹的程度。在这种情况下，西夏积极引入和发展毕昇活字印刷技术，设置官员管理活字印刷术，是顺理成章的事情。

回鹘文活字：“1908 年 5 月 23 日，星期六。在 181 窟找到了用来印刷的许多方形的蒙古文活字，同时还发现了一些西夏文印刷品残卷。”

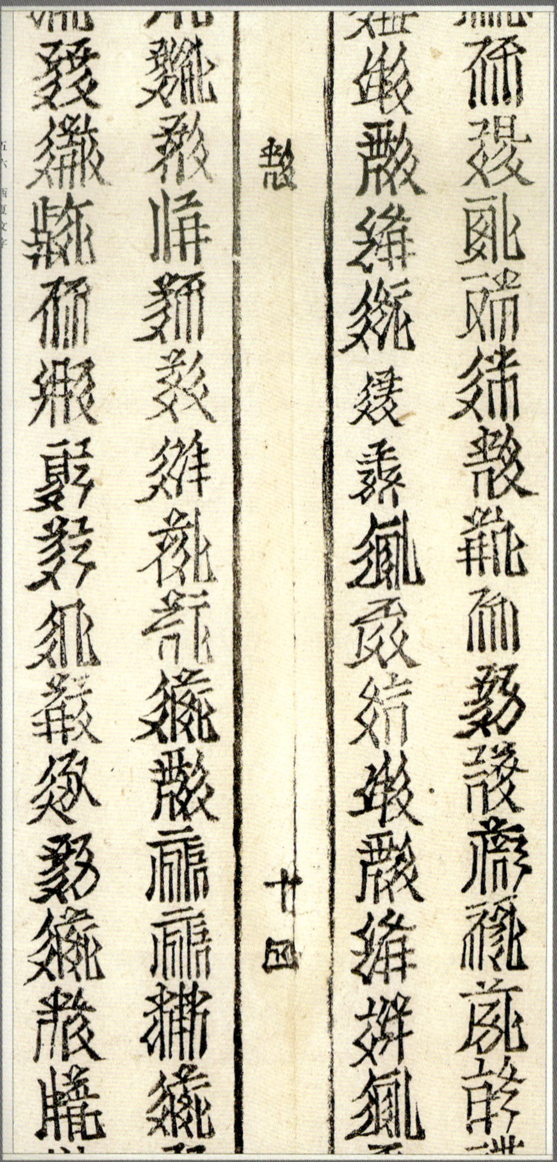

现存最早的木活字印本《吉祥遍至口和本续》局部

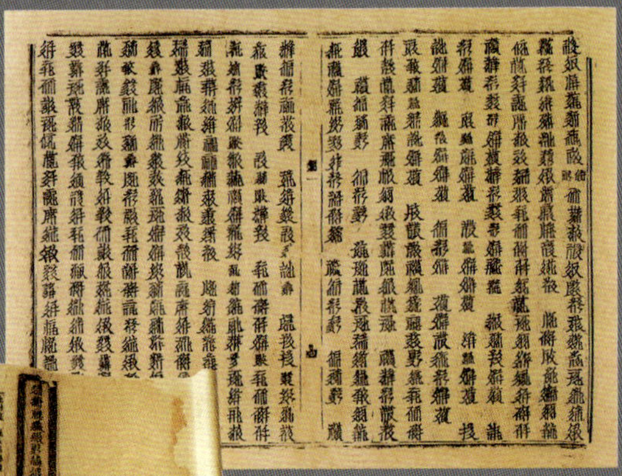

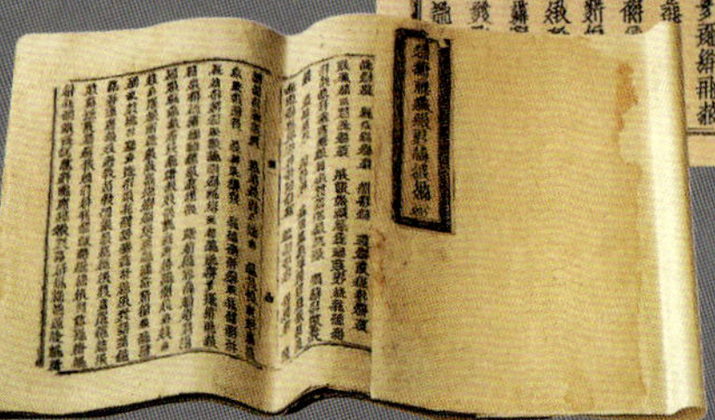

现存最早的木活字印本《吉祥遍至口和本续》

这是法国汉学家伯希和在《敦煌石窟笔记》中关于敦煌木活字发现经过的一段记载。其时伯希和与法国中亚考察队在敦煌千佛洞莫高窟北区的第 181 窟（敦煌研究院编号 464 窟）的积沙中，发现了许多文献，还有 960 枚木活字。由于发掘匆忙，伯希和误将这些回鹘文的木活字当成了蒙古文木活字。带回法国后，这些木活字最后由巴黎吉美亚洲艺术博物馆收藏至今。现在这些回鹘文木活字摆放在精致的木盒里，馆藏编号为 MG25507。

回鹘又叫回纥，是唐宋时期中国西北部的割据政权。

经当代学者研究，揭示出除巴黎吉美亚洲艺术博物馆之外，伯希和还将这些活字部分进行了赠送。位于东京文京区的东洋文库收藏的敦煌所出的 4 枚回鹘文木活字，就是伯希和所赠。因这些木活字属于文物，仅限于收藏，从不展示，故鲜有人知。美国大都会博物馆文物库房内也保存了 4 枚出自敦煌莫高窟的回鹘文木活字，每枚木活字至今尚留有墨迹。1914 年，俄国人奥登堡率领考察队在莫高窟北区洞窟中盗掘走 130 枚木活字。

1944 年 2 月，国立敦煌艺术研究所在莫高窟成立。自 1944 年至 1949 年，国立敦煌艺术研究所的职工发现了著名的莫高窟土地庙文书，还收集了许多零散文物，其中包括 6 枚回鹘文木活字。1988—1995 年，又有 48 枚被发现。敦煌莫高窟北区所出回鹘文木活字的时代推定在 12 世纪末到 13 世纪上半叶之间，它们是当今现存时代最早的活字实物。敦煌所出的这些回鹘文活字不是单一的以词为单位的活字，而是包括以字母、音节（词缀）和词为

敦煌地区出土的 13 世纪回鹘木活字

单位的混合类型的活字，是中国活字印刷技术向西传播的中介类型活字。

王祯的木活字韵轮：安徽省宣城市旌德县有个声名不显的版书乡（现为版书镇），辖 6 个村，其中版书村是旌德的南大门，曾是古旌绩驿道必经之地，交通十分便利。

单从地名上说，“版书”就蕴含着无穷的文化意韵。对于“版书”地名的来历，民间曾流传着这么一种说法：镇上当年有一对兄弟，哥哥在竹签上刻出文字、图案，弟弟用锅底灰和水做成“印泥”，然后将竹签蘸上“印泥”印在纸上，文字图案便昭然显示，且可成批印制。这种原始的印刷技术，不经意间引出了“版书”这个地名。

据考证，元代时这里种植了很多乌柏树，乌柏树是雕刻印版的优良材料。所以，笔者认为，“版书”地名的由来有两种可能：第一种，很多人误将“柏”字念成“柏”，因而柏树成了柏树，俗称板树，后板树也就雅化为版书了。第二种，这里正是元代农学家王祯造木活字印书的地方。后人为了纪念这一伟大创举，将这个古色古香的称谓“版书”定格在历史的画册上。

王祯是山东东平人，元代农学家及活版印刷术的改进者。他当了 6 年的旌德县令，政仁民惠，功绩卓著，“旌德之民利赖而颂歌之”。除注重以农治县、撰写《农书》外，他还改进了活版印刷术。

王祯深感传统刻版费工费时又费料，泥活字不尽如人意，决计加以改进。经过与刻工共同研究，两年后成功设计出“活字板韵轮”，制作了 3 万余枚木活字，将木活字依韵排列于转轮排字架上，排版时转动轮盘以字就人，转轮取字，省时省力。活字的关键在于“活”，所谓“活”就体现在印前——排版这道工序中。

木活字被誉为可以地老天荒的字。的确，木活字应用已经历千年的实践，从未退出过历史舞台，是活态的非物质文化遗产。

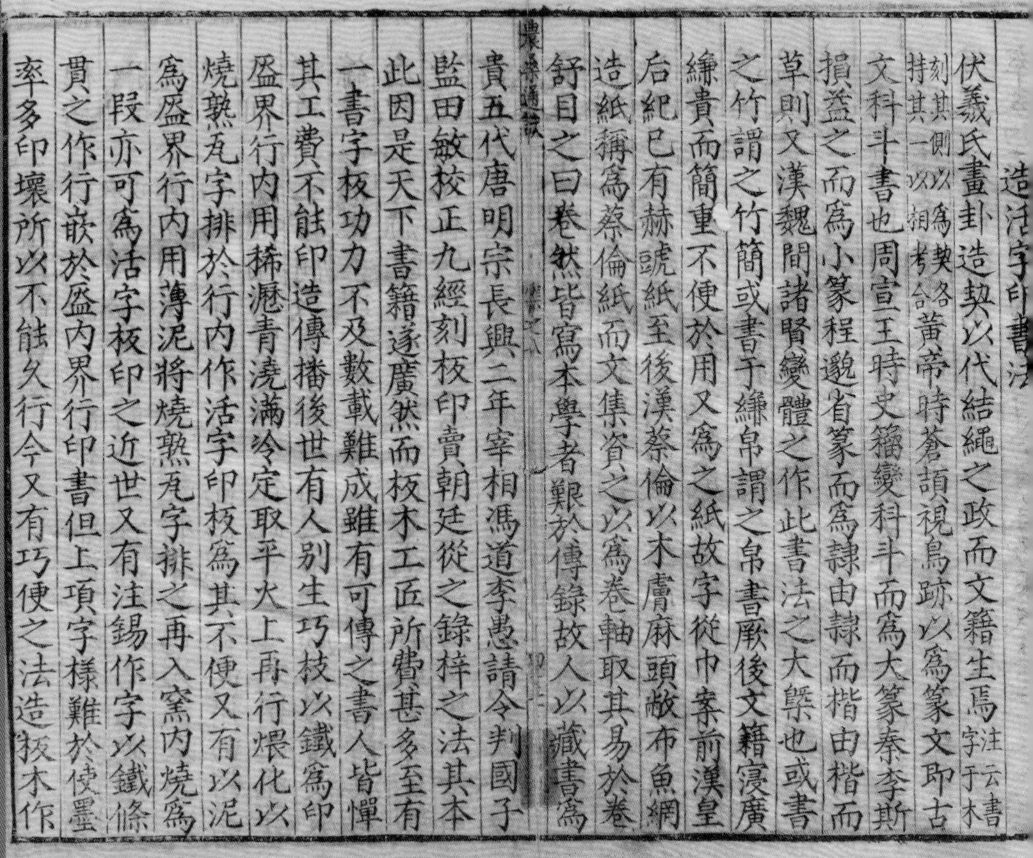
造活字印書法

伏羲氏畫卦造契以代結繩之政而文籍生焉注云書字于木刻其側以為契各持其一以相考合黃帝時蒼頡視鳥跡以為篆文即古文科斗書也周宣王時史籀變科斗而為大篆秦李斯損益之而為小篆程邈省篆而為隸由隸而楷由楷而草則又漢魏間諸賢變體之作此書法之大槩也或書之竹謂之竹簡或書于縑帛謂之帛書厥後文籍寖廣縑貴而簡重不便於用又為之紙故字從巾案前漢皇后紀已有赫蹏紙至後漢蔡倫以木膚麻頭敝布魚網造紙稱為蔡倫紙而文集資之以為卷軸取其易於卷舒目之曰卷然皆寫本學者艱於傳錄故人以藏書為貴五代唐明宗長興二年宰相馮道李愚請令判國子監田敏校正九經刻板印賣朝廷從之錄梓之法其本此因是天下書籍遂廣然而板木工匠所費甚多至有一書字板功力不及數載難成雖有可傳之書人皆憚其工費不能印造傳播後世有人別生巧技以鐵為印盔界行內用稀瀝青澆滿冷定取平火上再行煨化以燒熟瓦字排於行內作活字印板為其不便又有以泥為盔界行內用薄泥將燒熟瓦字排之再入窯內燒為一段亦可為活字板印之近世又有注錫作字以鐵條貫之作行嵌於盔內界行印書但上項字樣難於使墨率多印壞所以不能久行今又有巧便之法造板木作

王祯著《农书》附《造活字印书法》

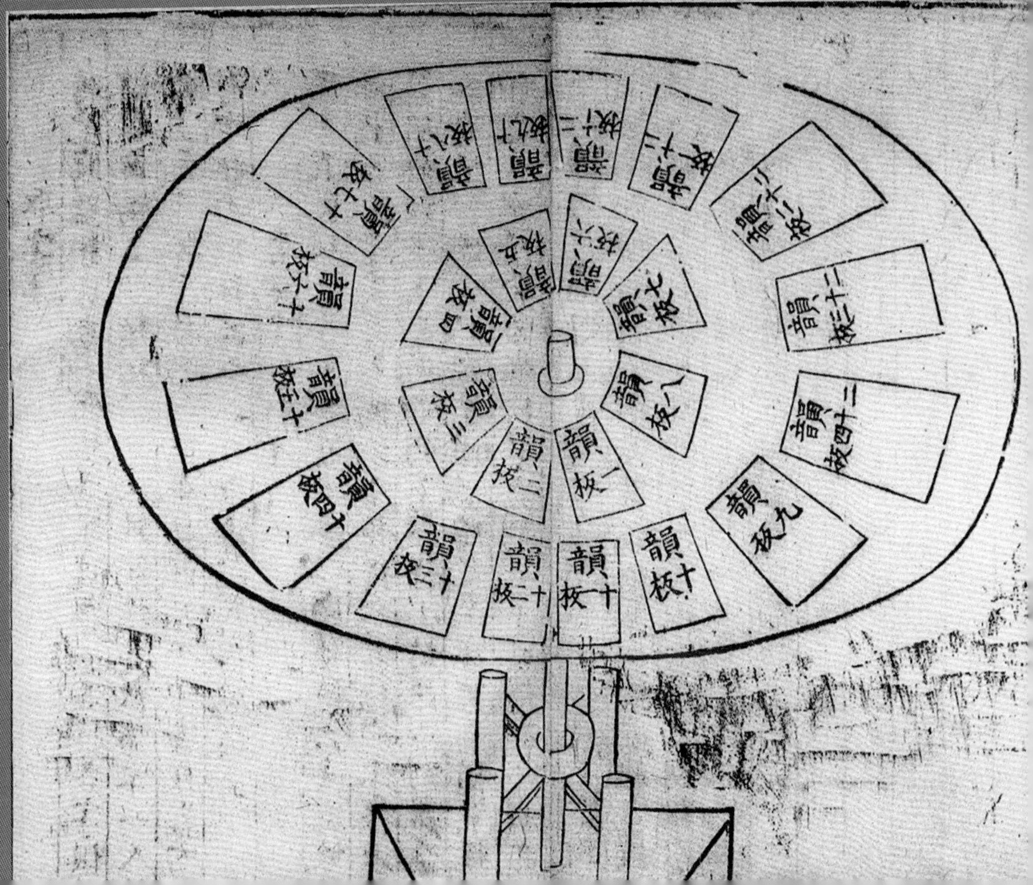

《农书》中的活字板韵轮图

2015 年王祯被列入造纸工业世界名人堂。

《鹖冠子解》:《鹖冠子解》作者为陆佃（1042—1102），南宋诗人陆游的爷爷。陆佃自幼家贫，夜晚无灯，映月苦读，少年曾师从王安石研习经学。鹖是一种勇猛好斗的鸟。鹖冠子为战国晚期楚国人，他以鹖的翎羽装饰帽子，故被称为“鹖冠子”。《鹖冠子》一书记有赵武灵王、赵悼襄王、庞煥等人的问答。作者主张道家黄老之说，以道德、阴阳、法令、天官、神征、伎艺、人情、械器、处兵为“九道”，认为一切法治，皆当顺其自然。

明版《鹖冠子解》为弘治年间（1488—1505）碧云馆木活字印本。版面每半页 10 行，行 20 字，白口，四周单边，注大字低一格。版心镌有“碧云馆主”“弘治年”或“活字本”等字样。目前所知碧云馆印书传世仅此一部，十分珍贵。正如书中民国袁克文跋“此本为聚珍丛书所祖，且明活字本传世绝希，至足宝也”。

该书扉页有吴昌硕篆书题签“明碧云馆鹖冠子，彝盦属老缶篆”。“彝盦”即朱文钧，“老缶”即吴昌硕。该本为清代扬州马氏

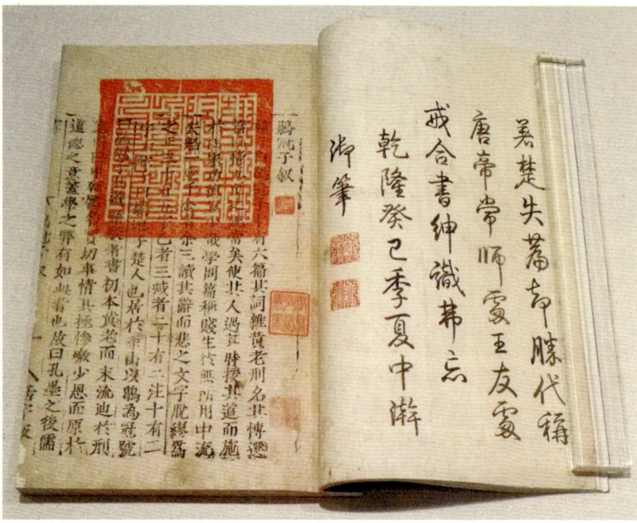

《鹖冠子解》三卷，明弘治碧云馆木活字印本（四库底本）

小玲珑山馆旧藏，乾隆年间修《四库全书》时马裕进献内府，即四库采进本。其书衣钤有“乾隆三十八年四月两淮盐政李质颖送到马裕家藏鹖冠子壹部计书一本”朱文长方印。扉页有清高宗弘历乾隆三十八年（1773）题诗：“铁器原归厚德将，杂刑匪独老和黄。朱评陆注同因显，柳谤韩誉两不妨。完帙幸存书著楚，失篇却胜代称唐。帝常师处王友处，戒合书绅识弗忘。乾隆癸巳季夏中澣御笔。”卷首钤有“翰林院印”满汉朱文大方印。书中钤有“乾隆御览之宝”朱椭圆印、“乾”龙纹朱方印、“隆”龙纹白方印诸印鉴。书中还有恽毓鼎签条云：“臣等仅查宋陆佃注《鹖冠子》三卷。此书论三才变通，古今治乱之道。唐韩愈称之。而所见只十六篇，未为全书。此本凡十九篇，首尾完备，佃注世亦罕见，系明弘治中活字板本，坊间并无流传。计三册。”此签贴于扉页正中，并钤有骑缝章“臣”朱方印、“毓鼎”白方印等，即为清光绪时国史馆总纂恽毓鼎收藏。书中另钤有“澄斋收藏书画”等印记。该书后为收藏家周叔弢所得。中华人民共和国成立后，周氏将该书捐赠给国家，入藏中国国家图书馆。

《武英殿聚珍版程式》：清乾隆三十八年（1773）修《四库全书》时，因种类繁多，耗费巨大，主管印书事务的大臣金简乃建议刻制枣木活字摆印书籍。乾隆准其所请，并亲自为“活字”定了个雅号——“聚珍”。前后共刻制253500个大小枣木活字，印成《四库全书》及其他经典著作，包括经、史、子、集等历代的重要著作130多种2300多卷，谱写了历史上制造木活字数量最多、印书最丰的不朽篇章。

乾隆四十二年（1777），金简编写《钦定武英殿聚珍版程式》一书，由乾隆皇帝批准出版。《钦定武英殿聚珍版程式》是对“武英殿聚珍版丛书”大型出版实践的总结，也是中国古代官方颁布的木活字印刷标准，介绍了木活字的材料、加工、质量、管理、制版，以及字体、版式、印刷流程、活字流转使用等内容。

《钦定武英殿聚珍版程式》提出了活字印刷的生产流程标准，规范了印刷风格。书中提出的成造木子、刻字、字柜，及其他用

《钦定武英殿聚珍版程式》是中国活字印刷史上的重要文献

清末朱墨活字套印本《龙章宠赐》，以朱色印龙蝠图案，活字套印

具的制作、摆书、垫版、校对、印刷、归类、装订等生产流程，与现代印刷业的流程完全一致，是一套先进的管理标准。活字印刷术的推广促进了字体、印刷风格等的统一，尤其是促进了宋体字的发展，进一步奠定了宋体在出版业中的地位。

《钦定武英殿聚珍版程式》记录了系统完整的生产成本核算，在历史记录中实属罕见。活字加工成本每百字为 8 钱银，15 万字耗银 1200 余两，木槽等加工用银一二百两，总计 1400 余两。其后由于印量增大，活字字数增至 25 万余个，楠木板槽 80 块，松木盘 80 个，套格 24 块，储字大柜 12 个，共计用银 2339 两。如果采用雕版印刷，单印《史记》（2675 块雕版）一部书的成本为 1450 两。因此，采用活字版较雕版更便宜。

《钦定武英殿聚珍版程式》是中国印刷史上又一重要文献，被译成德文、英文等多种文字，流布国外。1777 年出版的《钦定武英殿聚珍版程式》与 1298 年王祯著《造活字印书法》，以及 1090 年成书的《梦溪笔谈》卷十八一起成为中国印刷史上的三大辉煌篇章。

《钦定武英殿聚珍版程式》所记载的木活字制作及印刷技术，比王祯的《造活字印书法》更为详尽、严密、科学。书中对于活字印书的工艺规范、工艺流程、生产调度的记录展示出前所未有的严谨，是木活字印刷术接近顶峰的表现。《钦定武英殿聚珍版程式》出版以及“武英殿聚珍版丛书”发行以后，各地纷纷效仿，有 14 个省的地方政府采用木活字印书，木活字印刷术在各地盛行，其地位仅次于雕版印刷。

民间也纷纷效仿，活字印刷大大超过了元明时代。民间木活字印本，影响较大的是乾隆五十六年（1791）、乾隆五十七年（1792）萃文书屋排印的曹雪芹著、高鹗续《红楼梦》一百二十回本。嘉庆、道光年间活字印本更为普及。光绪、宣统时期，活字印本的流传更多了。

铜活字本

仅就金属活字而言，中国古代铜活字应用较多。在明代弘治和正德年间（1488—1521），江苏的苏州、无锡、常州、南京一带就有不少书坊制造铜活字印书，其中最负盛名的是无锡的华家和安家，他们用铜活字印的书数量最多，也有印本流传下来。

会通馆活字：华家以华燧最为有名。华燧自认为对铜活字“会而通矣”，故名其室曰“会通馆”。他制成的一副铜活字，也名为“会通馆铜版”。大约在1490年，他第一次试印了《宋诸臣奏议》大小两种字体的版本。这是我国现存最早的金属活字印本，因而也特别为人们所珍视。华燧后来又印刷了南宋类书《锦绣万花谷》和唐宋野史杂说的丛书《百川学海》等大书以及他本人的著作。他前后印书可考者达18种之多，在千卷以上，就其数量而言，在明人铜活字印本中是首屈一指的。

华燧之后，华家的华珵也制造了精密的铜活字。他做过小官，善于鉴别古奇器和书法名画，尤喜欢收藏古书。他称自己的书斋为“尚古斋”，每次得到稀有的古书，很快就排印出版。他在弘治十五年（1502）印刷了南宋诗人陆游的《渭南文集》和《剑南续稿》。

再后，华燧的侄子华坚和华坚的儿子华镜也热心从事铜活字印刷事业。华坚印的书籍以“兰雪堂”为名，先后印刷了东汉文学家蔡邕的《蔡中郎集》、唐代诗人白居易的《白氏文集》和元稹的诗赋文集《元氏长庆集》，并于1515年印成了唐代类书《艺文类聚》100卷。随后又印刷了西汉董仲舒的经学、哲学著作《春秋繁露》。这些书都是兰雪堂用铜活字排印的有名版本，兰雪堂印本因为在每一直行内排印两行，所以被称为“兰雪堂双行本”。

从1490年至1516年的近30年间，华家共用铜活字排印了约24种书，1500多卷，这些书传世稀少，很为藏书家所珍爱。

安国活字：当时，和华家齐名的还有无锡的安国。安国是一个大地主、大商人，号称“安百万”。他为人比较开明，曾经在地方上做过不少的公益事业，深得百姓拥戴。同时，他又喜欢古书

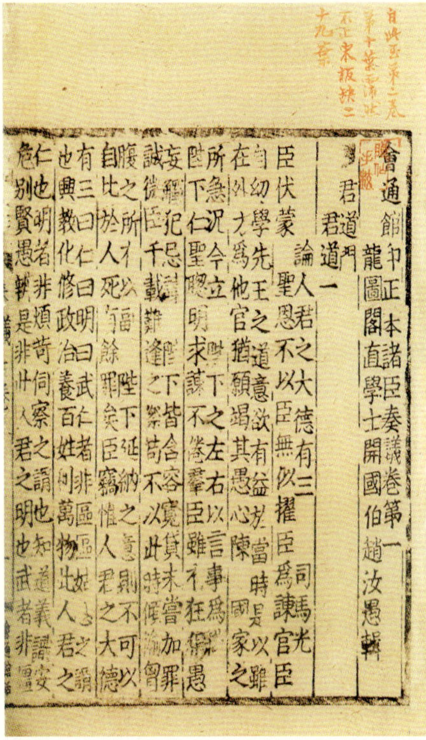
會通館印正本諸臣奏議卷第一
龍圖閣直學士開國伯趙汝愚輯

明弘治三年（1490）会通馆铜活字本《宋诸臣奏议》

名画、造字印书。他印的书称为“安国活字铜版”，又因为他家种有大量桂花，所以也称“桂坡馆”。安国从1521年至1534年印刷了至少10种著作，有地方志、水利通志、文集和两种大部类书，均以印刷精美、校勘严谨著称。有些书在边栏外还印有《千字文》编号，次序十分清楚，其装帧工作的认真细致，在中国古籍中是不多见的。他最先出版的《东光县志》，是中国唯一的一部用铜活字印的地方志，可惜早已失传了。

《古今图书集成》：原名《古今图书汇编》，是清康熙朝福建侯官人陈梦雷（1650—1741）等所编辑的大型类书。陈梦雷根据协一堂藏书和家藏15000多卷经史子集的典籍编撰而成。康熙御览初稿后认为尚需修订增益，改赐书名《古今图书集成》。

该书正像它的书名一样，集古今图书之大成，举凡古代社会的天文地理、人伦规范、文史哲学、自然艺术、经济政治、教育科举、农桑渔牧、医药良方、百家考工等无所不包，图文并茂，资料丰富。作为我国现存最大的类书，《古今图书集成》傲视古今中外。可以说，《古今图书集成》是对我国传统学术文化的一次系统整合，是18世纪中国乃至世界最大的一部“百科全书”。该书成书后，先后印制了铜字版、美查版、同文版、中华版等多种版本。

雍正四年（1726），《古今图书集成》第一次用铜活字排印，两年完成，这是初版，共印成65部，称“铜字版”。正书1万卷，目录40卷，分订5020册，装522函。印本用开化纸和太史连纸印制，印刷精良，装潢富丽，人称“殿本”。铜字版印本稀少，在当时

铜活字类书《古今图书集成》

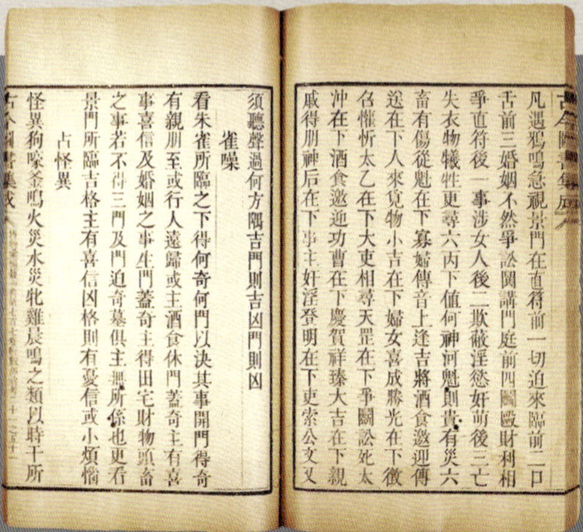
凡遇鴉鳴急視景門在直符前一切迫來臨前二戶
舌前三婚姻不然爭訟鬪講門庭前四鬪毆財利相
爭直符後一事涉女人後二欺蔽淫慾奸萌後三亡
失衣物犧牲更尋六丙下值何神河魁則貴有災六
畜有傷從魁在下寡婦傳音上逢吉將酒食邀迎傳
送在下人來覔物小吉在下婦女喜成勝光在下徵
名催析太乙在下大吏相尋天罡在下爭鬪訟死太
沖在下酒食邀延功曹在下慶賀祥臻大吉在下親
戚得朋神后在下爭主奸淫登明在下吏索公文又

須聽聲過何方隅吉門則吉凶門則凶

雀噪

看朱雀所臨之下得何奇何門以決其事開門得奇
有親朋至或行人遠歸或主酒食休門蓋奇主有喜
事喜信及婚姻之事生門蓋奇主得田宅財物頭畜
之事若不得三門及門迫奇墓俱主無所係也更看
景門所臨吉格主有喜信凶格則有憂信或小煩惱

占怪異

怪異狗嚎釜鳴火災水災牝雞晨鳴之類以時干所

古今圖書集成

《古今图书集成》书影

即为珍籍。内府分藏文渊阁、乾清宫各 1 部，皇极殿 2 部。此外，翰林院宝善亭获赐 1 部，七阁亦各有 1 部。因朝廷修《四库全书》进呈图书较多的藏书家，均被奖赏《古今图书集成》1 部。据统计，铜活字版本《古今图书集成》至今仅有 20 余部存世。

目前国内有 5 家图书馆收藏有完整武英殿雍正铜活字体本《古今图书集成》：中国国家图书馆、中国科学院图书馆、甘肃省图书馆、徐州市图书馆和湘潭大学图书馆。《古今图书集成》第一版以宫廷书问世，一般人很难看到，但作为朝廷馈赠佳品却很早就流布到英、美等国。铜活字版《古今图书集成》在美国哥伦比亚大学斯塔尔东亚图书馆、哈佛大学哈佛燕京图书馆、耶鲁大学东亚藏书室、达特茅斯学院东方藏书室、美国国会图书馆亚洲部、英国大英博物馆、剑桥大学图书馆，美国哥伦比亚大学、哈佛大学、耶鲁大学等图书馆及法国巴黎、德国柏林各有 1 部。

包罗万象的《古今图书集成》无论在国内还是国外，均显示出资料宝库的魅力，尤其为国外汉学研究者的手中之宝。该书流布所至之国为其汉学研究开启了广阔的空间。《中国科学技术史》的作者李约瑟曾说过："我们经常查阅的最大的百科全书是《古今图书集成》……它是一件无上珍贵的礼物。"可以说，《古今图书集成》为全世界培养中国通、造就无数汉学家发挥了巨大作用。

印技外传

在欧洲雕版印刷普及的基础上，在毕昇发明活字印刷术 400 年之后的 1450 年，德国人谷登堡对活字印刷术进行了创新。毕昇与谷登堡二人在活字印刷的原理上没有多大差别，但是谷登堡在活字印刷流程中，将其中的活字制作和刷印两道工序进行了革新，采用了制造字模铸造活字并发明手扳式印刷机，开创了工业印刷时代。

在谷登堡发明印刷机之后不久，活字印刷术很快在欧洲各国流行开来，单是威尼斯一地，在 15 世纪末期，新设立的活字印刷

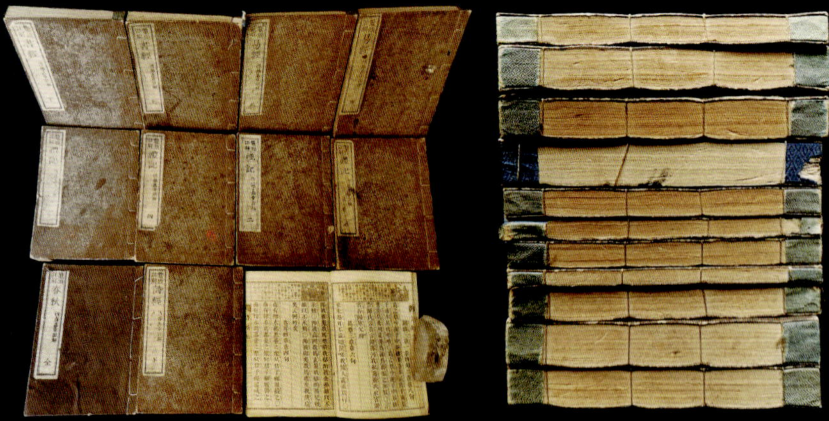

日本明治十三年（1880）巾箱本《五经》11 册，上图下文，汉日双语

中文铅活字

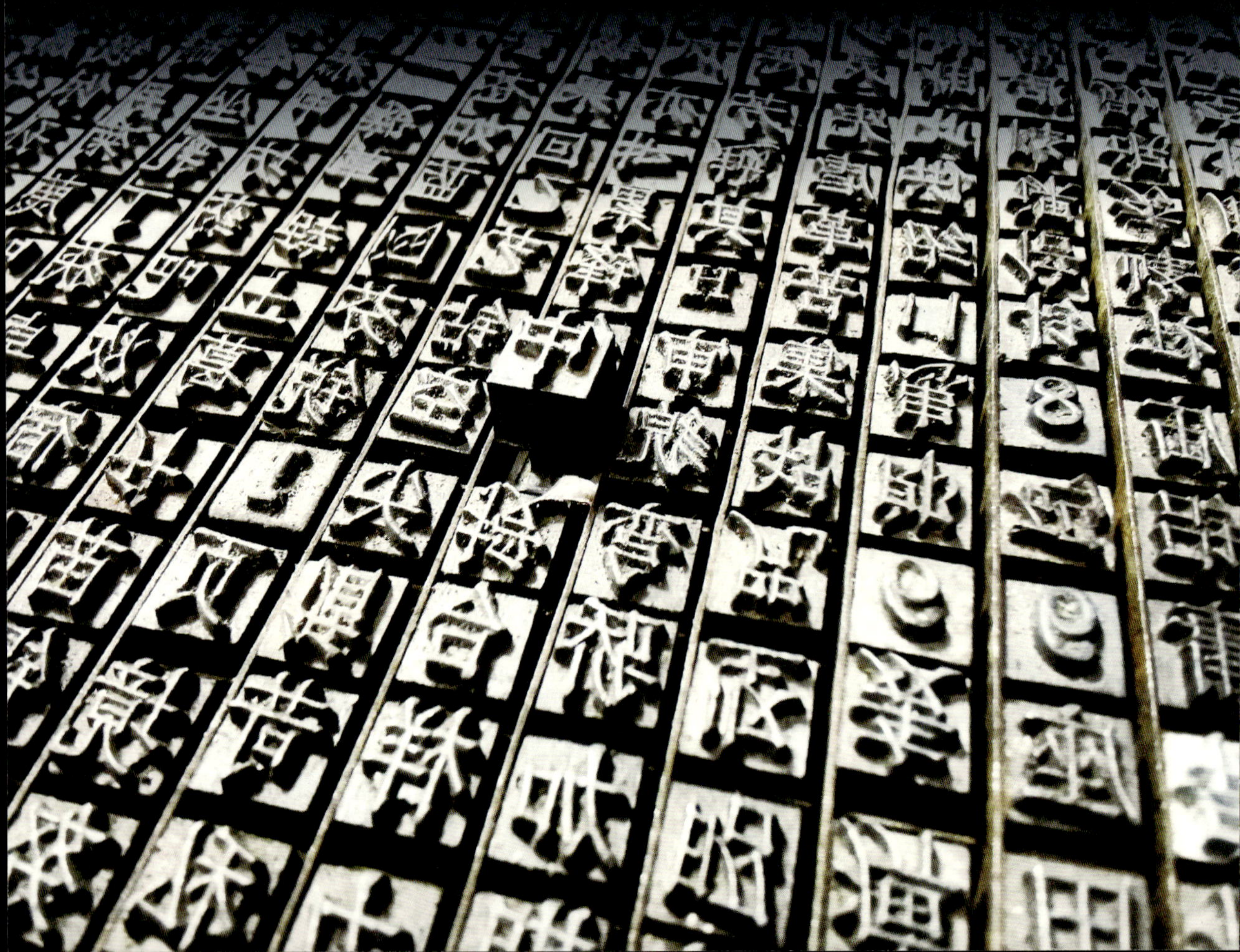

所就约有100个，出版书籍约有200万册。印刷术结束了欧洲僧侣垄断受教育的状况，促进了欧洲文艺复兴。正如马克思所指出的："印刷术变成科学复兴的手段，变成对精神发展创造必要前提的最强大的杠杆。"

门多萨在《中华大帝国史》一书中还指出："谷登堡受到中国印刷技术影响。中国的印刷术，通过两条途径传入德国，一条途径是经俄罗斯传入德国，一条途径是通过阿拉伯商人携带书籍传入德国，谷登堡以这些中国书籍作为他的印刷的蓝本。"门多萨的书在当时很快被翻译成法文、英文、意大利文，在欧洲产生了很大影响。法国文学家米歇尔·德·蒙田等欧洲学者赞同门多萨的论点。

关于谷登堡和欧洲活字印刷术的历史，西方各国也存在一些争议。英国《不列颠百科全书》还提到，1423—1437年间，荷兰人劳伦斯·杨松·科斯特刻制木活字刊印荷兰文的拉丁文法和大的标题字获得成功，而正文活字的雕刻质量未能胜过雕版，因此未被推广。这个记载比谷登堡要更早一些。

然而，被西方人奉若神技的谷氏活字术并没有引起中国人的关注，因为中国人早已对活字印刷习以为常，并且，雕版印刷几乎完全能够满足古代社会对于文化产品的需求。何况，中文方块字笔画复杂、字数众多，无论采用哪种活字材料，做海量铜字模的难度和排版拆版的难度都和西文完全不是一个数量级。

对于西方国家来说，一般以印刷机的落地作为铅活字印刷技术的引入标志。在中文世界，印刷机并不是"卡脖子"的难题，而是以铜字模的完善作为铅活字印刷术的引入标志。

铅活字最终在中国大行其道与近代报业在中国的萌芽密不可分。19世纪下半叶，近代报业在中国兴起，20世纪初，大众传播媒介代表报纸在中国逐渐"走红"。早期的报纸就叫新闻纸。报纸印刷有四个独特的鲜明特点：一是对于制版速度的需求很严苛，如果依靠手工木刻印版这种方法，制版时间过长，新闻显然容易成为旧闻。二是印刷工艺难度大，报纸通常幅面较大，如果用传统的刻版方式，质量难以保证，使用平压平的铅版印刷机能保证大幅面印刷的质量。三是印量较大，这也是报纸做大众传播媒介界“扛把子”的重要特征，而大批量报纸要在短时间内印成，其功非印刷机莫属。四是报纸的新闻性决定了印版的一次性，雕版印刷的经典有再版的可能和保存的必要，而报纸则需要频繁更换版面相似但内容不同的印版。在当时普遍应用的印刷技术中，同时满足这四点的就只有铅印。由此，尽管中文世界在字模制作、活字铸字、拣字排版、拆版还字等诸多活字工艺中，有着难以言说的复杂，但最终，需求激励创新，中国人还是克服了重重困难，广泛地应用了这一技术。

总之，谷登堡的铅字机械印刷术在西文世界应用了500多年，但在中国汉字印刷领域的应用时间却只是从19世纪末至20世纪末，一共只有100多年。这是中西印刷史特别重要的区别。因此，从西文世界的文明进程影响来看，谷登堡的贡献居功至伟无可挑剔，但他和他的发明对于中国人以及中华文化的影响却没有那么大。

除了亚洲和欧洲之外，中国印刷术同样也渐次影响了世界其他国家和地区。19世纪末在埃及某古城废墟中发现的50张木版印刷品，都是用古阿拉伯文字印的伊斯兰教的祷词、符咒和《古兰经》残页，据说是印于900—1350年之间，其印法和中国印法极为相似。因此，有的学者认为可能是蒙古军西征，或由旅行者和商人把阿拉伯印刷品带到了埃及。此后，印刷术也先后传入美国、加拿大和澳大利亚。

第四章

书之制

如果将一本书喻为一个人，他有内容做灵魂，以纸张为骨骼，用印刷来续命……他还有颜值。书籍的颜值主要体现在装帧上，装帧设计与装帧形制决定了书籍的颜值。同样内容的书籍，不同的版本展现不同的风貌、不同的个性。有的书雍容华贵，有的书优雅娴静，有的霞姿月韵，有的朴实无华，有的如大家闺秀，有的似小家碧玉。所以，书籍的内容生产属于文化，书籍的印刷工艺一般被视为技术，而书籍的装帧工艺则被视为艺术。现当代，书籍编辑环节的人员称文化人，印刷环节的人员称技术员 ，而书籍装帧环节的人员称设计师。

现代意义的书籍制度，包括对书的形态、用料和制作等方面的艺术和工艺设计，具体包括开本、封面、护封、书脊、版式、环衬、扉页、插图、插页、封底、版权页、书函在内的封面设计、版面设计以及装订形式、使用材料等。而对于一般读者而言，熟悉的词语大致只有“精装本”“平装本”“袖珍本”等。

书籍的装帧也是有制度的。

书籍在发展进程中，形成了相对统一的规章准则和式样规格。中国古代书籍在不同时期有着不同的艺术形制，总体变化规律是由单一的使用功能上升至审美功能。为了兼顾赏心悦目与方便阅读，书籍的装帧形制经历了漫长的进化发展过程。纵观书籍的历史，中国创造出了卷、册、编、帙、函等多种图书形态，创造了简册、缣帛、卷轴、经折、蝴蝶装、包装、线装等多种装帧艺术形式，装帧艺术成就特色鲜明，世所罕见，泽被书林。

清宫天禄琳琅书之《宋版通鉴纲目》表现了古籍装潢之美。台北“故宫博物院”藏

第一节　简册制度

《说文解字》指出："著于竹帛，谓之书。"一般都认为，书籍的正规形态是从简册开始的。中国古籍中竹木简牍的通行时间最长，流传范围最广，在长达约 2500 年的历史时期里，用竹、木材料编连而成的简册都是主要的书写材料。并且，在发展过程中逐渐形成了固定的书籍制度，对后世也有着非常深远的影响。

竹木简书籍主要是用竹木片制成的，每片写字一行，将一篇文章的所有竹木片编连起来。"册"字，甲骨文字形像是用穿绳串连起来的大量连片或木片，若干"简"或"札"编缀在一起叫"册"。就是说，在竹木简书籍的时代，编连成册就是竹木简的装帧形式，这与现代所指的册页装的书籍完全不同。

现在常用的"编""卷""册"等词都来源于简册。数量少的竹木简成"册"，数量多的长册，看完以后"卷"起来收藏置放，也就是今天书籍分"卷"的由来。纸质书籍的卷轴装形式也是来源于竹木简。但竹木简时代的卷无轴，因而并不叫卷轴，而称"册"，偶尔也称"书卷"。卷轴制度虽属于纸本时代，却也结束于纸本。最终古代书籍装帧制度定格于本册形制。册—卷—册，历史的巧合见证着历史的必然。

简册制作

竹木简册在作为书写材料之前，要经过一定的整治过程。

片解。即将竹木修成长短一致的断片，然后片解成宽窄一致的札条。

烘干。竹木简都要烘干，不然会受潮变形或被虫蛀。竹简烘干的过程比较复杂，又称“杀青”“汗青”。

抛光。将用于书写的面抛光打磨，以便书写。

涂胶。竹木简上涂胶为文字的书写质量提供了保证。

通常来说，经过整治的竹木简牍书写完毕之后，就需要装帧为书了，其过程包括：

编连。用书绳将简札编连在一起是简册书籍的主要装帧形式。书绳有皮质绳、麻绳、丝绳等。书绳在简册上编连以后形成的样貌称为“编纶”。简册有两道编，也有三道、四道甚至五道编。简册编纶的道数，应该与简的长度有关，有时也与简册书籍的类型和用途有关。由于创作时字数的不确定性，早期简册都是先写后编的，后来，在程式化的抄写工作中也有先编后写的。

等齐。众多的简札缮写完毕、编连成册后，还要经过等齐的程序。由于锯断的简札不可能在长度上完全一致，因此成册后要将简册卷成一束，将简的上端放在一个平面上等齐，然后用刀刃将简下端那一端参差不齐的部分修平。

装饰。简册的装饰，有时体现在简札的美化上，比如将简端修治成半弧形或者梯形。编绳采用彩色的丝带也是一种装饰。刘向《别录》云：“《孙子》书以杂青简，编以缥丝绳。”说明《孙子》是用青白色的丝绳编连的，而且简材是一种特别的颜色。只不过，简的历

若干根竹简用绳子编连成卷

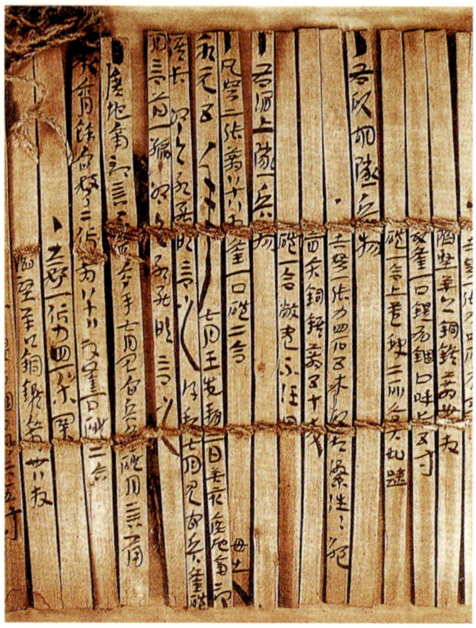

汉简册装《永元兵器册》

史过于久远，迄今出土的竹简编绳或者不存，或者失色。

竹木简书籍还有一个特点是开头和结尾往往会空几行，一是为了美观大气，二是可以在这最后的空白简的反面题写篇名。这些空白的竹简称为“赘简”。请注意，过去的竹简是墨汁书写，文字多卷在里面，跟书画卷轴是一样的道理。不像现在的影视作品里，仿制的竹简有的是机器刻的字，文字几乎都冲外面。

右行直下

书籍的古风，最鲜明的元素是什么？无疑就是右行直下的版面格式。中国人乃至于整个汉字文化圈的书写传统都是竖写直行，从右向左。中国传统书籍的文字版式和阅读习惯也是如此。这样的传统居然延续了数千年，在今天的人看来，这真是一件不好理解的事情。中国古人的书写工具是毛笔，蘸的是墨汁，无论是书写在简册上还是纸张上，都不易速干。加上中国古人的衣袖肥大，讲究褒袖飘飘之风度，右手书写如果向左移动着实容易沾污。

都说文字从上至下、由右及左，就是来源于简册。但是为什么呢？在研究书籍的印刷装帧过程中，通过动手实践，理论结合实际，笔者有了与众不同的全新思路。

从上至下的书写习惯相对好解释。因为竹简是细长的。依昌彼得《中国书的渊源》中的介绍，竹简的长度分为汉尺二尺四寸、一尺二寸和八寸三种规格。从出土文物来看，常见的竹简大多在27厘米上下，宽则多数只有1厘米。一根竹简自然为一行。写字时也通常左手握简，右手执笔。当只考虑在这一根细长的竹片上写字之时，竖写有三个优势：一是毛笔运笔从上至下顺畅连贯。二是左手手指配合竖拿最稳定。第三点，可能也是最主要的考虑，应该是只有竖写才可避免横写可能的沾污。因为如果横写的话，无论是从右至左还是从左至右，对于古人宽大的衣袖都非常不便。所以，竖行竖写既避免了从左至右可能的不便，也避免了从右至左可能的墨污。

美国波士顿美术馆藏北齐（550—577）杨子华的《校书图》局部。图中右上方文人正在书写。北齐已经以纸代简，但书写方式没有变化，同样是自右写完后，左手指捻动纸卷，纸张从左往右移动，自然下垂，顺势书写。如果将他左手的纸卷换成编连好的竹简，则同理

《古贤诗意图》局部，明代杜堇绘。可见悬腕书写的古贤，依靠纸张下垂，自然顺势从右自左。北京故宫博物院藏

为什么古书竖行从右往左呢？历来说法不一。

有人认为，打开卷册是右手执端，左手展开方便，所以是从右往左了。

还有人将自右而左的书写规则与尊卑联系在一起，认为古代以右为大，左为小，成语“无出其右”就出自成书于公元前 1 世纪的西汉司马迁著的《史记》。

专家们通常这样解释：书写时，右手执毛笔，左手执简，一根简写完后，用左手放置于前方的几案上，再开始写第二根简，写毕，用左手将第二根简放置在前一根简的左边排列，如此类推。一篇写完，将并列的各简按顺序编连成册，就形成由右向左的读法了。这里著者每写完一根简往右边排列并不是方便的手法，他直接用左手放在左边不是更好吗？

在从事印刷技术史的研究过程中，笔者发现无论是在造纸还是印刷工艺中，都是很讲究程序和范式的，细节中处处都体现着工匠精神。特别是在竹木简书籍繁盛的轴心时代，著书者对规范和礼仪有着无比的执念，对待典籍更是一丝不苟。装订成册的竹木简书籍并不是一个人来完成的，如同现代的书本，各工序有着不同的分工。在作者书写之前，已经有工匠将竹木整治成规格统一、光滑平整的单片。重要的典籍书写之前更是早已编连成卷，供知识分子群体进行创作和书写。在并没有书桌的先秦时代，作者或站或坐，左手执卷，右手执笔，悬腕书法。他只能从最右边那根开始，从上往下书写，一根写就，手指捻动竹卷自左往右转动，写好的竹简自动下垂，下一根空白简在最右边，继续挥毫泼墨，如此循环。总之，这个从右至左的排列顺序完全与左撇子无关，与书写无关，与衣袖无关，与墨汁无关，它就是规律，它就形成规则，成为制度。不信服的读者，站起来，拿出竹简和毛笔，试试便知。

虽然后来纸张代替简册成为书写材料，但由于书卷的装帧方式和强大的习惯作用，古人并没有改竖写为横写。20 世纪初的新文化运动时期，以钱玄同为代表的学者开始倡导改“右行直下”为“左行横迤”，直到 20 世纪后半叶，从右至左竖写的方式才正式退出历史舞台。

第二节　卷轴制度

造纸术发明之后，纸质书籍正式登上了历史的舞台。纸书的第一个阶段为写本或抄本阶段。纸写本时代，通行的书籍制度为卷轴制度，所以这个时代又称为卷轴时代。卷轴时代大约上起东晋，下至北宋初。据粗略统计，从 25 年至 618 年，中国共出现著作 11754 部，73200 多卷。20 世纪初期，人们在甘肃敦煌莫高窟藏经洞发现了大批遗书，总计 4 万余件。其中文书的年代上下可考的，即在 399—1002 年这 600 余年的历史跨度内，与书籍的卷轴时代基本一致。这些敦煌遗书，多数是简单的一些卷轴，有的木轴犹存，为人们提供了大量的卷轴装图书的实物。

卷轴装

帛书上承竹木简，下启纸卷，因此，帛书是个特殊的存在。缣帛轻软，可塑性强，表现在装帧形制上既可折叠，也可卷收。《文史通义》中曾说西汉刘向、刘歆父子受命整理国家藏书，“著录多

西汉竹笥。湖南省博物馆藏

以篇、卷为计，大约篇从竹简，卷从缣素，因物定名，无他义也。而缣素为书后于竹简，故周、秦称篇，入汉始有卷也”。也证明帛书以卷子为型，所以才以卷为计量单位。

常见的帛书装具有竹笥（即竹篾编织而成的小盒子）和漆木盒。长沙马王堆西汉 3 号墓中就出土了一个漆木盒，也称漆木匣、漆书奁。这是一个双层的书奁，里面的帛书有两种形式，一种是写在通高为 48 厘米的宽幅帛上，折叠成长方形，放在漆盒下层的一个格子里，折叠的边缘已有断损。另一种帛书是写在通高为 24 厘米的帛上，卷在长条形木片上。

由于帛书应用并不广泛，加上既有折叠，又有卷装，因此并没有形成卷轴制度。纸书出现后，卷轴装真正发展起来。生活在三国至西晋时的傅咸曾作有《纸赋》，说当时的纸书“揽之则舒，舍之则卷”。这当是对纸书卷轴装的最早的形象描绘。纸张有一定的弹性，卷久了就有回收的惯性，所以以手揽之便舒展开来，一松手就又收卷回去，这是卷轴装书籍特有的现象。可见三国两晋时期的纸制书籍已是卷轴装了。从三国至唐代，卷轴书一直是中国主要的书籍形制。

卷轴书籍的形制，由卷幅、卷轴、卷褾、卷带、卷帙、书签、卷面形式和书写款式等几个部分构成。卷书简称“卷”，又称“书卷”“卷子”“黄卷”“卷轴”“轴”等。纸卷以轴为中心，从左向右卷束。纸卷一般由多张纸连接而成。古纸的长度往往有一定标准。汉代纸每张大约是汉尺一尺。晋纸的规格，宋人赵希鹄说：“斯纸

马王堆汉代漆书奁，马王堆出土所有帛书均出自此漆书奁，帛书计 12 万余字，均叠放于其内

高一尺许，而长尺有半。”敦煌卷子纸一般宽 30 厘米左右，比晋纸略宽；长度大致是 41—48 厘米，约等于汉尺二尺，与古人所说“二尺之纸用以抄书”之语大致相符。古书篇幅较长的也要连接，古人或用糨糊粘连，有的还用烙铁烫熨，经久不散。如敦煌卷子虽然有不少断烂，但连接之处却少有脱落。纸卷的连接处有时钤印或署名，称为印缝、押缝、款缝等。连接以后的卷子，长度通常 9—10 米，甚至有数十米的。每一卷是一个单位，一本书可以由一卷或多卷组成。

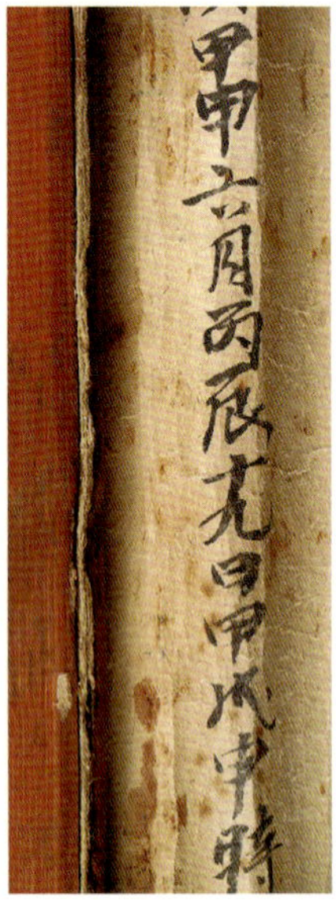

敦煌藏经洞出土卷子，卷轴木轴保存完好

为了使字体整齐美观，书写纸上一般要画出界栏。四周的叫“边”或“阑”（也写作“栏”），各行字之间的直行叫“界”。后人也有采用帛书中的名称的，称为“乌丝栏”“朱丝栏”。纸卷各行的字数也不固定，从实物看，十几字到几十字的都有。卷子一般是一面写字，也有两面都写字的。如敦煌卷子里，经书的注疏往往抄在背面，叫“背书”。书籍的注解有的不写在背面。写在正面天头上，叫作“眉批”；有的写在正文行间，叫“夹注”。写在正文行间的注释，为了有所区别，有多种形式：或者用大小两种字体分别写——正文用单行大字，注解用双行小字；或者正文顶格写，注解低一两格写；或注文仍作单行，但字体略小，写在正文的下面。后一种方法，抄书者一不小心，往往会使书籍的正文与注解混淆，产生类似“错简”的错误。六朝以降还出现了用朱、墨两种颜色写成的卷子——正文用朱笔写，注解用墨笔写。这是后代套色印刷的先驱。纸卷的抄写格式沿袭帛书而更趋周密。通常跟竹简有赘简一样，先空几行，然后写篇名、书名，一般也是小题在上，大题在下，不过唐代已有改为先写大题后写小题的。篇名、书名后，写著作人姓名，有时写上职衔。全篇之后写本篇或本章的标题、次第，有时还写上抄写人姓名及年月日。卷子的末端常空数行，以备写书人将抄书的缘由、经过、感想等写出来，这就是“题记”，后世书籍的“跋尾”即发端于此。

纸卷的质地远不如缣帛柔韧结实，因此也更需要保护。于是，在帛书卷轴上已经开始采取的一些保护措施，到了纸卷时代，便逐渐形成一套完整的制度。纸卷的卷头，除了自身留有的空白“赘简”外，往往要加一块“包首”（后称“包头”）来保护书卷。包首或用坚固的硬纸，或仿效帛书用绢帛之类的丝织品，中间系上一根带子，用来捆扎卷子，叫“带”。带一般是丝织品，古人也是很讲究的，有人还用不同颜色的带子，来区分不同门类的书籍。

敦煌出土法国藏卷轴装彩绘本降魔变文

法国吉美博物馆藏敦煌出土8世纪包裹经卷的套子，称经帙

有些大部头的书籍有许多卷，为避免与他书混淆，并保护卷子不受摩擦损伤，还要用“书衣”包裹，叫作“帙”，又写作“袠”。《说文》说：“帙，书衣也。袠，帙或从衣。”这样的一包就是一帙，通常以5卷或10卷为一帙。比较讲究的帙是以麻布为里，丝织品为表。既结实又漂亮的经帙，用以包裹佛经以示爱惜。现在可见的唐代经帙，也有用细竹为纬、各色绢丝为经织成细竹帘，外面再用绸之类为表的。帙的一端也有带，以便捆扎。用帙包书，只包裹卷身，卷子两边轴头仍露在外，放在书架上，只看见轴头。架上的卷轴如果很多，为便于寻找，就在轴头上挂一个小牌子，上写书名和卷次，叫“签”。考究的用象牙制成，叫作“牙签”。唐代

清乾隆御笔《心经》卷轴装丝带白玉牙签

集贤院四库所藏图书，就分别用红、绿、青、白四色牙签，区分经、史、子、集四部。一般的也有用木、纸或帛的。

这样，带、帙、签连同卷、轴，就构成了卷轴形制书籍的各个组成部分。精致的卷轴装主要表现在轴、签、丝带上，如钿白牙轴、黄带红牙签，雕紫檀轴、紫带碧牙签等。“玉轴牙签，绢锦飘带”是对当时卷轴书籍的生动描绘。成语“牙签万轴”“插架万轴”都是形容藏书非常多，“锦囊玉轴”“牙签锦轴”都是形容书籍之精美。

纸写卷出现以后，人们为了防止虫蚁对书的咬噬，常在书里放“芸香”,故而后人便用“芸帙”“芸编”“芸签”等代指书卷。“缥”是青白色丝织物，“缃”是浅黄色的丝织物，古人常用这两种丝织物做书卷的封皮、封套，因而“缥缃”“缃帙”“缃缥”“缥帙”等也成为古代书籍的代称。

虽然中国之外的其他国家早期并没有纸张，但不约而同地，不管是使用羊皮纸还是莎草纸,早期的书籍也都是卷轴装,故曰“书卷多情似故人”。卷轴制度深深地影响着中国文化，至今随处可见其深深的烙印。例如,人们至今仍然执着地将单页的考试题称作“试卷”，机关里分类保存的文件还叫“卷宗”。还有成语“卷帙浩繁”

形容书籍很多或一部书的规模很大;“开卷有益”指读书总有好处;“手不释卷”是说书本不离手,形容勤奋好学;“黄卷青灯”形容深夜苦读,或修行学佛的孤寂生活。人们通常用“你真有书卷气”来赞扬一些文质彬彬的人。所谓“书卷气”,是一种高雅的气质和风度,得益于孜孜不倦地读书。

卷轴装的纸书从2世纪的东汉一直沿用到13世纪的宋末,才演化发展为散页装订,出现了书籍形制上的一次革命。抄本、拓本、印本都曾使用卷轴装。

嘉兴梅湾街的西南隅有一座“嘉兴钱氏清芬堂纪念馆”,这是按照清代嘉兴名臣钱陈群(1686—1774)故居复建的一组仿清建筑。纪念馆内展出了一卷《夜纺授经图》,这是一卷关于传统文化的家风家教方面的好教材。钱陈群的母亲名陈书,是一位出自书香门第的女子。她自幼饱读经书,号南楼老人,为清代著名女画家。她嫁给钱纶光后,生有三子。钱陈群弟兄三人幼年时,家道中落,三餐不继,陈书一边纺纱、卖画度日,一边教子读书。因贫穷请不起塾师授经,儿子的启蒙教育也由她自己担当,她对三子因材施教,“口授章句大义”。每到夜晚,三兄弟楼上挑灯夜读,母亲陈书楼下以余晖躬自纺织。为了让钱陈群与两个弟弟专心读书,陈书命人将楼梯去掉,一日三餐用绳索吊上去,除夕时方能下楼。钱陈群康熙六十年考中进士,两个弟弟也考中贡生。

功成名就后的钱陈群刻印出版了《香树斋诗集》,书中收录了他为了纪念母亲陈书请画家郑玙绘制的《夜纺授经图》。他还在画上题诗追忆母亲当年的辛劳。南巡的乾隆得知陈书夜纺授经、教子课读的故事,“慈孝之意,恻然动人”,向钱陈群索画观看,并亲题“清芬世守”四字。乾隆返京后,仍然感慨万千,遂于乾隆壬申(1752)春正之五日书七绝二首。诗曰:“篝灯课读澹安贫,义纺经锄忘苦辛。家学白阳谙绘事,成图底事待他人。”“五鼎儿诚慰母贫,吟诗不觉鼻含辛。嘉禾欲续贤媛传,不愧当年画荻人。”乾隆题诗称赞钱氏,倡导弘扬家风家教之举,太极殿乾隆御碑廊石刻有记。在皇帝的推动下,当朝名公巨卿陈元龙、张廷玉等人

清嘉庆内府乌金拓本《夜纺授经图》，长达 7 米

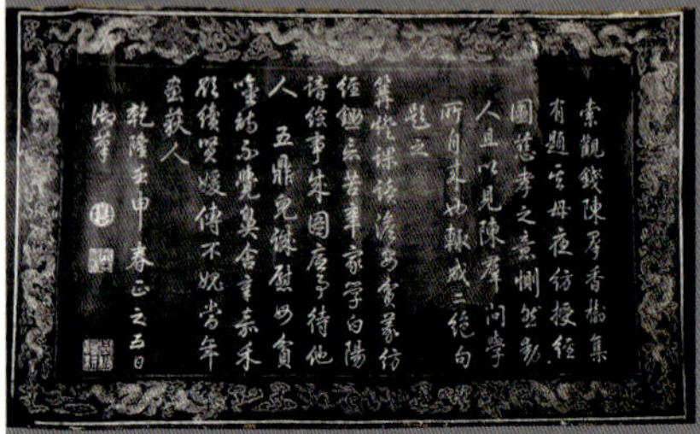

继而纷纷附以题跋题诗，点赞家国情怀。钱陈群将此画及御诗、题诗等集刻成石版，由内府赐乌金墨等材料，分页拓印，并装裱成卷，分由钱氏族人珍藏。

乌金拓是用专门的乌金墨配合特种纸精拓而成的，成本高昂，一般为官本，民间难以得见。乌金拓本墨色浓重，黑白对比强烈，闪耀着乌金一样的黑亮光芒。卷轴装《夜纺授经图》可谓拓本中的"颜值担当"，颇具中国特色、中国气韵。其乌金拓印技艺登峰造极，纤毫毕现，光彩夺人，高情远韵，美不胜收。可惜原石版早佚，唯纸卷遗珍幸存。

经折装

经折装也称折子装，顾名思义，大约是由折叠佛教经卷而得名。前文介绍过，唐代最盛行的书籍装帧形式仍然是卷轴装。唐代，佛教在中国的发展达到了鼎盛期。一方面僧尼遍于域内，另一方面翻译过来的佛经又普遍以卷轴装的形式流行。僧尼遍于域内，意味着善男信女诵经的普遍；卷轴装盛行，则意味着它对僧尼们诵经的不便——佛门弟子诵经，要盘禅入定，正襟危坐，以示恭敬与虔诚。善男信女们诵经时的这种姿态，卷轴装的不方便可想而知。任何一种纸卷，包括佛教经卷，卷久了都会产生卷舒的困难。由于惯性，诵读完成的部分，经卷常常由右向左自动卷起；未及诵读的部分，又难免自动由左向右滚卷。总之，卷轴经卷在诵读过程中，如果不能及时调整镇尺的位置，经卷就会从左右两个方向朝中间卷起。久而久之，卷轴装的弊端日益突显，由此，一场对流行许久的卷轴装的改革，首先在佛教经卷上发生了。

新的装帧改革就是将本是长卷的佛经，从头至尾地依一定行数或一定宽度连续左右折叠，最后形成长方形的一叠，再在前后各粘裱一张厚纸封皮——一种新型的装帧形式就出现了，这就是经折装。元代吾衍在《闲居录》中说："古书皆卷轴，以卷舒之难，因而为折。久而折断，复为簿帙。"清代高士奇在《天禄识余》中也说："古人藏书，皆作卷轴……此制在唐犹然。其后以卷舒之难，因而为折。久而折断，乃分为簿帙，以便检阅。”这两位不同时代的古人，揭示了同一个道理，即经折装的确是由卷轴装改造而来的。

美国芝加哥大学教授钱存训的《中国古代书史》披露了一幅经折本图版，经名为《入楞伽经疏》(一说为《大乘入楞伽经》)，共211页，出自中国敦煌石室。其装帧形式就是左右相连折叠的经折装。这是唐代佛经出现经折装的实物证明。现已知古代经折装有敦煌石室出土的唐代《入楞伽经疏》、五代天福本《金刚经》、宋代佛典《崇宁万寿大藏》等多种。

英国人斯坦因在他的《敦煌取书录》中，描绘过一件五代印本佛经的装式，就是经折装。他说：“又有一小册佛经，印刷简陋……书非卷子本，而为折叠而成……折叠本书籍，长幅接连不断，加以折叠……最后将其他一端悉行粘稳。于是展开以后甚似近世书籍，是书时为乾祐二年，即纪元后九四九年也。”斯坦因看到并描绘的这件实物，表明五代印刷而成的佛经，也是经折装式了。

经折装上承卷轴装，下启册页装，可以说启发了册页装制度的出现。从目前出土的实物来看，这种形式始于唐末。可能也是受到了印度贝叶经的影响，吸收了梵夹装的一些优点，故与梵夹装有几分相似。梵夹装的装订过程是先依次将贝叶经摞好，在其上、下各夹配一块与贝叶经大小相同的竹片或木板，并在夹板中段打

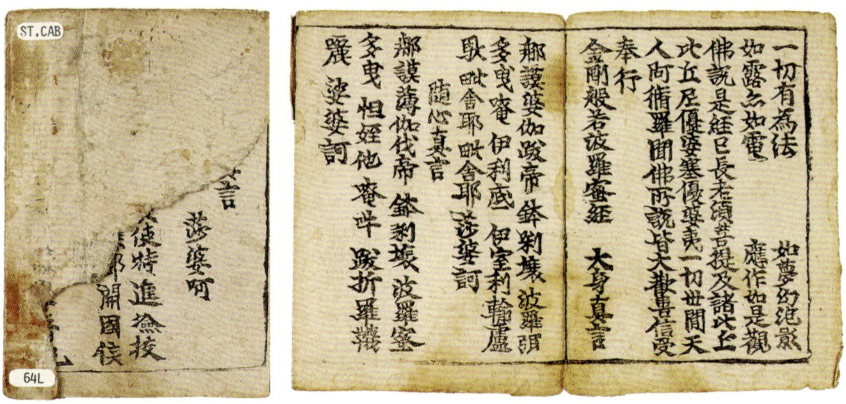

英国国家图书馆藏敦煌出土五代经折装《金刚经》

两个圆洞，用绳索两端分别穿入洞内，将绳索结扣。现在我国的西藏还延续着这种装帧形式，将纸张书写或雕印的经文用木板相夹，而后以绳索、布带捆扎。

不过，经折装却只能发明于中国。因为只有中国所造的植物纤维纸能够适合经折装的工艺，印度的贝叶纸、埃及的莎草纸、西方的羊皮纸，或脆或硬，无法折叠，因而不可能出现这种装帧形式。经折装书籍，有的一面印字，有的两面印字。两面印字者，看完一面再翻过来看另一面，也很便利。尽管出土文献表明唐末开始出现经折装，但总的来说应用并不广泛。大约从 11 世纪开始，经折装逐渐在佛教经典上流行，仿佛已成为佛经的专用装帧形式。

宋代经折装大型佛典有《崇宁万寿大藏》《毗卢藏》《碛砂藏》《思溪藏》等，在元明清三代有《元官藏》《延祐藏》《初刻南藏》《永乐南藏》《永乐北藏》等经折装。

中国历史上最后一部刻印本《大藏经》，刊刻于 1733 年至 1738 年，全称为《清敕修大藏经》，也常称为《乾隆大藏经》或者《龙藏》。它是由千名工匠打造出来的雕版汉文《大藏经》最后的华章，全部为经折装，共有 724 函，7169 卷，79036 块经版。千年来，众多历代木刻印本《大藏经》中，只有清《龙藏》的印版保存至今，其本完好，其他均已荡然无存。

梵夹装贝叶经

中国历史上最后一部刻印本《大藏经》——《清敕修大藏经》

旋风装

过去很长一段时间里，中外学者对什么是中国古书的旋风装认识并不清晰。有时将经折装粘加一张整纸就说成是旋风装，或将经折装直接说成是旋风装。事实上，旋风装跟经折装没有任何联系，它与经折装产生的文化背景完全不同。它们是在同一个时代里，同在卷轴装的基础上，由于不同的社会文化需求而产生出来的两种完全不同的书籍装帧形式。

在唐代，诗歌几乎占据了整个文坛，使唐代成了诗歌发展的黄金时代。诗歌的发展，特别是近体律诗的发展，一方面要求要有严格的韵律，一方面遣词造句、运用掌故又要求典雅有据，这就促使唐代社会相应地产生并发展了两种类型的书籍：一种是备查检典故用的类书，另一种是供起韵赋诗、检查格律的韵书。唐代的韵书，类似现在的字典，带有工具书的性质，是备随时查检使用的。因此，这两类书籍的书写方式和装帧形式，也就都要以方便随时翻检为原则而做相应的改变。

上文介绍过，唐代书籍最通行的书写方式和装帧形式，仍是单面书写的卷轴装，于是，在通行的装帧形式与方便翻检之间便产生了很大的矛盾。继续采用单面书写的卷轴装，翻检困难难以解决；突破卷轴装，更新的装帧形式一时又难以创造出来。于是便出现了一种既未完全打破卷轴装的外壳，又达到方便翻检目的的装帧形式——旋风装。

北京故宫博物院珍藏的唐写本《王仁昫刊谬补缺切韵》，可以说是现存中国古书旋风装的典型实物例证。唐写本《王仁昫刊谬补缺切韵》共 5 卷 24 页，除首页是单面书字外，其余 23 页均为双面书字，所以共是 47 面。其装帧方式，是以一张比书页略宽的长条厚纸做底，然后将书页粘在底纸上。其粘法是除首页因只单面书字而全幅粘裱于底纸右端之外，其余 23 页因均是双面书字，故每页都只能以右边无字空条处，逐页向左，鳞次相错地粘裱于首叶末尾的底纸上。

放在插架上的旋风装书籍，外观上与卷轴装是完全一样的。它与卷轴装的区别，只有在展卷阅读时才得以看到。一般卷轴装的书卷，是一张张粘连起来的，外观上是一张整张的长条纸书写的；而旋风装则是将一张张写好的书页，按照先后顺序逐次粘在同一张带有卷轴的整纸上面(或先粘书页后装裱)的。旋风装展开平放，错落粘连，形如鳞次，故又名“龙鳞装”。就其翻阅的状态而言，犹如旋风旋转一般。总之，旋风装由卷轴装演化而来，它形同卷轴，内装书页，鳞次相积，逐页翻飞。

这种装帧形式，既保留了卷轴装的外壳，又解决了翻检的难题，可谓独具风格，世所罕见。

北宋欧阳修在他的《归田录》卷二中说：“唐人藏书皆作卷轴，其后有叶子，其制似今策子。凡文字有备检用者，卷轴难数卷舒，故以叶子写之。如吴彩鸾《唐韵》、李合《彩选》之类是也。”故宫所藏唐写本《王仁昫刊谬补缺切韵》相传就是吴彩鸾书写的，欧阳修所见到的大概就是这类的东西。他说出了这种装帧形式产生的原因，也描绘了这种装帧像策子的特点，但未说出它的称谓究竟叫什么。

南宋初年的张邦基，则在自著《墨庄漫录》卷三中说：“成都古仙人吴彩鸾善书名字，今蜀中导江迎祥院经藏，世称藏中《佛本行经》十六卷，乃彩鸾所书，亦异物也。今世间所传《唐韵》犹有，皆旋风叶。字画清劲，人家往往有之。”可见张邦基也见过

北京故宫博物院藏唐写本《王仁昫刊谬补缺切韵》，旋风装

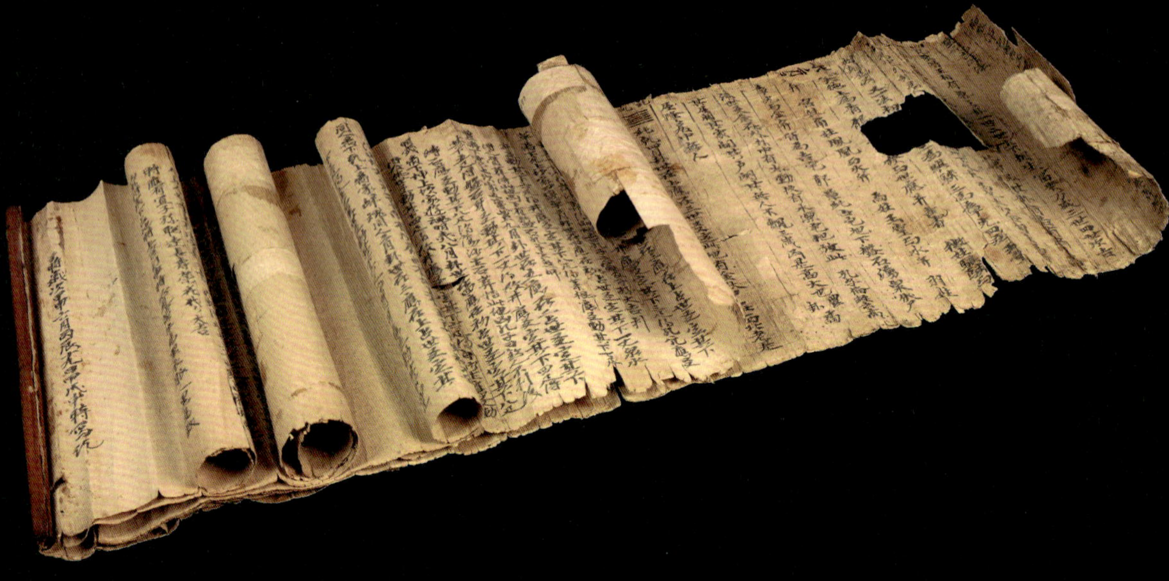

英国国家图书馆藏敦煌出土《易三备》，旋风装卷子

这类的东西，他则将这类书籍的装帧形式称为“旋风叶”。

元代王恽在他的《玉堂嘉话》卷二中说：“吴彩鸾龙鳞楷韵，后柳诚悬题云：‘吴彩鸾，世称谪仙也。一夕书《唐韵》一部，即鬻于市，人不测其意。稔闻此说，罕见其书，数载勤求，方获斯本。观其神全气古，笔力遒劲，出于自然，非古今学人所可及也。时大和九年九月十五日。’其册共五（疑五为二误）十四叶（页），鳞次相积，皆留纸缝。天宝八年制。”可见王恽也见过这类东西，而且见到的是唐代大书法家柳公权收藏并写了上述题识的那件东西。王恽描绘它是“龙鳞楷韵”“鳞次相积”，与故宫所藏唐写本《王仁昫刊谬补缺切韵》的装帧形态完全相同。

清初的著名藏书家钱曾也见过这类东西。《涵芬楼烬余书录》引证他的话说：“吴彩鸾所书《唐韵》，余在泰兴季因是家见之，正作旋风叶卷子，其装潢皆非今人所晓。”可见钱曾见到的，跟故宫所藏相传为吴彩鸾所写的《王仁昫刊谬补缺切韵》的装帧是完全一样的。他将之称为“旋风叶卷子”，可见将故宫所藏唐写本《王仁昫刊谬补缺切韵》的装帧形式称作旋风装，是不乏古人见证的。

北京大学教授辛德勇近年提出了不同的看法，他专门撰写了《旋风装：与“卷子”判然有别的“册子”》一文，对旋风装的形制进行了探讨。他引述日本学者岛田翰的观点，认为旋风装就是一如既往粘连好长卷子之后，不再卷拢，改而折叠，再用一整张纸，兜起折叠起来的书本的背面，两头粘在上下两个折面上，是一种形式稍显特别的经折装。

这两种认识究竟孰是孰非，很难说得清。当代，不少艺术家试图还原这项古老的装帧技艺，也是仁者见仁，智者见智，呈现出不同的风貌。

总之，旋风装有自己的独立形态，但又没有完全摆脱卷轴装的制约。它是对卷轴装的一种改进，是中国书籍由卷轴装向册页装发展过程中的一种创新尝试。

第三节　册页制度

如果将简册制度称为书籍装帧的初级阶段的话，卷轴制度是书籍装帧的正规阶段，册页制度则是书籍装帧制度的成熟阶段。由于印刷术的广泛运用，印本书逐渐取代写本书。随着书籍生产规模的扩大、阅读在社会上的推广，日益增长的阅读需要与卷轴书的缺点形成矛盾，书籍的翻阅功能亟待提升，更加经济和适读的册页装制度应运而生。人们将印张，也就是书页装订在一起的书籍装帧形式称为册页制度。册页制度也是现今世界上通行的书籍装帧形式。

蝴蝶装

唐代是中国图书文化的大繁荣时期，也是成书方式和书籍装帧的大变革时期。这一时期的书籍以抄写为主，并以卷轴居多。雕版印刷术发明之后，文人队伍的形成和大量著述的出现，促进了图书事业的蓬勃发展。民间图书事业的发展，促使书籍装帧向着便于翻阅、便于保存的形式转变。在书籍的装帧形式上，卷轴装帧已经不能满足人们的阅读需求，装帧工艺亟待创新，于是经折装和旋风装出现。这些革新的趋势，为蝴蝶装的出现创造了条件，也为它的不断发展和进一步完善奠定了基础。分藏于法国、英国等地的敦煌遗书中，就有几种唐末蝴蝶装的例子。前文介绍过的现存最早的木活字本《吉祥遍至口和本续》就是蝴蝶装。它们一方面展示出蝴蝶装形成的初期阶段的一些特征，另一方面还说明唐代蝴蝶装不仅已在汉族地区民间使用，而且也被吐蕃等少数民

南宋刘松年《山馆读书图》局部，可见能够平摊开的蝴蝶装宋版书页

族所吸收。

蝴蝶装的装法现在所见有两种。一种是将每张印好的书页以版心为中缝线，将印有文字的一面向内对折。将所有的书页折叠好以后，按照顺序将每一页背面的边缘与下一页书页的边缘用胶粘住，逐页彼此粘连。这种蝴蝶装的翻看时看不到空白的纸背，从外表看很像经折装。另外一种则是将对折之后的书页的中缝对折处，逐页用胶粘连，从现存实物来看这种方式较少见。蝴蝶装从外表看很像现在的平装书籍，打开时版心好像蝴蝶身躯居中，书页恰似蝴蝶的两翼向两边张开，仿佛蝴蝶展翅飞翔，故有此称。蝴蝶装适应了一版一页的特点，并且文字朝里，版心集于书脊，有利于保护版框以内的文字；四边朝外，则均是框外余幅，磨损了也不至于伤害框内文字。这就是蝴蝶装广泛流行于宋、辽、夏、金、元的根本原因。

蝴蝶装主要有两个优点。一是阅读蝴蝶装的书籍可以解放双手，潇洒自如。因为它没有完全缝合或者全部粘连的书脊，所以它能够180° 地展开书页，平摊于桌面，不像卷轴或者线装，包括现代多数书籍，需要用手扶着书页或者用书签、镇纸类的东西辅助阅读，不然书页会自动闭合。二是因为正文向内，每翻开一页，整个版面也就是两页同时完整呈现，即使图片、文字设计在中缝处也能完整呈现，不像有些书籍，中缝由于胶粘和锁线，无法全部展开，如果将图片、文字设计在中缝处，翻开时，展不开的中缝会遮挡中间的图文，而蝴蝶装书打开后，可以展现比开本大一倍的完整图面。

南宋刘松年绘《秋窗读书图》局部，可见能够平摊开的蝴蝶装宋版书的轮廓

当然蝴蝶装也有缺点，主要就是古代印书用的纸大都是宣纸类的，又

蝴蝶装

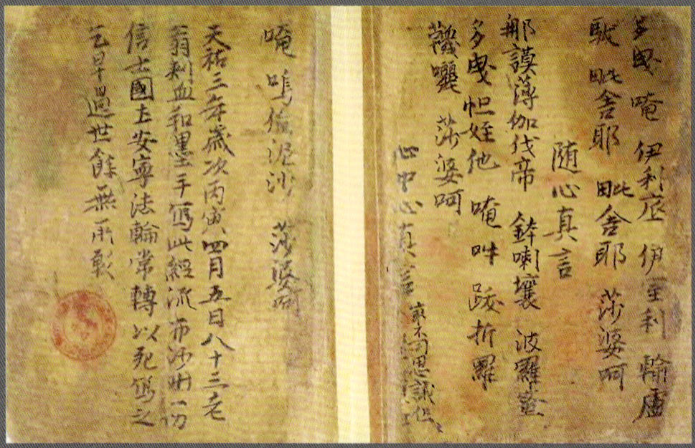

敦煌出土唐天祐三年（906）八十三老翁刺血和墨写《金刚经》，早期蝴蝶装

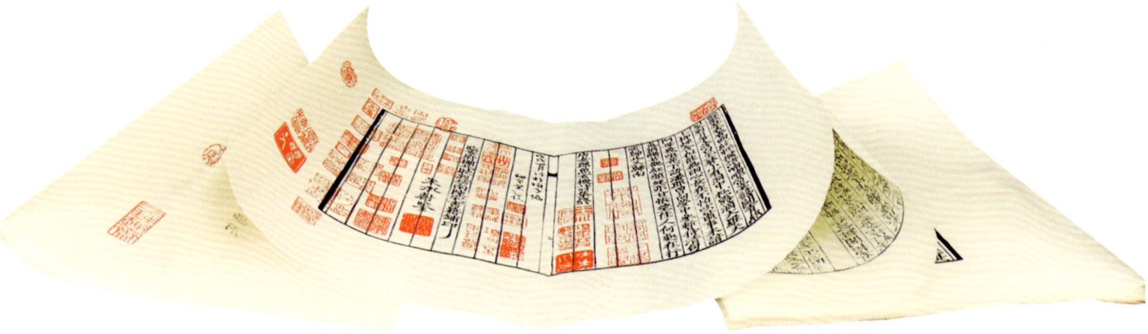

《唐女郎鱼玄机诗集》再造善本，蝴蝶装，叶子与叶子边缘粘连

薄又软，如果直接将两张印纸用胶粘，则无法平整，所以只能粘两侧的页边，页页粘连，时间长了，胶失去黏性了，书页就散乱了。

蝴蝶装成熟于宋代。当今被奉为“一页一两黄金”的宋版书籍，绝大多数都是蝴蝶装帧的形式。《明史·艺文志序》说：“秘阁书籍皆宋元所遗，无不精美。装用倒折，四周外向，虫鼠不能损。迄流贼之乱，宋刻元飨胥归残缺。”“装用倒折，四周外向”，就是对蝴蝶装的形象描绘。因宋代的蝴蝶装本子早已散开，所以人们在图书馆看到的宋版几乎都是线装书，那是后人对它们进行了改装。

包背装

针对蝴蝶装容易散乱的弱点，一种便于翻阅而又更加牢固的新式装帧出现了，这就是包背装。

包背装的特点，是一反蝴蝶装倒折书页的方法，而是将印好的书页正折，使版心所在折边朝左向外，使文字向人。书页左右两边的框外余幅，由于是正折书页，故齐向右边而集成书脊。折好的数十页书页，依顺序摞好，而后戳齐左边书口，压稳。然后在右边框外余幅上打眼，用纸捻订起砸平，裁齐右边余幅的边沿，形成平齐书脊（也称书背）。再用一张硬厚整纸比试书背的厚度，双痕对折，作为封皮，用糨糊粘裹书背，最后裁齐天头地脚及封面的左边，一册包背装的书就算装帧完了。这种装帧的特点主要是包裹书背，所以称为包背装。

包背装与蝴蝶装最大的区别有两个：一是折页方式相反，蝴蝶装是文字朝内对折，包背装是文字朝外对折；二是包背装打眼装纸捻，蝴蝶装没有。读者会有疑问，文字朝外折的缺点十分明显，翻页的时候，总会磨损版心的文字，明明文字朝内折更科学，为什么要反过来呢？主要就是打眼装纸捻这道工序，对纸张是破坏性的，因此只能破坏书页的空白部分，这就是为什么从包背装起，古代书籍装帧都是中缝朝外的折页方式。正因为这道打眼穿纸捻的工序，让册页相对牢固，不再容易散开。从外观上看，包背装的书籍除了文字页是单面印刷，且每两页书口处是相连的以外，其他特征均与今天的书籍相似。包背装一般认为出现在元代，元末明初多用包背装。

包背装既不露出书脊，也看到缝线，庄重典雅，深受皇家青睐。明清时期宫廷出品的重要书籍常采用包背装——明代的《永乐大典》、清代的《四库全书》采用的都是包背装。

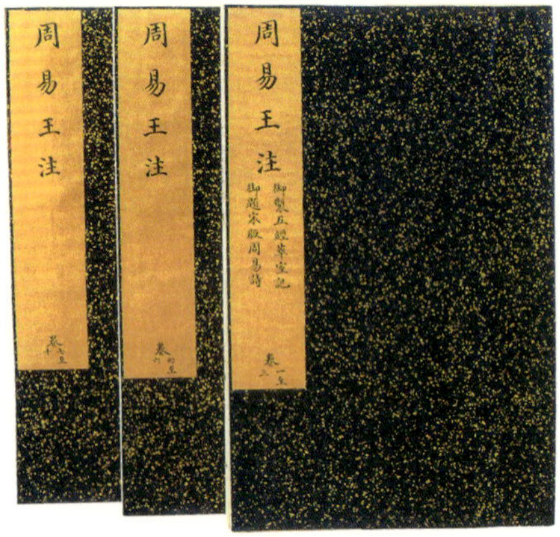

包背装《周易王注》

缝缋装

缝缋装可谓是线装的先驱。

在敦煌藏经洞发现之前，人们不敢相信在宋代之前古老的东方文明中就有“粘页装书籍”“缝缋装书籍”的存在。今人能看到这两种装帧方式源自张邦基写的《墨装漫录》。

《墨装漫录》中记录了宋代目录学家王洙曾经说过的这样一段话：“作书册粘叶为上，久脱烂苟不逸去，寻其次第足可抄录。屡得逸书，以此获全。若缝缋，岁久断绝，即难次序。初得董氏《繁露》数册，错乱颠倒。伏读岁余，寻绎缀次，方稍完复，乃缝缋之弊也。”

这段话的意思是：书籍装订最好用粘页的方法，日久糨糊失效以后即使散开，只要书页完好，还能找到书页的次序予以恢复。屡次得到已经散佚的古籍，都因为使用的是粘页的方法才得以保全的。如果采用缝缋的方法，时间一长，缝的线一断，就很难找到书页原来的次序了。以前曾得到数册董仲舒的《春秋繁露》，书页就是错乱颠倒的。经过了一年多时间的整理，才重新找到书页的顺序，恢复书的原貌，这就是缝缋的弊病。

这里提到了两种装帧方法：粘页和缝缋。粘页就是将书页粘在一起，缝缋就是用线把书页缝在一起。缝缋到底是怎样一种装帧，

《墨装漫录》里并没有说清楚，书中只记载了它的缺点：只要线一断，书页就很难找到原来的顺序。这是以蝴蝶装为主的宋代文人对前朝的书籍装帧的评价，具有时代局限性，可见那时的缝缋装不科学。

在敦煌遗书中，这样装帧的书籍不少。以下这些就应当是《墨装漫录》中讲到的缝缋装帧了——一种几张书页放在一起对折之后再用线缝的方式：有 2 页放在一起对折的，有 4 页放在一起对折的，甚至还有 4 页以上乃至七八页书页放在一起对折的，其中以 4 页放在一起对折的为多。如英国国家图书馆藏敦煌遗书 S.5433 号，2 页对折为一帖，共 6 帖；S.5458 号，4 张书页放在一起对折为一帖，共 7 帖；法国国家图书馆藏 P.3292 号为 8 页一帖，共 6 帖。上文讲过，一帖中书页越多，同一张书页上的文字内容相差就越大（最中间的一张除外）。一旦缝线磨断，书页散开，就很不容易再按原顺序将书页排好。这样的装帧符合《墨装漫录》中缝缋装帧的缝线“岁久断绝，即难次序”的记载。

后世的线装和缝缋装在装订前书页的书写方法上有很大的差别。线装书装订前，书页是事先裁好，一张一张分别书写的。而缝缋装则不然，它是用较大的纸，按照书页的大小，首先确定折叠的方法，决定书页的顺序，再按照折叠的方向书写文字。这样，在一张经过折叠而未裁开的纸上，文字的书写方向是不一致的。如果是经过两次折叠，那么一张纸上共有 4 个书页，方向不同，顺序不同。这很像现代印刷技术中的“拼版”。英国国家图书馆藏敦煌遗书 S.5538 号缝缋装帧，就实物展示了这样的特点，为书页要事先“拼版”提供了证据。

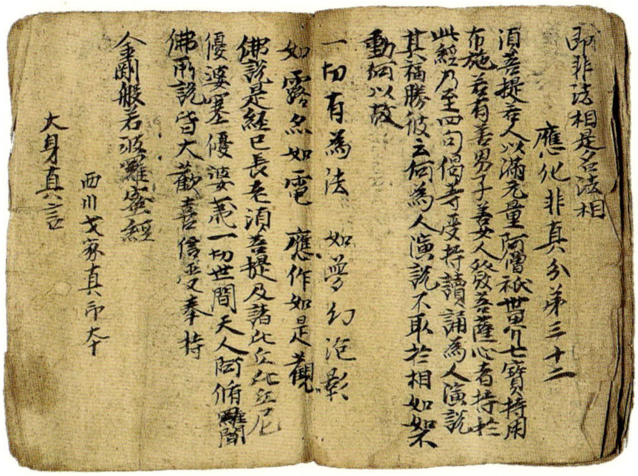

即非法相是名法相
應化非真分第三十二
須菩提若人以滿无量阿僧祇世界七寶持用
布施若有善男子善女人發菩薩心者持於
此經乃至四句偈等受持讀誦為人演說
其福勝彼云何為人演說不取於相如如不
動何以故
一切有為法 如夢幻泡影
如露亦如電 應作如是觀
佛說是經已長老須菩提及諸比丘比丘尼
優婆塞優婆夷一切世間天人阿脩羅聞
佛所說皆大歡喜信受奉持
金剛般若波羅蜜經
西川过家真印本
大身真言

英国藏 S.5544《金刚经》，敦煌出土，据西川过家真印本抄写，上下各有一个穿线针孔

线装和缝缋装最大的差别是

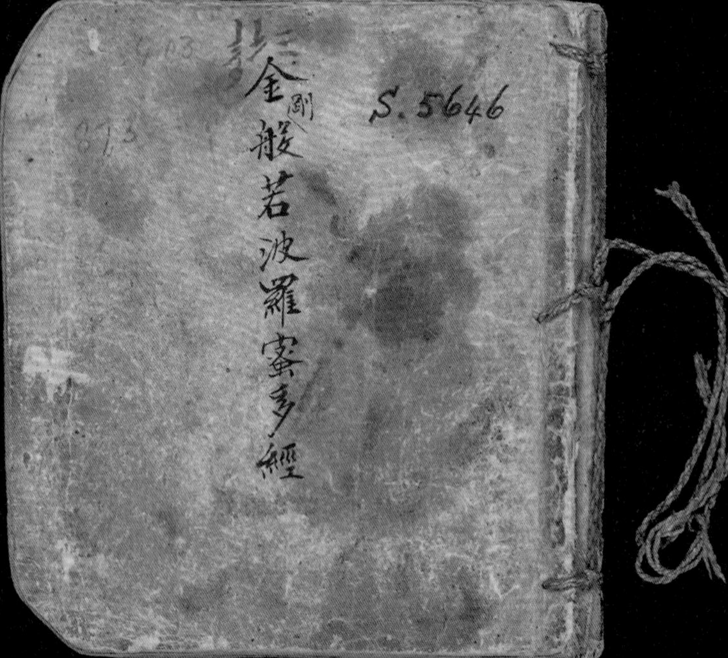

敦煌出土《金刚般若波罗蜜多经》，英国国家图书馆藏，缝缋装

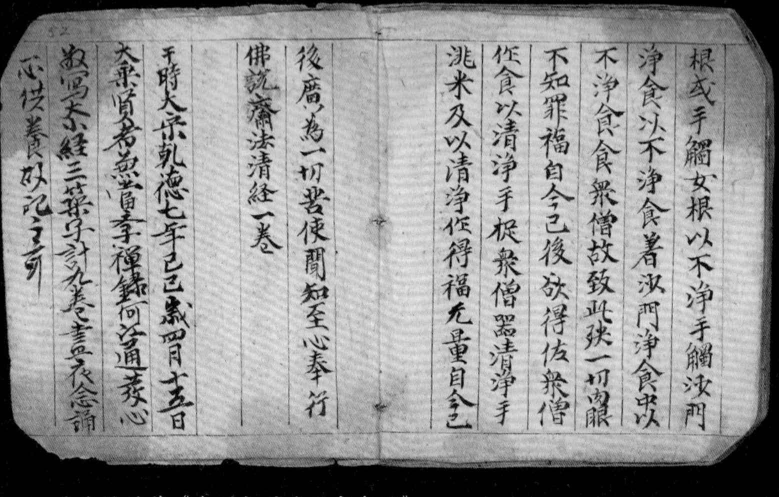

北宋缝缋装《金刚般若波罗蜜多经》

在缝线的方法上。线装书订线的方法主要是缠绕书背，而缝缋则是在书页折缝处连缀。从敦煌遗书中的缝缋装书籍来看，当时并没有一种固定的缝缋方法，随意性很大。比如英藏敦煌遗书 S.5433 号书背上 4 眼穿线，S.5446 号书背上 6 眼穿线，S.5458 号书背上 8 眼穿线。书背上穿眼的多少，决定缝线的次数。书背上的眼多，缝线的次数就多，反之，缝线的次数就少。缝线的方法虽然没有固定，但有一点是可以肯定的，就是每张书页先缝一针，跟着就穿入相邻的一页，如此循环往复，直到全书缝完，跟后来的线装书比，牢固性很差。

从目前出土的书籍来看，缝缋装曾经流行于唐末，流行的时间并不长，宋代以后就几乎失传了，以致在很长的一段时间内，没有被人们所认识。不过伴随着唐时中外频繁的文化交流，书籍缝缋的方法是可能传到世界的其他地方的。在日本，今天还可以看到缝缋装帧的书籍。书籍缝缋的方法还很可能通过丝绸之路传到了中亚和欧洲，并影响了这些国家书籍的装帧形式。在这些国家的古籍乃至当下还在世界各地广泛使用的书籍锁线装帧方法中，还能找到中国古代书籍缝缋的影子。

线装

有人说用线装订的就叫作“线装”，这对吗？

当然不对。上文介绍的缝缋装就是用线的装订形式。敦煌出土的早期蝴蝶装本子中，也存在线订的痕迹。缝缋装和早期用线装订过的书籍不算严格意义上的装帧制度的“线装”，现代的锁线装也不算。今天，“线装”已经成为中国古代书籍装帧的一个专有名词，具有特定的含义，并不是所有用线装订的书籍都叫“线装书”。

线装书籍制度的出现是中国古籍装帧史上的一件大事，它避免了蝴蝶装、包背装的书籍放置过久可能会使书页脱落、破散、被虫蚀的问题，使纸质书籍更加牢固，翻看时更加方便，存放得更加长久。线装书一般只打 4 孔，称为“四眼装”。较大的书，在上下两角各多打一眼，就成为“六眼装”了。由于线装是明代和清代书籍的主要形式，甚至于流传至今的宋版书、元版书绝大多数也都被后人改装修整成线装的形态。今天的人们看到的古籍，绝大多数都为线装——在当代“线装书”几乎成为古籍的代名词。

线装跟现代绝大多数的书籍采用的胶装相比最大的优点便是轻柔。线装书用传统手工纸，柔软轻薄，而胶装书用胶版纸或铜版纸，又厚又硬;线装只用一根长线，便锁成了有民族特色的书籍，胶装则用胶将书脊刷得梆硬；精装线装书封皮多用锦缎，现代精装书则多用卡纸。

今天人们眼中的线装书出现在何时？具体的时间尚待研究，但一般认为出现于明代中叶。总的来说，线装书的历史约600多年。

跟包背装比，线装的进步在于，一是用线从打的眼中穿缝，比包背装更加牢固；二是书的封皮与内页大小相同，不用考虑由厚度带来的封面纸张的大小变化；三是装帧过程中不再使用胶粘，提高了效率。与缝缋装相比，线装的缝制是经过历史积淀后总结出的科学方法，其打孔、用线及走线的顺序和打结的方法都规范

线装书

2014年商务印书馆印刷出版《新华字典》第11版线装本，书函及封面由真丝绫制成，一函6册

而合理。线装这种装帧方式成熟后，形成了一套相对固定规范的结构、版式制度。下面择其主要部分详细介绍。

书衣：古代也称之为“袠”，是从卷轴式书籍的轴套演变而来的，所以也叫“帙”。它就是线装书的面子，如同人的外衣一样，所以叫作“书衣”。线装书的书衣通常有单双层之分，单层的叫“扣皮”，双层的叫“筒子皮”。线装书的书衣多选择柔韧的毛边纸、棉连纸、山西皮纸等，更珍贵的会选用丝绸做书衣。四角再包有护书的包角。

金镶玉：金镶玉是线装书的修补术语，俗称“穿袍套”“惜古衬”，是一种比较特殊而难度较大的修复方法。其工艺复杂，费时费工，所以主要针对珍本古籍或书品天头地脚受损严重的古籍。具体做法是通过在书页里面衬上白纸，使天头、地脚及书脊三边都镶衬出白色的衬纸，再用纸捻将衬纸与书页重新装订，使经过镶裱衬纸的古籍既保持了原始的装帧形式，又使天头、地脚和书脑三面得以加宽，古籍版本得以拓宽，而原书页不易再受到损伤，从而起到延长古籍寿命的作用。采用金镶玉方法修补后的线装古

雍正九年至乾隆六年（1731—1741）武英殿印本，明黄绫缠枝莲纹书衣

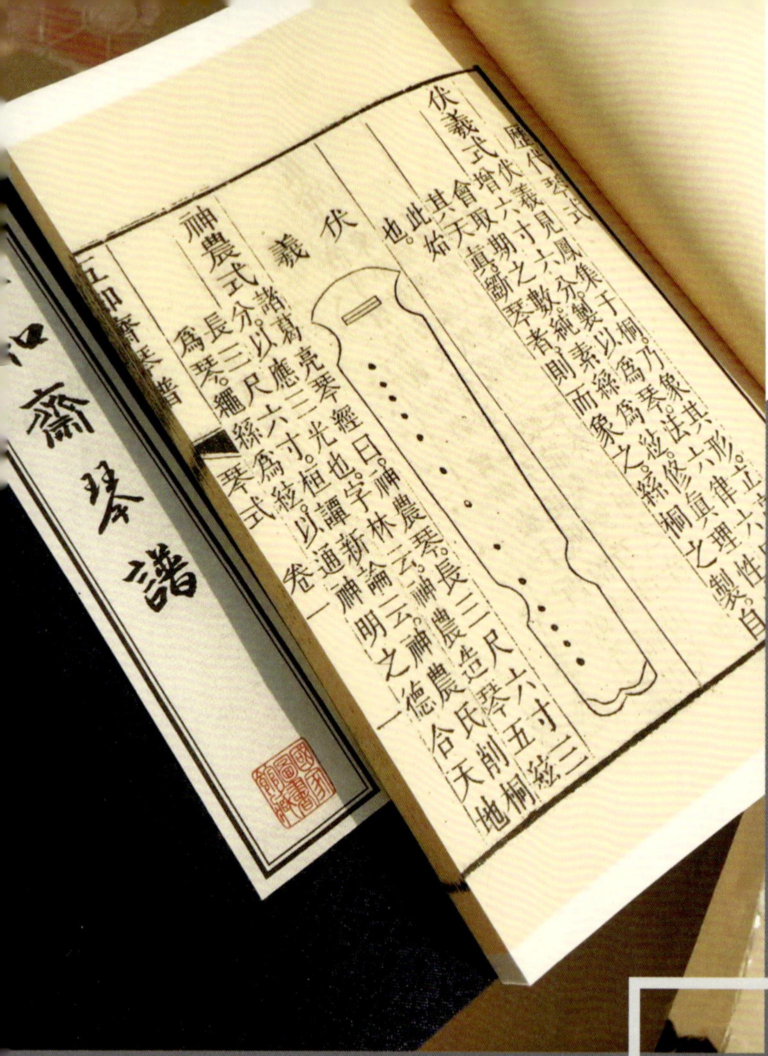

古籍金镶玉装帧

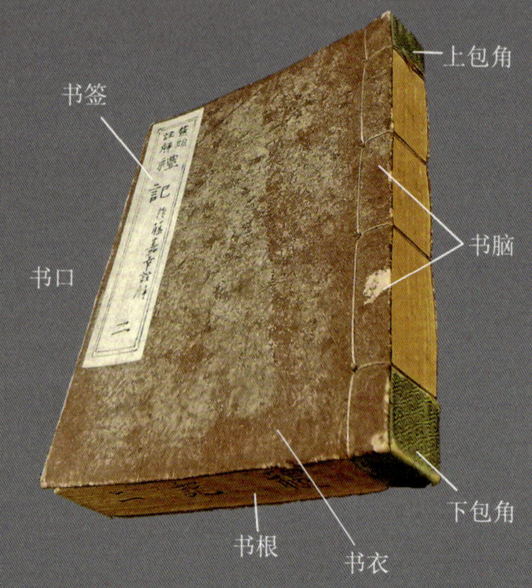

线装书术语

籍，黄色的书页在洁白柔韧的棉连纸衬托下，有着黄中透白、白中衬黄的颜色。

书脑：即线装书穿孔订线处右侧的空白之处。华夫主编《中国古代名物大典》上卷云："书脑，书之打眼装订处，因其关系书之成册，地位重要，犹之人脑，故称。"书脑是书籍的重要部分，书脑破损可引起整本书的散乱，所以书脑就受到读书人的精心保护。清代孙从添的《藏书纪要·装订》说："书眼要细，打得正而小，又须少，多则伤书脑。"

书首："书首"和"书脑"是两个概念，"书首"也就是通常所说的"书眉"或"天头"，是指书籍中书页上端的空白处。书脑因为装订在线缝里，一般都不会有读书人在上面写字；而书首因为在书页里，所以读书人常常会将读书时偶然而得的体会随手就记在书首上，成为书的眉批。

包角：即线装书的右侧上下两个角，上面的叫上包角，下面的叫下包角。也有包角时露出上下副页，乍看类似镶衬白边的，俗称"镶包角"。装潢考究的古籍都是用丝帛将书角包裹起来，丝帛的颜色一般是湖蓝和素白，看起来高贵美观。

书根：是指一册书最下面的切口部位。因为线装书都是平放在书架上的，所以往往会在一册书最下面的切口处写上书名册数便于检索。书根上的字是横着书写的。

书函：指的是存放线装书的封套，俗称壳子、书夹、书皮等。书函包括封套式、纸匣式和夹板式等样式。因为线装书的纸质一般都比较柔软，存放、取用、保护都不太方便，外加书函能使之坚硬，也使之保存得更好。书函的产生其实早于线装书的产生，因为在《五礼通考》中就有了"玉牒书函藏金匮"的说法，唐代张祜有"卷轴朝廷饯，书函内库收"的诗句。

线装书的封套一般用硬纸板糊成，里外都糊上蓝布或有暗花纹的丝帛加以装饰。只围裹着书的四周，而露出了书的上下切口的书函称为"四合套"，而将线装书全部裹起来的称为"六合套"。珍贵的线装书的封套也做得很艺术，开口处要裁成各种花纹形状：

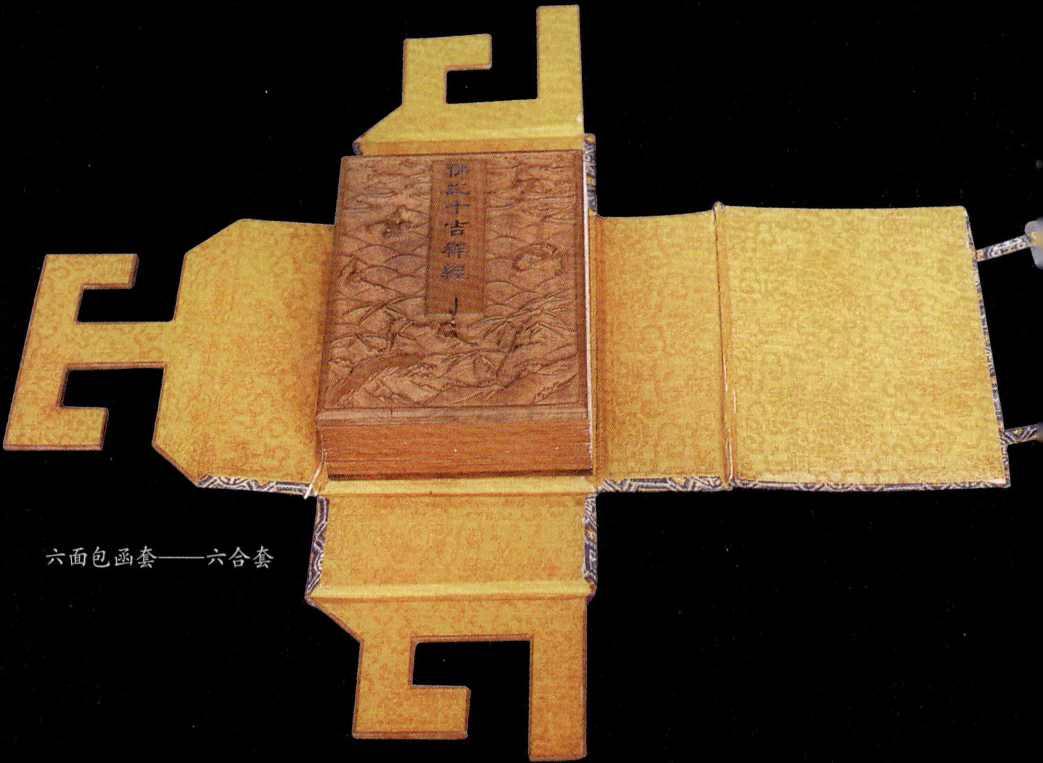

六面包函套——六合套

书匣

夹板

挖成云纹的称作“云头套”，挖成如意状的称作“如意套”。另外开口处还有一个光滑剔透的骨签子，穿过小孔用来固定住封套。

书函的第二种类型是纸匣式。纸匣以硬纸为原料，与书套不同的是，它由内三面书匣与外面的匣套两部分组成，抽拉式的开口处设在书匣的纵侧面上，形状类似于现代的抽屉，而在另一个固定的纵侧面上书写书名、著者、书号、卷、册、函数等，便于查阅。读书时可从侧面拉开纸匣将书抽出，不用像封套那样必须完全打开才能抽出书来。

书函的第三种类型是夹板。夹板一般是用楠、檀、梨、樟等硬木制成，裁制成大于纸张的板材，刨刮得十分光洁平整后，在左右两边穿两个孔，将线装书放入两片木板中，再用丝带通过上下两块夹板上的穿孔将书籍紧紧系牢。这样，线装书就可以平放也可以立放，存放、搬运时要安全容易得多。特别是在中国南方，空气比较潮湿，纸质的书函受潮后容易变形损坏，也容易招来虫蚁的啮咬。而楠木、樟木的夹板既有收潮气的效果，其木头自身还有防虫蚀的功能，使用夹板真是一举两得的保护古籍的好方法。

可见，古代对线装书的装订是程序化的，也是非常考究的，而线装书的修补技术也是十分成熟全面的。正因为如此，才会有那么多珍贵的古籍得以流传至今，成为中华文明中不可缺少的一部分。

线装书的确是古代书籍装帧之集大成者，但万事万物都有其时代局限，线装也不例外。以现代人的眼光审视，主要有三个缺点：第一，传统线装因为版心向外要对折，所以只能单面印刷，浪费纸张。第二，传统线装因为打眼和缝线，浪费很大一块版面。第三，展开性较差，“手不释卷”实则是读者无奈之下的正确打开方式。现代书籍的装帧几乎是机械化了，通常分平装和精装，精装多着眼于封面。对于书芯而言，一般分无线胶装和锁线装。无线胶装应用最为广泛，基本是用自动化粘胶机械来粘合书芯，具有速度快、成本低的特点。锁线装是将已经配好的书帖（一整张印纸经过折页工序后形成一帖），按照顺序一帖一帖地用线串联

《中国彩印二千年》精致的七彩“裸背”锁线装书脊。设计师设计的七彩色条，挑战了印刷、装订工艺

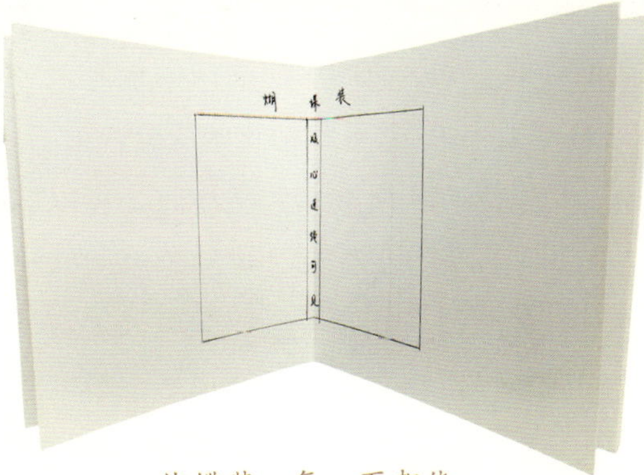

蝴蝶装。每一页都能180° 展开，中缝连续完整

起来，锁紧成整本书的书芯即可。如果再加涂背胶，则称为锁线胶装。锁线装成本较高，但是展开性很好，又很结实，是阅读友好型的装帧方式。

历史轮回，俯仰千年。古老的蝴蝶装竟然在当代焕发了新生。是不是令很多人意外了？一部分大型地图册、影楼相册、高档菜谱，绝大多数童书绘本、立体书开始采用蝴蝶装。不过，人们并没有意识到，这种装帧方式，在1000 年前的中国就已经流行过。甚至很多人将这种装帧认为是新奇特的西式先进艺术。可叹！

《欢乐中国年》绘本立体书。古老的蝴蝶装竟然在当代焕发了新生。千年前的蝴蝶装书籍是黑白双色蝴蝶，现代蝴蝶装书籍是斑斓绚丽的花蝴蝶，真正“飞入寻常百姓家”

为什么会出现这样的装帧复古潮流？这是因为：第一，在工业化的背景下，纸张成本相对低，由单面印刷而造成的纸张浪费不是问题。第二，在机械化装订工艺中，整页胶粘方便快捷。第三，蝴蝶装是唯一一种能 180° 度展开的装帧方式，阅读时，可以解放双手，不用手眼并用。第四，也是最重要的，蝴蝶装书籍的相对的两个页面中间图文连续、无断缝，在当今的读图时代，这是最大的闪光点。因为这个亮光点，人们可以忍受高成本，可以忍受超厚的书页（经胶粘后相当于双层纸），甚至可以不考虑多年后会不会开胶。

第四节 书页版式

“页”和“叶”字通假，在现代都是书籍的量词，代表每一书、纸、册的一张。但实际上，在古代书籍中，更常见的是“叶”，而现代更通行的是“页”。“叶”字是“葉”的简体，本义是树叶，后来将像叶子一样薄片状的物品称“叶”。蔡伦造出的帋，自然是一叶一叶的。而“页”字的本义是人头，后来引申为首，又指开头，所以将少儿最初练习书写的笘（薄竹片）称页。清代文字训诂学家段玉裁《说文解字注》中说：“小儿所书写，每一笘谓之一葉，今书一纸谓之一页，或作葉，其实当作枼。”清代文字学家朱骏声在《说文通训定声》中也做了类似阐释。枼葉叶页，我们现代人已经傻傻分不清了。其实，“叶”与“页”还是有所区别。通常我们指书籍中的一整张纸，特别指古籍的一版，应该用“叶”;而“页”一般指两面印刷的书本中一张纸的一面。

古书的每一页都是很讲究的，有不同的纸张，有规律的版式，有颜色的搭配。譬如，我们说宋版书籍版式舒朗，往往这样介绍其版式：北宋印本大都是白口，左右双栏或四周双栏，也有一些早期印本为四周单栏。南宋中叶开始流行黑口，多见于建本。版心中往往标出书名、卷次、页码及刻工姓名，有的还标出字数。官印本卷末一般镌刻校对的衔名，坊印本则多有书耳和牌记。在行格字数方面，官刻书一般字大且疏，甚至“字大如钱”，给人以疏朗大气的美感。

版面格式

古籍书页版面的样式，包括版面、题名、版框、界行、天头、地脚、版心、行款、字数、鱼尾、象鼻、书耳、书牌、条记、句读、插图，等等等等。这里用了 4 个“等”字，既不是作者手滑疏忽，也不是编辑校对失误。“等等”明明也是一个词，只不过，爱读书的你，因为习以为常，没有思考过其来历。下面关于古籍版式的介绍就从“等等”开始。

等等：现代汉语书面用语中“等等”表示列举未尽。其实“等”原指墨等。墨等即墨钉，也称墨子。雕版印刷时代，常常复刻古代经典，有些古老的典籍有无法辨识的文字，有时编者和工匠为了留待以后补雕，或者因为种种原因表示删去的文字，便会用文字般大小的黑墨块代替，一个墨等代表一个字，古籍版面上常有。活字时代，也会预备若干空白无字活字钉，所以活字印刷版本中，这种情况更多。后来逐渐引申为说不清、讲不完，言犹未尽。

字体：自从纸张应用于书籍以来，无论是手抄的书本还是印刷的书籍，对于字体都有了新的要求。因为书籍文字众多，一部书动辄几万字或几十万字，举一人之力恐难完成，但人多字体难

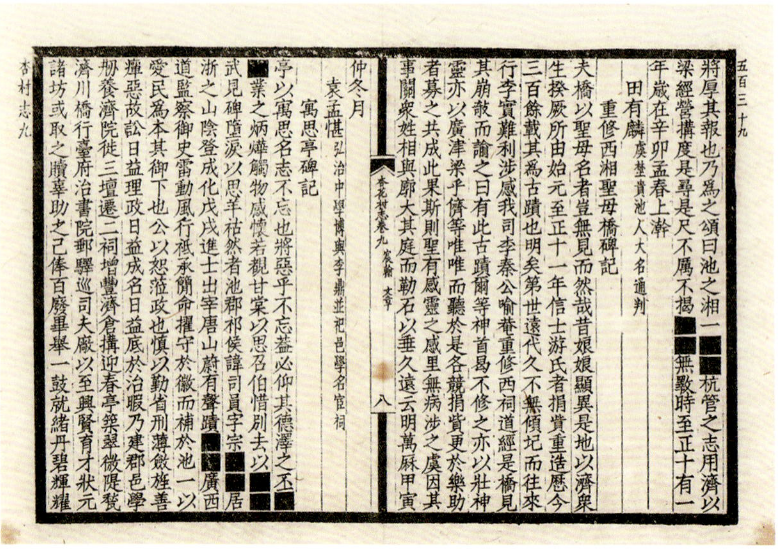
五百三十九

將厚其報也乃爲之頌曰池之湘一■■杭管之志用濟以

梁經營搆度是尋是尺不厲不揭■■無斁時至正十有一

年歲在辛卯孟春上澣

田有麟 虞埜貴池人大名通判

重修西湘聖母橋碑記

夫橋以聖母名者豈無見而然哉昔娘娘顯異是地以濟衆生揆厥所由始元至正十一年信士游氏者捐貲重造歷今三百餘載其爲古蹟也明矣第世遠代久不無傾圮而往來行李實難利涉感我司李秦公喻菴重修西祠道經是橋見其崩敧而諭之曰有此古蹟爾等神首曷不修之亦以壯神靈亦以廣津梁乎儕等唯唯而聽於是各競捐貲更於樂助者募之共成此果斯則聖有感靈之感里無病涉之虞因其事關衆姓相與廓大其庭而勒石以垂久遠云明萬厤甲寅

杏花村志卷九 家翰 文章 八

仲冬月

袁孟慥 弘治中學博與李鼎並祀邑學名宦祠

寓思亭碑記

亭以寓思名志不忘也將惡乎不忘葢必仰其德澤之丕■■業之炳煒觸物感懷若覩甘棠以思召伯惜别去以■■武見碑墮淚以思羊祜然者池郡祁侯諱司員字宗■■居浙之山陰登成化戊戌進士出宰唐山蔚有聲蹟■■廣西道監察御史雷動風行祇承簡命擢守於徽而補於池一以愛民爲本其御下也公以恕蒞政也慎以勤省刑薄斂旌善癉惡故訟日益理政日益成名日益底於治暇乃建郡邑學刱養濟院徙三壇遷二祠增豐濟倉搆迎春亭築翠微隄甃濟川橋行臺府治書院郵驛巡司夫廠以至興賢育才狀元諸坊或取之贖辜助之己俸百廢畢舉一鼓就緒丹碧輝耀

杏村志九

清印本《杏花村志》，墨等较多

以统一。生产出来的书籍如果字体参差不齐，不算规范，于是楷体字出现了。楷，即法式，模范、楷模之意。楷书的定名正是为了规范书籍中的字体。古代官府中有专职的“刀笔吏”“书吏”“书手”等，秦代书吏多写隶书，秦以降逐步被楷书所取代。唐代书吏的楷书字体有隶书、魏碑的特点，后人称唐楷。楷体法度森严，字形饱满，写起来较慢。渐渐地，书吏们又简化楷书的笔画写法，形成一种看起来还是楷书的模样，却缺少了楷书的棱角，没有个性的字体，后人称其为“软体字”。明以来，随着书籍印刷规模的扩大，字体的简化也势在必行。明末出现了一种比楷体字笔画简单的字体，后人称其为“宋体”“明体”或“匠体字”。宋体字横平竖直，字迹清晰易读，特别方便刻工刻字。这样，书籍制作流程中写样、刻字速度大大加快，适应了书籍批量生产，所以被广泛应用，并一直沿用至今。古代书籍字贵楷体，在印本中欧体更是楷体的代表。清代刻书，欧字的工价都要贵于其他字体，《武英殿修书处写刻刷印工价并颜料纸张定例清册》载：“写书内宋字每千共银二钱，欧字每钱工银四钱，软字每钱工银三钱……”

版框：版框也称为边栏，指每版内围框文字的四周边线。上方叫“上栏”，下方叫“下栏”，两旁叫“左右栏”。单线的叫“单

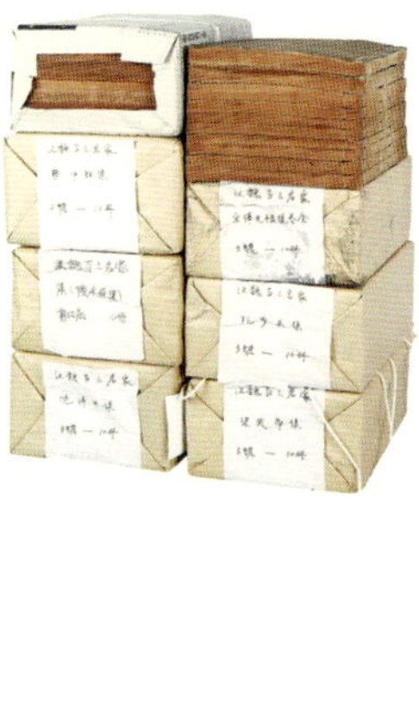

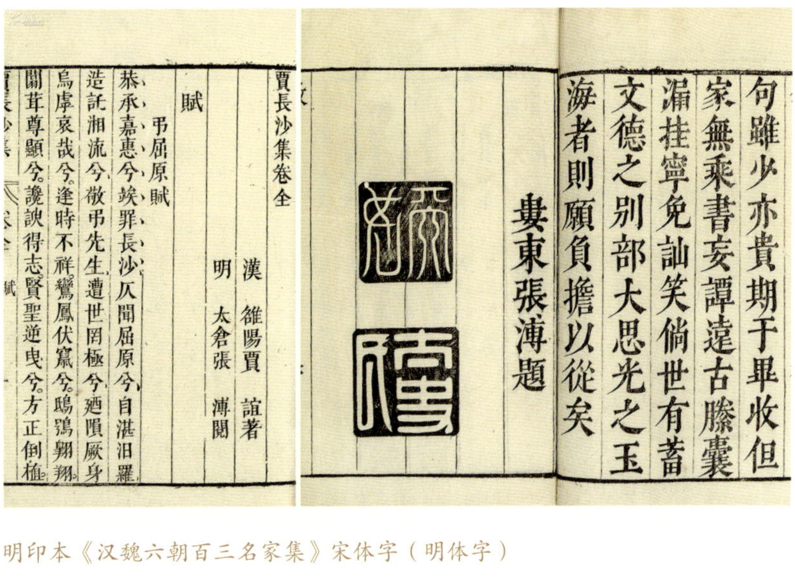
句雖少亦貴期于畢收但家無乘書妄譚遠古縢囊漏挂寧免訕笑倘世有蓄文德之別部大思光之玉海者則願負擔以從矣

婁東張溥題

賈長沙集卷全

漢 雒陽賈 誼著

明 太倉張 溥閱

賦

弔屈原賦

恭承嘉惠兮竢罪長沙仄聞屈原兮自湛汨羅造託湘流兮敬弔先生遭世罔極兮迺隕厥身烏虖哀哉兮逢時不祥鸞鳳伏竄兮鴟鴞翱翔闒茸尊顯兮讒諛得志賢聖逆曳兮方正倒植

明印本《汉魏六朝百三名家集》宋体字（明体字）

边”或“单栏”,双线的叫“双边”或“双栏”。版框一般比较粗黑，给人以稳定感。如果四周只印一道粗黑的边线,称为“四周单边”。四周粗黑线内侧再刻一细黑线，称“四周双边”。如果仅左右粗黑线内侧有细黑线，称为“左右双边”。版框不仅有规范、整齐版面的作用，而且保留了简册、帛书的遗风。

界行：也称界格，指字行之间的分界线。两道隔线间的条格叫界格，是竹木简书籍的流风余韵。在鉴定和著录时，人们习惯以半页计算,叫作“半页 × 行 × 字”,有的直接简称“× 行 × 字”,若每一行中有两排字，通常为大字的注解，叫“小字双行每行 × 字”。若双行字数与单行正文相同，就不再注出。这种著录和说明方式，称为行格，又称行款。界行和栏线有朱墨二色，红色栏线叫朱丝栏，黑色栏线叫乌丝栏。

天头：也叫书眉，在中国传统文化中天为上，所以天头指版框外空白纸的上方。

地脚：顾名思义，地在天下，所以地脚是指版框外空白纸的下方。

在现代版式中，天头地脚指的是上下页边距。中国的古籍天头地脚通常都比较宽,形式上是留白、余地,可以写上些意见感想。天头地脚除了融入书籍的艺术性和功能性之外，还体现了文化传统。在中国传统文化中，天为大，天头自然要比地脚大。而西方没有这种崇敬的传统，这在中西书籍天头地脚中对比鲜明。中国的古籍，始终如一地秉持天大地小的版式，而西方的古籍则几乎以上小下大为传统。意外不意外？著名的《谷登堡四十二行圣经》如此,《哈利·波特》也如此。西方版式为什么上小下大呢？其原因倒不是因为他们崇敬地球，而是因为他们的书籍版式中，页码多在下方，因而下面空白较多。中国古籍的页码多在版心中，略靠版心下方。不过，似乎中国的天大地小的审美很有感染力，现代的书籍版面设计，越来越多的西式书籍的天头宽了起来。这也算是东西文化交流互鉴的结果。所以说，文明因交流而多彩，文明因互鉴而丰富。

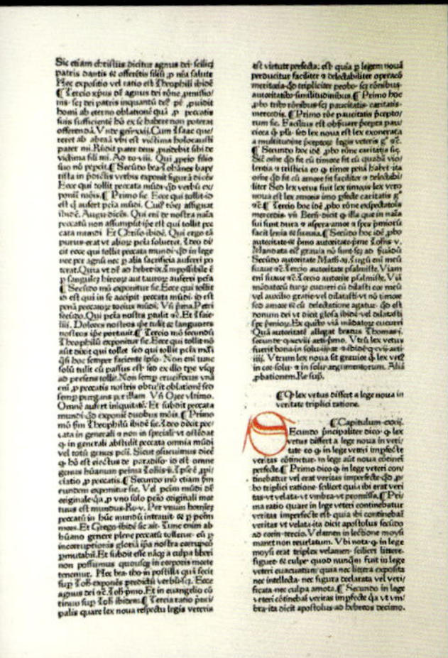

1474 年印刷摇篮本——中世纪著名神学家圣雷纳留斯著作《神学汇总》

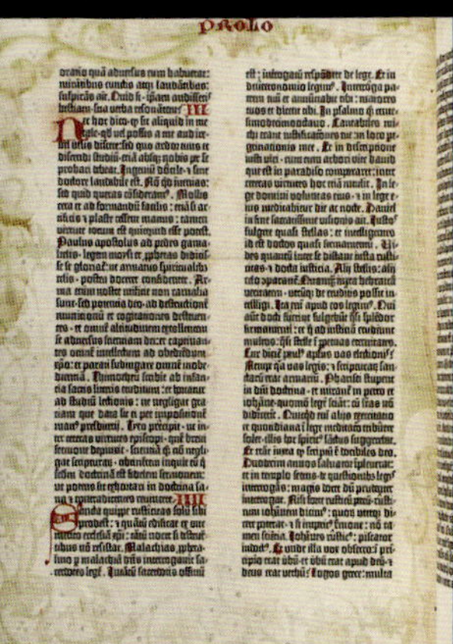

15 世纪德国《谷登堡四十二行圣经》，天头窄，而地脚宽阔

1722 年《布瓦洛特文集》

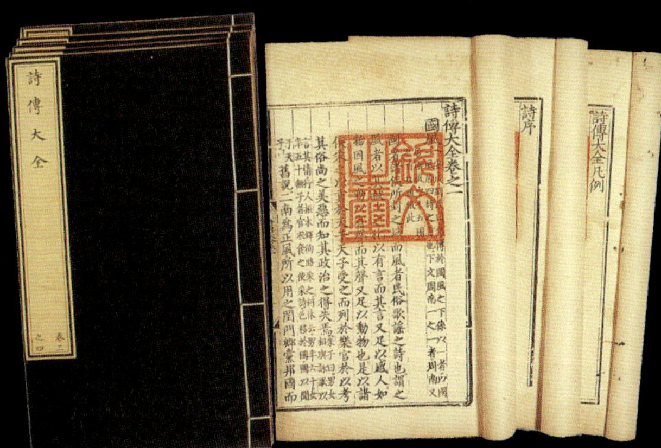

中国的古籍始终保持着天头宽、地脚窄的传统

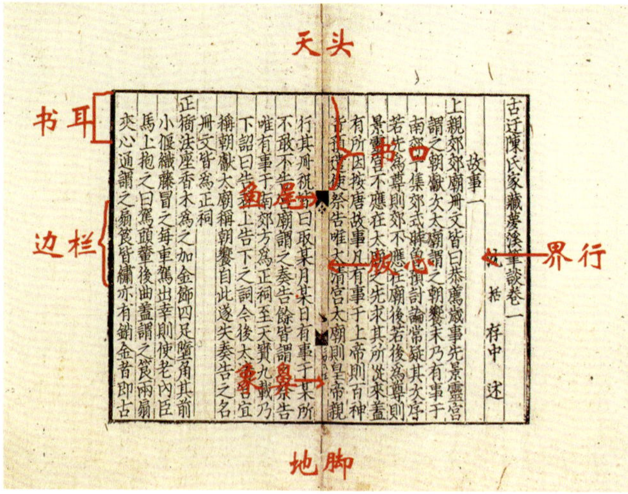

古籍书页版式示意图。元版《梦溪笔谈》

版心：版心也称书口、版口，或简称“口”，指古籍书页两半页中间、没有正文的一行，因为在书页的正中心，故称“版心”。对蝴蝶装的书籍而言，它是指书展开后的中心位置。但对于以包背装或线装的方式装订起来的书籍而言，其位置并不在中心，而是指书籍装订成册后翻开一侧的端面，即开口处，因而称为“书口”。书口有白口和黑口之分，其中在鱼尾上下方无黑线的称“白口”，有黑线的称“黑口”，黑线粗的称“大黑口”，黑线细的称“细黑口”。为折装整齐，版心多刻有鱼尾、口线等；为便检索，也常记有书名、卷数、页码、每卷小题、刻工姓名等文字。

鱼尾：版心中间的图形▬，因其酷似鱼尾，故名。鱼尾源于简册时代编简上的三角形契口，用于固定编绳。鱼尾通常刻于距版心上边大约四分之一处。有时版心上下方都有鱼尾。一个鱼尾为单鱼尾，两个鱼尾称双鱼尾，个别有三鱼尾。鱼尾刻印出花样的称花鱼尾。鱼尾有着实用功能，用作标示中缝线，作为折页的标准；鱼尾也有着艺术装饰的作用，彰显着出书人的品位。

象鼻：无论是白口书还是黑口书，只要有鱼尾，便与其上方至上版框的小块区域一起形成象鼻。但是多数文章中说是指在书口上的墨线与鱼尾相连，似是垂下的象鼻，故有象鼻之称。

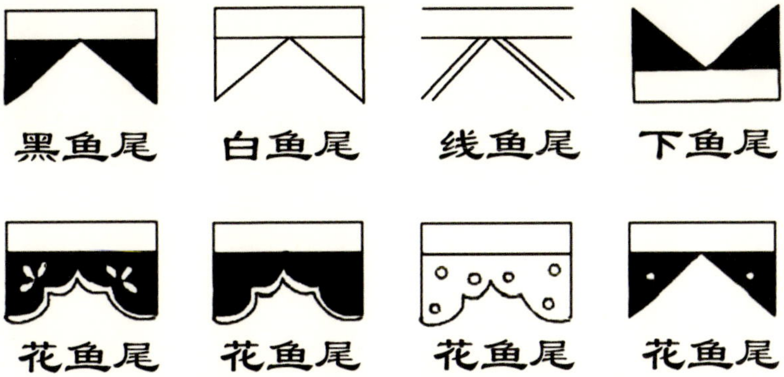

古籍版心中的各式鱼尾

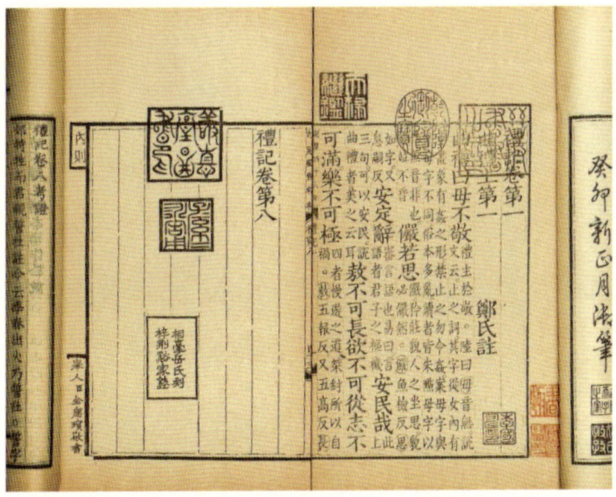

《礼记》。版面上方有书耳，卷末有方形牌记“相台岳氏刻梓荆谿家塾”

书耳：版框外左上角的空格，里面刻有简单的篇名，因为形状像耳朵，所以称书耳。书耳中的题名叫耳题、耳记。书耳处常刻印简化的篇章题名，如《春秋左氏传》中的“僖公”“隐公”“哀公”，《诗经》中的“关雎”“豳风”“鹿鸣”等。不是所有的古籍版面中都有书耳，它并不是很常见，主要应用于宋元时期的蝴蝶装书籍中。蝴蝶装折页方式与线装相反，书耳正好在左上方，一翻就可以看到书籍的篇名。线装书中看不到书耳，是因为线装的叶子是左右两边对折后缝到书脊中去了，几乎没有书耳的地方，书耳便渐渐消失了。

书牌：书牌又称牌记，与今天的版权页类似，常常镌有书名、作者、镌版人、藏版人、刊刻年代、刊版地点等。明清时期的书牌作用多为表示特色和所有权，明清以前则更多是刻书题记，讲刻书缘起，选用的底本、校本，多少具有广告宣传作用。

书衣色彩

书衣即封皮、封面，是书籍的门面，是“颜值担当”。无论是东方还是西方，各民族审美传统深刻地影响着书衣的选择和设计。中国的书衣喜欢柔软的纸和帛，西方的书衣喜欢硬挺的皮和布；中国的书衣上一般仅题有书名或贴题签，西方的书籍则多绘纹饰或花边；中国人的书衣以素为绚，西方人则以艳为绚。

中国的古籍最为传统的封面颜色为淡黄色，分别源自淡青色的丝绸缥和淡黄色的丝绸——缃。缥和缃常被古人选作书衣。《文选序》：“词人才子，则名溢于缥囊，飞文染翰，则卷盈乎缃帙。”随后，“缃缥”就渐成了书卷的代称。

逐渐地，人们开始用不同的颜色来区分书籍的等级和分类。特别是清代，以封面的颜色区分等级非常普遍。其中最为典型的例子便是《四库全书》。

乾隆为《四库全书》提出用四种颜色区分四库的理念，并赋诗《文津阁作歌》阐释其理念。诗曰“浩如虑其迷五色，挈领提纲分四季。经诚元矣标以青，史则亨哉赤之类。子肖秋收白也宜，集乃冬藏黑其位。如乾四德岁四时，各以方色标同异”。乾隆诗揭示了《四库全书》封面分色的中华传统哲学基础，即阴阳五行学说中五方配五色的理论。自然界一切事物均可纳入金、木、水、火、土五大范畴，这五类物质各有不同属性。总之，很抽象很玄妙。根据乾隆的解释，东方属木代表春天，配青色；南方属火代表夏天，配红色；西方属金代表秋天，配白色；北方属水代表冬天，配黑色；中央属土配黄色。中国传统文化中的四大神兽，便对应着方位，即东方对应青龙、南方对应朱雀、西方对应白虎、北方对应玄武，它们又分别有着专属的颜色，即青、朱、白、黑四色。因而乾隆选用这四种颜色来标示经、史、子、集。经为群籍之首，代表万事万物的开始。中国古人认为太阳东升而西落，因此东方是起点，所以用东方春天的方位神青龙的青色来标；史部著述浩博，用南方夏天的朱雀所代表的红色来标；子部采撷百家之学如同秋收，用西方秋天的白虎代表的白色来标；集部为诗词歌赋荟萃类似冬藏，用北方玄武所代表的玄色即黑色来标。

乾隆自注说明："全书经史子集，浩如渊海，检阅非易，因饬装册面页，分为四色，经部用青色绢，史部用红色绢，子部用月白色绢，集部用灰黑色绢。"这就是《四库全书》封面颜色的文化内涵：以四时春、夏、秋、冬来比喻四部经、史、子、集，并分别用青、赤、白、黑四色来呈现。

尽管乾隆皇帝如此说明，但在实际操作过程中，每一部抄书所用绢面颜色与原定规制都略有差异。特别是我们今天常见的三种阁本，有的是黄、红、蓝、褐，有的是绿、红、蓝、褐。而且基本将子部由月白色易为蓝色，集部由黑灰色易为褐色。此外，大概是由于这项书籍工程浩大，在材质的选购上很难做到完全一致，因而出现了各阁《四库全书》绢面颜色并不一致的现象。

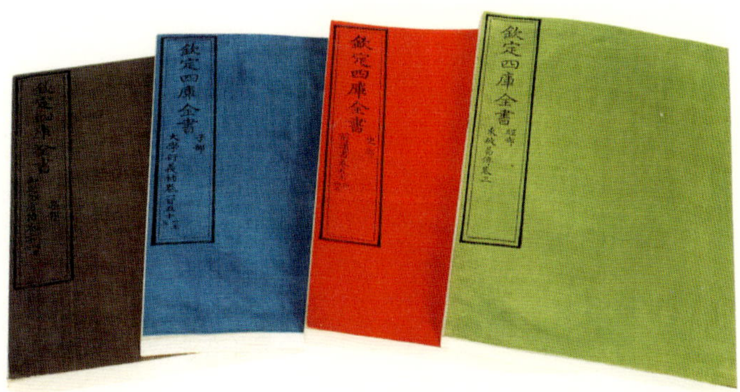

《四库全书》分经、史、子、集四部，四部对应的封面是绿红蓝灰四种颜色，也代表着春夏秋冬四季

万年红

明末清初还生产一种防蠹纸，纸呈红色或者橘红色，俗称“万年红”纸，又称“红丹纸”。这种万年红纸为广东工匠所发明，它的本纸为竹纸。经现代科技检测分析，“万年红”纸面上所涂橘红色涂料含铅氧化物，主要成分为四氧化三铅。四氧化三铅是一种鲜橘红色重质粉末，俗称丹铅或红丹，剧毒，不易分解。明代宋应星在《天工开物》卷下《五金第十四》中记载了这种铅丹的制作方法：“凡炒铅丹，用铅一斤、土硫黄十两、硝石一两，熔铅成汁，下醋点之。滚沸时下硫一块，少顷，入硝少许，沸定再点醋，依前渐下硝、黄。待为末，则成丹矣。”这种防蠹纸是将四氧化三铅研细，加入添加剂，和桃胶溶液，用水调匀后，刷在纸上，阴干即成。只要将该纸衬作书的扉页、封底或封面，可使全书免遭蠹鱼（一种灵巧、怕光、无翅的昆虫）侵蚀，且避蛀效果十分理想。中国国家博物馆藏明崇祯四年（1631）所刻《梦溪笔谈》，就是因为衬有这种防蠹纸，至今仍完好无损。

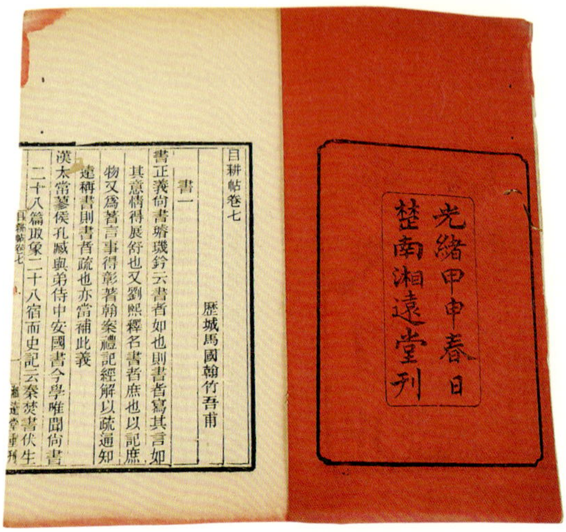

清光绪年间湖南楚南湘远书局印本《马氏目耕帖易经》，采用防虫蛀万年红纸内封

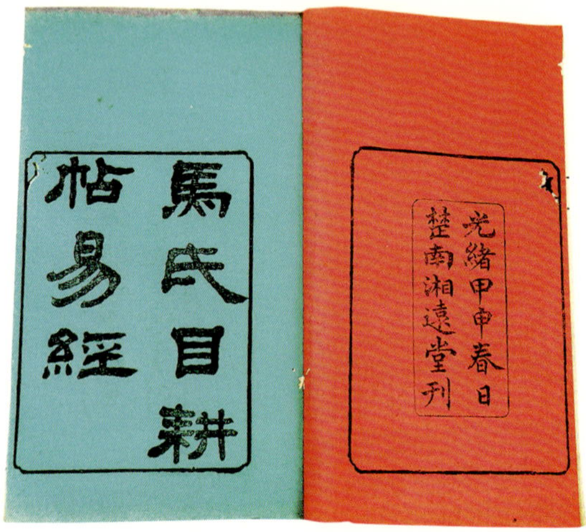

清光绪年间湖南楚南湘远书局印本《马氏目耕帖易经》，采用淡绿色书名页及防虫蛀万年红纸内封

这是一本关于“书”的书。

写作本书的初心是“致敬”：

向写书者致敬——是他们“挥毫落纸惊群儒，佳处往往凌子虚”。

向造纸者致敬——是他们“舒卷随幽显，廉方合轨仪”。

向校书者致敬——是他们“悟鉴精明原本末，讨穷商略较锱铢”。

向抄印者致敬——是他们“逢贤必用镌辞立，遇圣终将刻印传”。

向藏书者致敬——是他们“玉轴千篇在，牙签万卷储”。

向装帧者致敬——是他们“万书落架城覆隍，牙签如云丹碧装”。

斗转星移，沧海桑田，中华文明五千年一脉相承，文字和书籍功莫大焉。当今世界正经历“百年未有之大变局”，然中国人始终确信：中华文脉永续，中华书韵悠长！

参考文献

[1] 中国社会科学院语言研究所词典编辑室.现代汉语词典[M].5版.北京：商务印书馆，2005.

[2] 钱存训.中国古代书史[M].香港：香港大学出版社，1975.

[3] 张德芳.悬泉汉简中的中西文化交流[N].光明日报，2016-10-13（11）.

[4] 郁鑫鹏.海昏侯5000枚竹简千金难换[N].江西日报，2016-12-8（C01）.

[5] 肖东发，杨虎.中国图书史[M].桂林：广西师范大学出版社，2005.

[6] 刘波.国图馆藏最早的纸质写本文献：律藏初分卷第三[N].人民日报海外版，2011-11-11（11）.

[7] 孙国华.敦煌遗书中的科技文献[J].中国科技史料，1990（02）：73-82.

[8] 王伟华.简析《四库全书》对现代档案工作的启示[J].学理论，2011（05）：108-109.

[9] 房龙.房龙文集：欧洲印刷史话[M].李丽娜，译.北京：北京出版社，2001.

[10] 曾枣庄，刘琳.全宋文：第142册[M].上海：上海辞书出版社，2006.

[11] 魏徵.隋书（卷三二）[M].北京：中华书局，1973.

[12] 王重民.伯希和劫经录：敦煌遗书总目索引[M].北京：商务印书馆，1962.

[13] 王惠民.敦煌佛顶尊胜陀罗尼经变考释[J].敦煌研究，1991(01)：12-23，120-121.

[14] 张涌泉.新见敦煌变文写本叙录[J].文学遗产，2015(005)：130-152.

[15] 韦力.毛晋墓址：汲古阁名远，刊书传天下[EB/OL].[2016-11-2].http：//mp.weixin.qq.com/s/K6M_6vqUzauZECnvkMjhgQ.

[16] 陈奕，王海刚.宋代图书出版体系探析[J].编辑之友，2008(02)78-80.

[17] 宋大诏令集[M].北京：中华书局，1962.

[18] 薛居正，等.旧五代史[M].北京：中华书局，1976.

[19] 范晔.后汉书[M].北京：中华书局，1973.

[20] 李昉，等.太平御览[M].北京：中华书局，1960.

[21] 周春玲，王文风.《古今图书集成》在英美的流布及其影响[J].图书情报工作，2009，53(07)：19-22.

[22] 王培霞.古籍线装书的装帧和修补术语考[J].兰台世界，2011(07)：59-60.

[23] 翟爱玲.《四库全书》设计系统之研究[D].北京：中央美术学院，2005.

[24] 李英.中国彩印二千年[M].南昌：江西科学技术出版社，2009.

[25] 吴利明.万年红防蠹纸[J].档案学通讯，1981(06)：55.

[26] Aurel Stein.Ruins of Desert Cathay[M].London：Macmillan and Co.，Limited，1912.